Financer les économies africaines de l'intérieur

Économistes en chef des gouvernements

CEoG
RESEAU DES ECONOMISTES
EN CHEF DE GOUVERNEMENT

Cet ouvrage est issu du réseau des Économistes en chef des gouvernements (*Chief Economists of Government* - CEoG). Ce réseau de pairs, composé de conseillers économiques en chef auprès des chefs d'État d'Afrique subsaharienne, a pour objectif de promouvoir l'élaboration de politiques fondées sur des données probantes dans la région. Le Bureau de l'Économiste en chef pour l'Afrique de la Banque mondiale est l'hôte de ce réseau. Toutefois, les constatations, interprétations et conclusions présentées ici ne reflètent pas nécessairement les points de vue de la Banque mondiale ni des administrateurs qu'elle représente. Cette publication a été rendue possible grâce au soutien financier du Think Africa Partnership.

TABLE DES MATIÈRES

Liste des Figures

Liste des tableaux

Liste des encadrés

Remerciements

Cet ouvrage est le premier rédigé par des membres du programme des Économistes en chef des gouvernements (CEoG), un réseau comprenant plus de 40 conseillers économiques en chef des chefs d'État ou de gouvernement d'Afrique subsaharienne. Il vise à rassembler les leçons et les expériences de ces économistes sur le financement national, décisif pour l'avenir du continent. En outre, le livre soutient l'un des principaux objectifs du programme CEoG, l'apprentissage par les pairs, tout en aidant les pays à mobiliser davantage de recettes internes en faveur du développement.

La coordination et la préparation de l'ouvrage ont été effectuées sous la direction de Mohamed Lamine Doumbouya, Mamadou Tanou Balde et Maximilien Onga Nana. Les chapitres ont bénéficié des contributions de : Abdallah Msa, Amina Rwakunda, Elung Paul Che, Gnounka Touré Diouf, Marcellin Bilomba, Mohamed Lamine Doumbouya, Momodou Dibba, Sen Narrainen, Stephane Ouedraogo et Trudi Makhaya, et de la collaboration de Colette Nyirakamana, George Marbuah, Maimouna Diakité et Nara Monkam.

L'équipe exprime toute sa gratitude à Albert Zeufack, ex-économiste en chef pour la région Afrique, qui a initié ce travail, et à son successeur Andrew Dabalen, l'économiste en chef pour la région Afrique. Elle est en outre reconnaissante envers l'équipe de l'économiste en chef, ainsi que le Secrétariat du CEoG, pour son soutien. Ce Secrétariat est composé de James Cust, Justice Mensah, Maximilien Onga Nana, Mamadou Tanou Balde, Juliette Lehner, Hannah Grupp, Olumide Lawal, Abrah Desiree Brahima et Constantine Manda.

L'équipe remercie également les participants aux forums annuels du CEoG et les évaluateurs externes Anand Rajaram et Franz Krige Siebrits pour leurs commentaires pertinents.

Enfin, elle tient à remercier le fonds fiduciaire Think Africa Partnership (TAP) pour son appui financier.

À propos des conseillers économiques des chefs d'État ou de gouvernement contributeurs

Marcellin Bilomba

De mars 2019 à 2022, M. Marcellin Bilomba a été conseiller principal du président de la RDC Félix Tshisekedi au Collège économique, avant d'être nommé directeur général de Sonahydroc. Auparavant, il avait occupé plusieurs postes clés, notamment ceux de directeur général de Transkin International SARL à Genève de janvier 1998 à juin 2000 et à Kinshasa de 2006 à 2019 ; de B&M Services SARL à Paris de février 2004 à novembre 2005 ; et du Geneva Business Institute entre juin 2000 et octobre 2003.

Elung Paul Che

M. Elung Paul Che est secrétaire général adjoint de la présidence du Cameroun et a occupé plusieurs postes administratifs dans ce pays. Ex-directeur général de la Caisse de stabilisation des prix des hydrocarbures (CSPH), il a été nommé ministre délégué auprès du ministre des Finances. Il a également occupé les postes suivants : payeur général pour les régions du Nord-Ouest et du Sud-Ouest, directeur du Trésor, directeur général du Trésor, auditeur à la Banque des États de l'Afrique centrale (BEAC), commissaire à la Commission bancaire de l'Afrique centrale (COBAC), commissaire à la Commission des marchés financiers de la BEAC, membre du comité d'audit de la BEAC et point focal de la réforme du système de paiement dans la Communauté économique et monétaire de l'Afrique centrale (CEMAC), entre autres.

Momodou Dibba

M. Momodou K. Dibba a occupé le poste de directeur de l'analyse des politiques au département de politiques stratégiques et de mise en œuvre du bureau du président de la Gambie. Avant d'assumer cette fonction, il a travaillé pendant cinq ans au ministère des Finances et des Affaires économiques. En 2022, il a également occupé le poste de coordinateur national du Secrétariat national de la protection sociale, au sein du bureau du vice-président. Il a travaillé sur la Loi nationale sur la protection sociale de 2024, qui a créé l'Agence nationale de protection sociale et introduit la première législation sur l'assistance sociale dans le pays. En janvier 2025, il a été nommé premier directeur exécutif de cette Agence. Avant sa nomination, M. Dibba a travaillé pour le Somaliland sur son Plan de développement national III en tant qu'expert en économie du développement, dans le cadre d'une année sabbatique de la fonction publique. M. Dibba est titulaire d'une maîtrise en économie de l'université de Berne, en Suisse, et il est actuellement doctorant en économie à l'université de Witwatersrand, à Johannesburg, en Afrique du Sud.

Mme Gnounka Touré Diouf

Mme Gnounka Touré Diouf a été ministre et conseillère économique en chef chargée des affaires économiques auprès de l'ancien président du Sénégal, Macky Sall. À ce titre, elle a supervisé la politique économique, notamment le Plan Sénégal Émergent. Elle a également été membre du Comité de politique monétaire de la Banque centrale et a assuré le suivi de la politique d'intégration avec l'Union africaine, le Nouveau partenariat pour le développement de l'Afrique (NEPAD) et l'Union économique et monétaire ouest-africaine (UEMOA). Mme Diouf est la sherpa pour le Sénégal auprès du G20 et a participé à la mise en œuvre de l'initiative Compact with Africa (CwA). Auparavant, elle a été secrétaire générale adjointe du ministère de l'Économie et des Finances, où elle a conçu diverses stratégies de politique économique, notamment la Stratégie de croissance accélérée du Sénégal. Elle est titulaire d'un master de l'École nationale d'administration (ENA) du Sénégal et diplômée de l'Institut de développement économique de l'université de Pittsburgh. Après avoir servi au gouvernement du Sénégal, Elle a été invitée en tant qu'experte au CEoG.

Mohamed L. Doumbouya

Dr. Mohamed Doumbouya a été ministre conseiller économique en chef d'Alpha Condé, l'ancien président de la Guinée. De 2016 à 2018, Dr. M. Doumbouya a été Ministre du Budget de la Guinée. Il dirige actuellement le projet d'ouvrage du CEoG, *Financer les économies africaines de l'intérieur*. Il est économiste et expert en développement économique, en banques et politique monétaire. En tant qu'ancien ministre-conseiller de l'ex-président de la Guinée, M. Doumbouya a supervisé l'établissement de perspectives claires en matière de réforme financière dans le domaine de la gestion des finances publiques et a suivi les progrès réalisés dans ce domaine. Avant de rejoindre l'administration guinéenne, M. Doumbouya enseignait l'économie à l'université d'Ottawa, au Canada.

Trudi Makhaya

Mme Trudi Makhaya a été conseillère économique du président Cyril Ramaphosa de 2018 à 2023. Entre 2003 et 2010, elle a travaillé chez Deloitte, Genesis Analytics et AngloGold Ashanti en Afrique du Sud. Entre 2010 et 2014, Trudi a été économiste et membre du comité exécutif de la Commission de concurrence d'Afrique du Sud. En 2015, elle a fondé un cabinet de conseil axé sur la politique de concurrence et l'entrepreneuriat. Elle est titulaire d'un MBA et d'une maîtrise en économie du développement de l'Université d'Oxford.

Abdallah Msa

Dr. Abdallah Msa possède plus de quarante ans d'expérience dans l'évaluation, l'analyse, le développement, la mise en œuvre et le suivi des politiques de développement sectorielles et globales. Sa formation doctorale en analyse économique, ainsi que son expérience dans des missions et des rôles importants, aussi bien dans son pays qu'au sein de la Commission de l'Union africaine et de la Banque africaine de développement, ont renforcé son expertise en matière d'évaluation et de suivi des politiques et des programmes/projets de développement, en particulier en Afrique. Il a été consultant gouvernemental en matière économique et financière et économiste en chef du gouvernement auprès de la présidence de l'Union des Comores de février 2018 à février 2023. Il a également été administrateur/membre du conseil d'administration de la Banque africaine de développement entre 2013 et 2016.

Sen Narrainen

Dr. Streevarsen Narrainen est conseiller économique principal au ministère des Finances et du Développement économique (MOFED) depuis 2003. Il a exercé les fonctions de conseiller économique principal auprès du Premier ministre de Maurice entre 1996 et 2000 et de conseiller économique au MOFED entre 1989 et 1996. Avant 1989, il était maître de conférences d'économie à l'université de Winnipeg et à l'université du Manitoba au Canada. Il est titulaire d'un doctorat en économie de l'Université McGill à Montréal, Canada, avec une spécialisation en théorie et politique monétaires. Il est également membre du Comité de politique monétaire de la Banque de Maurice depuis mars 2015.

Stéphane Ouedraogo

M. Stéphane Ouedraogo est un ex-conseiller spécial du président du Burkina Faso chargé des finances, de l'économie et de l'investissement, poste qu'il a occupé de

2016 à 2022. Dans sa fonction précédente, il a fourni une orientation stratégique sur les plans économiques, politiques et de développement aux niveaux national et régional et a participé à la conception et à la mobilisation de financement pour le Plan national de développement économique. Avant d'occuper ce poste, il a travaillé à la direction d'Arysta Life Science pour l'Afrique de l'Ouest et l'Afrique centrale. Il est titulaire d'un MBA en finance et systèmes d'information de l'université Pace de New York.

Amina Rwakunda

Mme Amina Umulisa Rwakunda est l'ancienne économiste en chef du ministère des Finances et du Développement économique du Rwanda. Elle est membre du Conseil d'administration de la Bourse du Rwanda (RSE – *Rwanda Stock Exchange*) et de l'Institut national de la statistique du Rwanda (NISR – *National Institute of Statistics Rwanda*). Mme Rwakunda est une économiste expérimentée et une négociatrice chevronnée dans le domaine de l'intégration régionale. Elle a joué le rôle de négociatrice en chef adjointe pour le Groupe de travail de haut niveau du Rwanda sur l'Union monétaire de la Communauté de l'Afrique de l'Est (CAE). Elle participe également aux négociations sur les politiques fiscales. Mme Rwakunda est titulaire d'une maîtrise en économie du développement de l'Université d'Anvers, en Belgique.

Acronymes et abréviations

AML Lutte contre le blanchiment de capitaux.
AMTs Impôts minimums de remplacement
ANSD Agence Nationale de la Statistique et de la Démographie
ASS Afrique subsaharienne
ATAF Forum africain d'administration fiscale

BAD Banque africaine de développement
BdM Banque de Maurice
BEPS Érosion de l'assiette fiscale et transfert des bénéfices
BO Propriété effective

CbCr Déclaration pays par pays
CBT Comité technique de la fiscalité transfrontalière
CEDEAO Communauté économique des États de l'Afrique de l'Ouest
CEMAC Communauté économique et monétaire de l'Afrique centrale
CEPS Douanes, accises et services préventifs
CER Commissions économiques régionales
CFR Coopération fiscale régionale
CGP Plateforme de Co-garantie pour l'Afrique
CNUCED Conférence des Nations unies sur le Commerce et le Développement
CRSE Commission de Régulation du Secteur de l'Énergie
CSF Commission des services financiers
CUA Commission de l'Union africaine
CwA Compact with Africa

DBM Banque de développement de Maurice
DEM Marché du développement des entreprises
DGI Direction générale des Impôts

DGID Direction générale des Impôts et Domaines
DVLA Autorité de délivrance des permis de conduire et des licences

EBM Appareils de facturation électronique
EIB Épargne intérieure brute
EMN Entreprises multinationales
EP Entreprise publique
ESG Environnementaux, sociaux et de gouvernance

FFI Flux financiers illicites
Fintech Technologie financière
FMI Fonds monétaire international
FTA Forum sur l'Administration Fiscale

GRA Office ghanéen des recettes
GSMA Association mondiale des opérateurs mobiles

HNWI Particuliers disposant d'une valeur nette élevée

ICRTIC Commission indépendante pour la réforme de la fiscalité internationale des entreprises
IDE Investissements directs étrangers
IF Cadre inclusif du G20/OCDE pour la mise en œuvre du BEPS
IPO Premiers appels publics à l'épargne
IS Impôt sur les sociétés
IRS Service des impôts (Internal Revenue Service)
ITTI Inventaire des initiatives de technologie fiscale

LFT Lutte contre le financement du terrorisme

MHC Société mauricienne de logement (Mauritius Housing Company)
MIC Société d'investissement de l'île Maurice (Mauritius Investment Company)
MOBAA Autorité mauricienne chargée des activités commerciales offshore (Mauritius Offshore Business Activities Authority)
MRI Mobilisation des ressources intérieures

OCDE Organisation de coopération et de développement économiques
ONP Office national des pensions

PAAA	Plan d'action d'Addis-Abeba
PAPSS	Système de paiement et de règlement panafricain
PCF	Plateforme de collaboration fiscale
PIB	Produit intérieur brut
PME	Petites et moyennes entreprises
PPP	Partenariats publics-privés
PSE	Plan Sénégal Emergent
RA-GAP	Programme d'analyse des écarts de l'administration fiscale
RRA	Office rwandais des recettes
RSE	Responsabilité sociale des entreprises
SADC	Communauté de développement de l'Afrique australe
SBM	Banque d'État de Maurice.
SEM	Bourse de l'île Maurice
SENELEC	Société Nationale d'Électricité du Sénégal
SICOM	Compagnie d'assurance d'État de Maurice (State Insurance Company of Mauritius)
SIGA	Agence de gestion des participations de l'État (State Interest and Governance Authority)
SMN	Sociétés multinationales
SRMT	Stratégie de mobilisation des recettes à moyen terme
SSNIT	Système national de sécurité sociale et d'assurance sociale
STVA	Service de la TVA
SYDONIA	Système douanier automatisé
TADAT	Outil diagnostique d'évaluation de l'administration fiscale
TIC	Technologies de l'information et des communications
TIN	Numéro d'identification fiscal
TIWB	Inspecteurs des impôts sans frontières
TVA	Taxe sur la valeur ajoutée
UA	Union africaine
UE	Union européenne
UNECA	Commission économique des Nations Unies pour l'Afrique
URA	Administration fiscale de l'Ouganda (Uganda Revenue Authority)
ZLECAf	Zone de libre-échange continentale africaine

Préface

L'Afrique se trouve à un moment charnière de son histoire : elle laisse derrière elle les chocs récents des crises financières, pandémies et réduction de l'aide, et améliore sa gestion macroéconomique afin de construire un avenir prospère pour ses 1,5 milliard d'habitants. Pour atteindre cette prospérité, le continent doit croître plus rapidement et de manière consistante, sur plusieurs décennies, ainsi que veiller à ce que personne ne soit laissé pour compte. Cela nécessite des investissements massifs – tant publics que privés. Alors que l'aide publique au développement diminue, que les niveaux d'endettement extérieur restent élevés et que l'accès aux marchés financiers internationaux devient de plus en plus difficile et coûteux, le financement de ces investissements nécessite de mobiliser des ressources internes.

Cet ouvrage, *Financer les économies africaines de l'intérieur*, propose une analyse opportune, perspicace et propose des solutions pour la mobilisation des ressources domestiques afin que celui-ci devienne le moteur du développement durable en Afrique. En partant du principe que l'Afrique, si elle veut se développer réellement, doit tirer parti de la puissance de ses institutions, de son capital et de ses populations. Ainsi, l'ouvrage offre une feuille de route complète sur la manière dont les pays africains peuvent bâtir des économies solides et autofinancées. Il met également en lumière le rôle essentiel du secteur privé et identifie les éléments structurels et politiques qui freinent un réel développement financier. Qu'il s'agisse de lacunes en matière d'infrastructures, d'accès limité au financement, de problèmes de gouvernance ou d'incertitudes politiques, le livre délivre un diagnostic sans complaisance. Mais surtout, il propose des stratégies concrètes et fondées sur des données probantes pour surmonter ces défis.

S'appuyant sur de puissantes études de cas – comme la trajectoire progressive de l'île Maurice vers l'autonomie financière ou les réformes réussies de la fiscalité numérique au Rwanda – l'ouvrage illustre comment l'innovation, la cohérence des politiques publiques et la réforme institutionnelle peuvent générer un impact durable. Il explore également le potentiel croissant de la numérisation pour améliorer aussi bien l'administration qu'élargir l'assiette fiscale, et renforcer la redevabilité. Il n'élude pas les défis régionaux et mondiaux complexes, tels que les incitations fiscales sans résultats, le transfert de bénéfices par les multinationales ou les déséquilibres dans les négociations fiscales internationales.

L'Afrique a besoin d'un leadership intellectuel audacieux, informé et indépendant pour orienter des politiques économiques au service de ses peuples. Ce livre incarne cette vision. Il remet en question les paradigmes dépassés, repositionne le secteur privé national comme moteur principal de croissance, et propose des cadres d'action concrets pour stimuler les investissements dans les infrastructures et la formation de capital. Il souligne que le progrès durable ne réside pas dans l'évitement des défis de la gouvernance, mais dans leur résolution par des institutions renforcées, une meilleure gestion budgétaire et des partenariats innovants.

L'ouvrage se distingue notamment par l'identité de ses auteurs. Rédigé par des Conseillers économiques en chef auprès de Chefs d'État africains, il reflète la sagesse collective, l'expérience et le leadership politique d'un réseau de professionnels qui ont conseillé les gouvernements africains au plus haut niveau. Les idées présentées dans ce livre sont nourries par des années d'engagement direct dans la planification macroéconomique, l'élaboration des budgets, les stratégies d'investissement et la mise en œuvre de réformes structurelles. Elles sont façonnées par les questions urgentes débattues en Conseil des ministres et par les leçons tirées de l'accompagnement quotidien des ministres des Finances, des présidents et des premiers ministres.

Ce livre – le premier d'une série – publié par le *Chief Economist of Government (Réseau des économistes en chef de gouvernement – CEoG)* est un témoignage du rôle crucial qu'un réseau de conseillers économiques de haut niveau peut jouer dans l'élaboration des politiques publiques en Afrique. Ce réseau offre une plateforme d'apprentissage entre pairs, de leadership intellectuel et de voix africaines sur les enjeux mondiaux, régionaux et locaux du développement du continent. Nous espérons qu'il deviendra la principale plateforme où le savoir rencontre l'expérience, au bénéfice de tous, et en particulier des futurs conseillers politiques africains.

Enfin, *Financer les économies africaines de l'intérieur* est bien plus qu'un livre ; c'est un appel à l'action. Il nous rappelle qu'avec les bonnes politiques, institutions et un leadership éclairé, l'Afrique peut financer son propre développement, en ses propres termes. Nous espérons que ce travail inspirera les décideurs politiques, les partenaires au développement, les chercheurs et les citoyens à s'engager sur une nouvelle voie du parcours économique africain – une voie où les ressources internes, et non l'aide externe, constituent le socle de la prospérité.

Andrew Dabalen
Économiste en chef, Région Afrique,
Banque mondiale

Albert G. Zeufack
Directeur de Division, Angola, Burundi,
DRC and STP; Ancien Économiste
en chef Banque mondiale

Avant-propos

Dans le paysage dynamique et en constante évolution de l'économie mondiale, le continent africain se situe à un moment charnière. La quête du développement durable et de l'autonomie économique n'a jamais été aussi cruciale. Cet ouvrage de référence, intitulé *Financer les économies africaines de l'intérieur,* représente l'aboutissement d'expériences, de réflexions et d'enseignements apportés par des acteurs occupant des postes clés au sein des administrations publiques, en particulier en tant que conseillers de chefs d'État ou de gouvernements. Cet ouvrage est le premier en son genre, rédigé par des conseillers économiques en chef de chefs d'État africains ou conseillers économiques en chef des gouvernements, et le premier issu de l'initiative des Économistes en chef des gouvernements (CEoG – *Chief Economists of Government*). Il reflète également la sagesse collective des conseillers des chefs d'État ou de gouvernement, recueillie grâce à l'apprentissage par les pairs, ainsi que les expériences partagées des praticiens du développement africains.

Cet ouvrage est motivé par la conviction profonde que les économies africaines ont le potentiel de prospérer grâce à des stratégies et des solutions impulsées de l'intérieur. En tant que conseillers de chefs d'État, ils ont été les témoins directs des défis que pose la mise en œuvre de politiques visant à mobiliser des ressources intérieures pour financer les économies africaines. Cet ouvrage s'efforce de fournir une compréhension globale de ces expériences, en offrant des leçons précieuses et des éclairages pratiques à l'attention des dirigeants actuels et futurs.

Le public cible comprend les décideurs politiques, les praticiens du développement, les universitaires, ainsi que toute personne directement intéressée par le développement et le financement des économies africaines. Les lecteurs peuvent s'attendre à acquérir grâce à cet ouvrage une compréhension nuancée des complexités liées au financement du développement de l'intérieur, ainsi que des enseignements fondamentaux tirés de différents pays du continent. Les contributions d'acteurs clés du développement dans leurs pays respectifs constituent une riche toile de fond de connaissances et d'expériences, à la fois informatives et inspirantes.

Nous remercions chaleureusement tous les contributeurs qui, malgré leurs emplois du temps chargés, ont pris le temps de partager leurs idées et leurs expériences inestimables. Leur dévouement et leur engagement en faveur du développement de l'Afrique sont vraiment louables. Nous adressons également nos remerciements particuliers à Think Africa Partnership et au Secrétariat du CEoG pour leur appui inébranlable à la réalisation de cet ouvrage. Leurs apports ont été déterminants pour faire de ce projet une réalité.

Nous espérons que ce travail constituera une ressource précieuse et une source d'inspiration pour toutes les personnes qui s'engagent en faveur du financement du développement des économies africaines.

Résumé exécutif

Tirer parti du secteur privé africain pour financer le développement

Le secteur privé en Afrique représente 80 % de toute la production, deux tiers de l'investissement total et 75 % des prêts, mais il marque un retard par rapport à d'autres régions en matière de mobilisation des ressources intérieures[1]. Les actifs bancaires représentent moins de 60 % du PIB et le développement des marchés financiers est limité, avec une prédominance des banques de détail et un manque d'instruments d'emprunt et de capitaux propres. Des progrès ont été réalisés, avec la présence de Places boursières dans 29 pays de la région, l'augmentation de la levée de fonds de capital-risque et un marché obligataire africain en pleine croissance. Le secteur est également entravé par plusieurs facteurs, notamment l'accès limité au financement, l'inefficience des réseaux de transport, le manque d'accès à l'électricité ou encore les contraintes liées à la gouvernance, la corruption et l'instabilité politique.

Les gouvernements représentent une part majeure des investissements dans les infrastructures en Afrique, tandis que le financement privé demeure relativement faible. L'insuffisance des infrastructures entraîne une perte de croissance du PIB (environ 2 % de croissance annuelle) et freine le commerce intrarégional. Combler le déficit d'infrastructures exige un investissement annuel de 93 milliards d'USD et une participation accrue du secteur privé. Pour impliquer les acteurs privés, il convient de renforcer les cadres habilitants, d'explorer des mécanismes de financement innovants et de tirer parti de la banque numérique et des secteurs miniers. Relever les défis sectoriels et promouvoir le contenu local dans les projets d'infrastructure sont également des objectifs importants. Ces efforts sont susceptibles de libérer le potentiel économique de l'Afrique et de favoriser une croissance durable.

L'étude de cas de Maurice montre comment le secteur privé peut contribuer de manière significative au programme de développement d'un pays en

---

1 La mobilisation des ressources intérieures comprend le développement de marchés de capitaux capables de fournir des financements en monnaie locale à des taux inférieurs, ce qui permet d'éliminer les risques liés aux fluctuations du taux de change.

surmontant les contraintes et en tirant parti de l'appui des politiques publiques pour stimuler l'édification de la nation. Maurice, qui dépendait des exportations de sucre pour financer son développement, a réussi à atteindre l'autosuffisance en matière de financement du développement grâce à différentes stratégies et phases. Après avoir obtenu son indépendance, en s'appuyant sur le capital accumulé par les exportateurs de sucre, le pays a maintenu un niveau élevé d'épargne nationale pendant des décennies de façon à constituer une base solide pour financer la diversification de l'économie. Bien que le ratio épargne/PIB ait décliné ces dernières années, le secteur bancaire bien établi et l'économie monétisée qui caractérisaient le pays au moment de l'indépendance ont contribué à lui permettre d'atteindre l'autosuffisance. Cela démontre l'importance de l'expansion du système financier et de la mise en place de fondements solides.

Le processus pour atteindre l'autosuffisance en matière de financement du développement à Maurice peut être divisé en trois phases. La première phase, de 1965 à 1990, s'est concentrée sur le contrôle de l'État et le renforcement des capacités institutionnelles. Le gouvernement a mis en œuvre des mesures de contrôle direct imposées aux prêts bancaires afin d'attribuer des crédits en priorité aux secteurs clés, ce qui a entraîné une nette amélioration de la monétisation du système bancaire. La deuxième phase, de 1991 à 2010, a mis l'accent sur l'expansion du secteur financier non bancaire et des marchés de capitaux, avec une évolution vers la libéralisation et des réformes visant à améliorer l'efficacité de l'allocation des ressources. La troisième phase, de 2011 à aujourd'hui, a privilégié l'inclusion, l'efficacité et l'internalisation, en ciblant l'accès au financement de divers segments de la population et sur le développement du secteur du financement par actions.

Si le développement du marché des capitaux a progressé dans plusieurs pays africains au cours des dernières années, la contribution de ce marché au financement interne reste incomplète. L'Afrique du Sud se trouve dans une situation paradoxale : elle possède l'un des marchés financiers les plus développés au monde, mais les taux de formation de capital fixe sont faibles, ce qui limite la contribution de ces marchés à la croissance. Le marché des actions, dominé par la Bourse de Johannesburg (JSE), est profond et liquide, avec un ratio capitalisation boursière/PIB supérieur à celui d'autres marchés émergents, et même d'économies avancées comme les États-Unis et la République de Corée.

Pour remédier à ce paradoxe, l'Afrique du Sud a mis en place des mécanismes tels que la Facilité budgétaire pour les infrastructures et le Fonds d'infrastructure. Ces initiatives visent à renforcer la préparation des projets, à améliorer la réserve de projets et à rassembler des investissements privés. Des changements réglementaires, tels que des modifications de la réglementation des fonds de pension, ont été appliqués pour encourager l'investissement dans les infrastructures. L'accent a également été mis sur les partenariats public-privé (PPP), avec la nécessité de simplifier les processus d'approbation et de réformer le cadre politique de façon à encourager les solutions de financement du secteur privé.

Tirer parti des technologies numériques pour améliorer la mobilisation des ressources intérieures

Ces dernières années, la tendance à la modernisation de l'administration douanière et fiscale en Afrique s'est accentuée grâce à l'adoption de systèmes électroniques de déclaration et de paiement des impôts. En 2022, le dépôt par voie électronique était disponible pour les déclarations fiscales et/ou douanières dans 23 pays d'Afrique subsaharienne sur 48, et en cours de mise en œuvre dans 6 autres. De même, le paiement électronique des impôts était possible dans 19 pays d'Afrique subsaharienne (ASS). Ces services numériques permettent aux contribuables de déclarer leurs impôts par voie électronique et d'effectuer des règlements en ligne, ce qui a pour effet d'améliorer la performance fiscale, de réduire les possibilités de corruption et de favoriser la transparence. L'adoption des technologies numériques dans l'administration fiscale renforce également l'efficience de la perception de l'impôt, ce qui se traduit par des économies de temps et d'argent. Par exemple, en Guinée, huit mois seulement après l'adoption de ces technologies, les recettes fiscales tirées du commerce international ont augmenté de 151,6 %. Imposer les transactions numériques est un moyen prometteur d'accroître les recettes et de lutter contre l'évasion fiscale. L'Afrique du Sud, par exemple, a collecté environ 929 millions d'USD depuis la mise en œuvre de sa TVA transfrontalière sur les services électroniques en 2014.

La taxation de l'économie numérique est un moyen prometteur d'augmenter les recettes fiscales. Cela peut se faire en élargissant l'assiette de la taxe sur la valeur ajoutée (TVA) ou des taxes sur les ventes, ou en introduisant de nouveaux impôts directs sur les services numériques. La révolution numérique offre un potentiel important de génération de recettes, d'autant plus que le chiffre d'affaires du commerce électronique devrait augmenter considérablement dans les pays africains. L'utilisation d'appareils de facturation électronique permet d'automatiser la saisie des transactions et de limiter les risques de fraude et de litiges fiscaux. Certains pays africains, comme la Côte d'Ivoire, le Ghana, la République du Congo, l'Ouganda et le Zimbabwe, taxent déjà les services financiers numériques au moyen d'un droit d'accise sur les transferts d'argent. Bien que l'imposition de l'argent mobile puisse susciter des inquiétudes quant à l'inclusion financière, elle permet de générer des revenus à court terme. L'Afrique subsaharienne figure au premier rang mondial pour l'utilisation de l'argent mobile, avec une part importante de transactions effectuées par l'intermédiaire de ce type de plateformes.

Cependant, la numérisation présente également des défis pour les systèmes fiscaux, notamment en ce qui concerne le transfert de bénéfices, la perception de TVA sur les échanges transfrontaliers et l'imposition des actifs financiers numériques. La croissance de l'économie numérique soulève des questions sur la manière de répartir les droits fiscaux sur les revenus générés par les activités transfrontalières entre différentes juridictions. L'économie numérique facilite également le transfert de bénéfices vers des juridictions à faible taux d'imposition, ce qui crée des difficultés aux pays qui cherchent à protéger leurs assiettes fiscales. Les systèmes fiscaux africains n'ont pas été conçus pour les crypto-monnaies, et l'absence d'une législation adéquate prévoyant de taxer les services numériques limite la capacité des pays à tirer parti des opportunités offertes par le commerce électronique. L'insuffisance des infrastructures et de la connectivité ou encore le faible niveau de compétences numériques des utilisateurs compromettent encore davantage les gains potentiels de l'adoption des technologies numériques en Afrique. Des efforts sont nécessaires pour relever ces défis et exploiter pleinement le potentiel de la numérisation dans la région. La coopération internationale en matière de fiscalité, par le biais de négociations et d'échanges d'informations, joue un rôle crucial dans la recherche de solutions innovantes pour relever ces défis.

Bien que la numérisation des administrations fiscales offre plusieurs avantages, de sérieux obstacles environnementaux limitent l'éclosion de son vaste potentiel en Afrique. Le succès de la modernisation de l'administration douanière et fiscale dépend fortement de l'environnement. Le manque d'infrastructures appropriées et de connectivité à Internet, d'alphabétisation et de formation numériques, de confiance dans le gouvernement, d'adoption par les agents des impôts et les contribuables, ainsi que d'une législation et d'un leadership politique adéquats représentent des contraintes majeures pesant sur l'efficacité des réformes technologiques dans les pays africains.

L'amélioration de l'approvisionnement en électricité et de la connectivité à Internet est essentielle pour faciliter l'adoption des technologies numériques. Les réformes des technologies de l'information et de la communication (TIC) doivent être soutenues par l'introduction de nouveaux cadres juridiques et réglementaires appropriés qui inspirent la confiance des utilisateurs dans l'intégrité et la sécurité des systèmes, notamment en ce qui concerne la confidentialité et la sécurité des données. La nouvelle réglementation doit également aborder le partage des données entre autorités fiscales. L'investissement dans les ressources humaines est crucial pour garantir l'utilisation efficace et adéquate des outils numériques par les agents des impôts.

En outre, il est essentiel que les gouvernements investissent dans l'éducation et la formation pour s'assurer que les citoyens adoptent la technologie numérique. Des études de cas illustratives portant sur le Rwanda, la Guinée et la République démocratique du Congo (RDC) présentent les expériences de ces pays en matière de modernisation des administrations douanières et fiscales.

Afin de remédier à l'insuffisance de la mobilisation des recettes intérieures, la Guinée s'est engagée dans la voie de la numérisation, en commençant par les procédures douanières. La mise en œuvre du système de guichet unique électronique a entraîné une forte augmentation des taxes sur le commerce international. Les recettes de ces taxes avaient augmenté de 151,6 %, huit mois après l'adoption de la technologie, et ont continué à croitre au cours des huit mois suivants, avec un taux de 31,5 %. Ces résultats positifs ont été obtenus grâce à l'amélioration des performances de l'administration douanière, aux économies de temps et d'argent, à la réduction des interactions en personne et à la facilitation de la détection des fraudes grâce aux outils numériques. Bien que la hausse des recettes ait ralenti ces dernières années, l'activation de nouvelles fonctionnalités de la plateforme numérique, telles que la possibilité de payer des impôts par le biais de transactions d'argent mobile, devrait encore accroître les recettes du gouvernement. La numérisation des procédures douanières en Guinée démontre le potentiel des outils numériques pour améliorer les performances des administrations fiscales, la prestation de services publics, la transparence et la redevabilité ou encore réduire la corruption.

Le Rwanda a entrepris une transformation numérique intégrale de son administration fiscale, dans le but de moderniser l'Office rwandais des recettes (RRA – Rwanda Revenue Authority) et de faire en sorte qu'il soit centré sur le client, axé sur les données et alimenté par les technologies de l'information. La numérisation du système fiscal au Rwanda a commencé en 2004 avec l'introduction d'un logiciel prêt à l'emploi pour la gestion des données des contribuables et s'est poursuivie par la mise en œuvre d'un système douanier automatisé (SYDONIA) afin de rationaliser les procédures douanières. L'amélioration de l'accès à Internet grâce au réseau de fibre optique déployé en 2010 et les mesures visant à améliorer la culture numérique et l'adaptation de la technologie ont également été déterminantes. Le déploiement d'appareils de facturation électronique (EBM – *Electronic Billing Machines*) a permis de réduire les déclarations frauduleuses de TVA et d'améliorer la précision et la transparence des données relatives aux transactions. Le RRA a également adopté un modèle opérationnel axé sur les données, qui recourt à l'analytique et à la sélection automatisée de cas d'audit pour améliorer l'efficience des contrôles et promouvoir les interventions fondées sur les risques.

Les efforts de numérisation du Rwanda ont entraîné des améliorations considérables de la perception des recettes et de l'efficience, avec une croissance du ratio impôts/PIB de 11,2 % en 2009/2010 à 16 % en 2019/2020. Le nombre de contribuables enregistrés a été multiplié par cinq entre 2011 et 2019, et les systèmes de déclaration et de paiement électroniques sont largement utilisés. L'infrastructure et les systèmes numériques avancés ont permis aux contribuables de s'acquitter de leurs obligations en toute transparence pendant la pandémie de COVID-19. Au-delà des recettes, l'utilisation de la technologie dans le domaine de la fiscalité a fourni des données précieuses pour la prise de décisions et l'élaboration des politiques. Les informations réunies par les appareils de facturation électronique ont façonné les politiques commerciales et industrielles, et les données ont été utilisées pour l'analyse économique et la coordination des politiques fiscales et monétaires. La fusion de la technologie et de la gouvernance a amélioré le climat des affaires, favorisé la collaboration entre le gouvernement et le secteur privé et réduit les possibilités de corruption et le coût de la conformité.

Gouvernance et mobilisation des ressources intérieures

Pour réduire leur dépendance à l'égard de l'aide, les pays d'Afrique subsaharienne ont adopté des réformes visant à renforcer la mobilisation des recettes fiscales et non fiscales. Bien que les recettes restent relativement faibles par rapport à celles des pays d'Amérique latine et des pays à revenu élevé, on observe depuis une dizaine d'années une tendance à la hausse du ratio impôts/PIB. Plusieurs facteurs ont contribué aux progrès récents en matière de mobilisation des recettes, notamment la croissance économique, qui élargit l'assiette fiscale et accroît la génération de revenus. La simplification des codes fiscaux, la modernisation des systèmes d'imposition et les efforts visant à renforcer les administrations des impôts et à encourager le respect des obligations ont également contribué à réduire la fraude et l'évasion fiscales. Le FMI estime qu'un pays médian en Afrique pourrait augmenter son ratio impôts/PIB de 3 à 5 %.

Au Sénégal, le programme de réforme est intégré dans un agenda de développement plus large appelé Plan Sénégal Émergent (PSE).[2] Le gouvernement a fait de la mobilisation des recettes intérieures un élément central de ce plan. Les principaux objectifs sont l'augmentation de la performance et l'élargissement de l'assiette fiscale afin d'atteindre un ratio impôts/PIB de 20 % d'ici 2023. Le gouvernement a également mis en œuvre des mesures en faveur de

---

2 Le PSE vise à réaliser les aspirations de développement du pays d'ici 2035 et met l'accent sur les réformes structurelles, le développement des infrastructures et la croissance du secteur privé.

la transparence, telles que l'adoption du Code de transparence dans la gestion des finances publiques et l'adhésion au Forum mondial sur la transparence et l'échange de renseignements à des fins fiscales. L'imposition foncière est un domaine d'intervention spécifique au Sénégal. En dépit de son potentiel en termes de recettes, l'impôt foncier sénégalais n'est pas très performant. Le gouvernement a mis en œuvre des réformes pour améliorer la perception de ces taxes, y compris un programme de recensement des propriétés dans tout le pays.

Le Ghana a adopté des mesures essentielles pour améliorer la mobilisation des recettes fiscales et non fiscales, en commençant par la création de la Ghana Revenue Authority (GRA) en 2009. La GRA a permis d'harmoniser les activités de trois agences fiscales indépendantes et semi-autonomes, d'aligner les stratégies de mobilisation des recettes et de moderniser l'administration des impôts. Le lancement du programme « Ghana Beyond Aid » en 2019 a mis davantage l'accent sur l'autosuffisance, la transformation économique et le développement durable. Les mesures relatives aux recettes comprennent l'amélioration de l'efficience des agences de recouvrement des recettes, l'identification de contribuables potentiels, l'exécution des paiements d'impôts (en particulier dans le secteur minier), la lutte contre la corruption, le renforcement de l'efficience des sociétés d'État et l'optimisation des dépenses et des investissements publics. Avec l'objectif de relever le ratio impôts/PIB à 23 % d'ici 2028, le Ghana a également mis en œuvre des initiatives telles que le système national d'adresses numériques et le système national d'identification, de façon à intégrer davantage de particuliers et d'entreprises dans le filet fiscal.

Le Cameroun a mis en œuvre de multiples initiatives pour mobiliser les recettes intérieures, bien qu'elles restent plus fragmentées que celles du Sénégal et du Ghana. Dans le cadre des efforts de mobilisation des recettes du pays, les principaux défis à relever consistent à s'attaquer au fardeau élevé des dépenses fiscales, à exploiter le potentiel de recettes du secteur informel et à stimuler les contributions individuelles à la mobilisation des recettes. Le Code des impôts a été modifié en ce sens. Pour s'attaquer au secteur informel, le gouvernement a renforcé le mécanisme de retenue à la source, tout en permettant des déductions fiscales sur les transactions effectuées par les entreprises du secteur informel avec les grandes sociétés. La traçabilité des transactions en espèces a également été améliorée, avec des restrictions aux déductions de l'impôt sur les sociétés et de la TVA pour les paiements en espèces dépassant certains seuils. Ces mesures ont permis d'augmenter la population imposable de 58 %. En ce qui concerne le Sénégal, des efforts sont faits pour enregistrer davantage de contribuables, en ciblant en particulier ceux susceptibles d'apporter leur contribution via l'impôt foncier. La Direction générale des impôts a élaboré un plan triennal (2023–2025) pour moderniser le système fiscal, en réponse aux conclusions de l'Outil d'évaluation diagnostique de l'administration fiscale et aux recommandations du FMI.

Les entreprises publiques (EP) en Afrique, en particulier au Sénégal, au Cameroun et au Ghana, ont du mal à contribuer à la mobilisation des recettes intérieures. Alors que ces entreprises sont censées générer des revenus en fournissant des biens et des services essentiels, elles sont souvent aux prises avec l'inefficience, la corruption et la mauvaise gestion. Des réformes ont été mises en œuvre pour surmonter ces difficultés, notamment la privatisation, la restructuration et la réduction des effectifs des entreprises publiques. Au Sénégal, des entreprises publiques telles qu'Air Sénégal et Senelec ont été confrontées à des difficultés financières. Air Sénégal a eu du mal à rentabiliser ses investissements, mais des réformes et un changement de direction ont permis de réduire les pertes de revenus. La Senelec, quant à elle, a fait l'objet d'une restructuration complète et génère désormais des revenus qui contribuent aux recettes publiques. Pour réduire les pertes, des contrats de performance ont été introduits au Cameroun, tandis qu'au Ghana, le gouvernement a créé une agence de gestion des participations de l'État (SIGA – State Interest and Governance Authority) pour contrôler les performances des entreprises publiques et leur fournir conseils et soutien. Les efforts de la SIGA ont contribué à réduire les pertes de ces sociétés et certaines d'entre elles ont versé des dividendes à l'État.

De la concurrence à la coopération dans le domaine fiscal ?

Les pays africains se heurtent à des obstacles pour préserver leurs assiettes fiscales, notamment des incitations fiscales improductives, une taxation inadéquate des ressources naturelles et des transferts de bénéfices par le biais de transactions contrôlées. Pour relever ces défis et réduire la concurrence fiscale, une amélioration de la coopération et de la coordination est nécessaire. Des mesures telles que l'harmonisation des politiques fiscales, la création d'autorités régionales des impôts et l'amélioration de l'échange d'informations peuvent créer des conditions de concurrence plus équitables pour les investissements et générer davantage de revenus pour les pouvoirs publics.

Le régime fiscal international actuel, principalement sous la direction de l'Organisation de coopération et de développement économiques (OCDE) et du G20, présente des lacunes auxquelles il convient de remédier. La Solution, reposant sur deux piliers, proposée par l'OCDE comprend des mesures visant à garantir que les multinationales paient leur juste part d'impôts et à empêcher le transfert de bénéfices. Toutefois, le Forum africain d'administration fiscale (ATAF – *African Tax Administration Forum*) a soulevé des inquiétudes concernant la réaffectation des bénéfices par les entreprises vers les juridictions de leurs marchés et le taux d'imposition mondial minimum, qui, selon cet organisme, devrait être plus élevé pour réduire le transfert de bénéfices depuis l'Afrique. En outre, la mise en œuvre des mesures proposées pose des problèmes dans la région. Il s'agit notamment de difficultés de mise en œuvre liées à la complexité des systèmes fiscaux et à la capacité administrative limitée, de la résistance politique des pays qui dépendent de taux d'imposition peu élevés, de la portée restreinte de la lutte contre l'évasion fiscale et la corruption au niveau national, des avantages limités pour les pays comptant peu de sociétés multinationales et du rythme rapide d'évolution des normes fiscales internationales. Le cadre fiscal mondial existant, en particulier les mesures proposées au titre des Piliers I et II, pourrait également ne pas résoudre pleinement des problèmes plus larges tels que la corruption et la faible application des réglementations dans les industries extractives en Afrique.

L'adoption de la résolution des Nations Unies sur la coopération fiscale marque une évolution vers une gouvernance fiscale plus inclusive, dans le but de créer une convention-cadre sur la fiscalité. Cette initiative propose de transférer de l'OCDE aux Nations Unies le processus décisionnel en matière de règles fiscales internationales, ce qui témoigne d'un consensus mondial en faveur d'une gouvernance fiscale plus équitable. Toutefois, la perte de souveraineté potentielle et la prédominance des intérêts des pays développés dans l'agenda fiscal mondial présentent des risques. Pour que la mise en œuvre de la résolution des Nations Unies profite à l'Afrique, il est essentiel de corriger les déséquilibres de pouvoir, d'améliorer l'échange d'informations et d'aider les pays africains à développer les capacités nécessaires pour participer efficacement à la coopération fiscale internationale. Des efforts doivent être déployés pour donner aux pays africains une voix égale dans l'élaboration des règles fiscales internationales et pour aborder les causes profondes des flux financiers illicites, telles que la corruption et la faible gouvernance.

La coordination fiscale régionale peut compléter la réforme fiscale mondiale en s'attaquant aux pressions exercées par le transfert de bénéfices et la concurrence fiscale au niveau de la région. Les initiatives régionales peuvent tirer parti des similitudes entre les structures économiques, les capacités administratives et la culture pour faciliter l'obtention d'accords sur des questions telles qu'un taux d'imposition minimum régional. Cela conduirait à une plus grande coopération et coordination entre les nations africaines sur les questions fiscales, promouvant ainsi une gouvernance fiscale inclusive et efficace. La stratégie fiscale pour l'Afrique de la Commission de l'Union africaine (CUA) est susceptible de servir de cadre aux pays de la région pour élaborer des normes fiscales alignées sur les principes énoncés dans la résolution des Nations Unies, tout en garantissant la prise en compte des perspectives africaines dans les discussions internationales sur le sujet. En outre, la Zone de libre-échange continentale africaine (ZLECAf) et les initiatives régionales telles que le régime du Tarif extérieur commun (TEC) de la CEDEAO et la Plateforme de co-garantie pour l'Afrique (CGP – *Co-Guarantee Platform*) contribuent à réduire la concurrence fiscale et à promouvoir la coopération. L'intégration régionale plus poussée dans le cadre de la ZLECAf peut stimuler la production locale, élargir l'assiette imposable et renforcer la mobilisation des ressources intérieures en Afrique.

CHAPITRE 1

Le rôle joué par le secteur privé africain dans le financement du développement

1.1. Introduction

Le secteur privé contribue à 80 % de la production totale, aux deux tiers de l'investissement et à 75 % des prêts à l'économie du continent. Parallèlement aux apports des bailleurs de fonds externes, y compris des partenaires de développement et des investisseurs étrangers, ce secteur joue donc un rôle essentiel en tant que source de financement des biens publics et de la capacité de production au sein de l'économie. Il est important de noter que la mobilisation des ressources intérieures (MRI) va au-delà de l'optimisation de la fiscalité et des autres prélèvements gouvernementaux, aussi fondamentaux soient-ils pour le développement. Elle est aussi définie comme la « génération d'épargne au niveau national, par opposition à l'investissement, aux prêts, aux subventions ou aux envois de fonds reçus de sources extérieures, et leur affectation à des investissements socialement productifs dans le pays » (BAD et Centre de développement de l'OCDE, 2010, p. 79). L'épargne privée domestique est canalisée par le secteur financier (p. ex., les banques privées) vers l'investissement, tandis que la mobilisation des ressources publiques ou l'épargne publique émane de l'excédent des recettes sur les dépenses courantes de l'État (BAD et Centre de développement de l'OCDE, 2010).

L'Afrique subsaharienne (ASS) affiche l'un des taux d'épargne les plus bas parmi les régions en développement, avec une moyenne de 19 % entre 2010 et 2021. Par comparaison, en Asie de l'Est, ce taux était de 37 % au cours de la même période, ce qui a permis à cette région d'afficher des d'investissement qui se classent parmi les plus élevés des régions en développement. Entre 2000 et 2017, le taux d'épargne moyen en ASS était de 22 %, contre 34 % en Asie de l'Est et 27 % en Asie du Sud. De manière alarmante, le taux d'épargne a chuté de 27 % en 2006 à 19 % en 2017. Pour favoriser la croissance économique dans la région, il est essentiel de mettre en œuvre des politiques qui relèvent de manière significative les taux d'épargne nationaux (Sena, 2023) .

Le Plan d'action d'Addis-Abeba reconnaît le rôle du secteur privé dans le financement du développement. Il s'engage à faciliter l'action de ce secteur :

> Nous élaborerons des politiques et, au besoin, nous renforcerons la réglementation pour mieux faire converger les incitations adressées au secteur privé et les objectifs publics, notamment les mesures qui incitent le secteur privé à adopter des pratiques viables à terme, et des politiques qui encouragent des investissements à long terme de qualité. Les États doivent prendre des mesures pour créer les conditions favorables, à tous les niveaux, et le cadre réglementaire nécessaire pour encourager l'entreprise et le dynamisme du secteur des entreprises.[3]

La mobilisation des ressources intérieures englobe également le développement et l'approfondissement des marchés de capitaux susceptibles de prêter des fonds en monnaie locale à des taux plus bas. Mobiliser des ressources au sein de l'économie nationale présente des avantages évidents par rapport aux flux étrangers. Les fonds étant en grande partie libellés en monnaie locale, les risques et les distorsions liés aux fluctuations des taux de change sont éliminés. La capacité à lever des fonds auprès du secteur privé local sert également de signal pour d'autres flux de ressources, ce qui aide en fin de compte le pays à optimiser ses sources de financement.

Néanmoins, en matière de mobilisation des ressources, le secteur privé en Afrique est à la traîne par rapport à d'autres régions. Les actifs bancaires représentent moins de 60 % du PIB sur le continent, contre plus de 100 % dans d'autres économies émergentes et avancées. En outre, la mobilisation des ressources intérieures est limitée par les contraintes pesant sur le développement des marchés financiers. Le secteur des services financiers est dominé par des banques de détail qui ne fournissent pas une gamme de services complète. En outre, les marchés de capitaux n'offrent pas tout l'éventail des instruments de dette et de capitaux propres dont le secteur privé à besoin[4].

Des progrès ont cependant été accomplis. Aujourd'hui, 29 pays africains disposent de Places boursières, contre 5 en 1989. Les produits des premiers appels

---

3 A/70/470/Add.2 – Système financier international et développement : Rapport de la deuxième commission, 36 : https://sustainabledevelopment.un.org/topics/finance/decisions.
4 UA (2021) : https://au.int/en/pressreleases/20211108/leveraging-private-sector-engagement-africa-we-want ; UNECA (2020) : https://www.uneca.org/sites/default/files/fullpublicationfiles/ERA_2020_mobile_20201213.pdf

publics à l'épargne (IPO – *Initial public offerings*) en bourse en Afrique entre 2014 et 2019 se sont élevés à 27,1 milliards d'USD, soit moins de 1,4 % des flux mondiaux d'IPO au cours de la période. La levée de fonds de capital à risque privé sur le continent a augmenté pour atteindre 2,7 milliards d'USD en 2018. Le marché obligataire africain était évalué à 500 milliards d'USD en 2019, les obligations en monnaie locale représentant 78 % de l'encours de la dette dans la région.[5]

Reconnaissant l'importance fondamentale des politiques qui soutiennent à la fois l'épargne privée et publique, ce chapitre se penche sur le secteur privé en Afrique. Il propose également des stratégies qui pourraient être mises en place non seulement pour améliorer la contribution au financement du développement, des banques, des investisseurs institutionnels et d'autres acteurs du secteur privé africains, mais aussi et surtout pour impliquer ce secteur dans le financement des infrastructures.

1.2. Cartographie du paysage du secteur privé africain

1.2.1. Caractéristiques du secteur privé en Afrique

Le secteur privé en Afrique est un moteur important de la croissance économique et a le potentiel de faire passer les économies du statut de pays à faible revenu à celui de pays à revenu intermédiaire. Globalement, ce secteur génère plus de 70 % des emplois, produit des biens et des services et contribue à plus de 80 % des recettes publiques par le biais des impôts dans les pays à faible revenu et à revenu intermédiaire. Cependant, en Afrique, l'accès limité au financement est considéré comme le défi le plus critique pour les entreprises. Environ 19 % des petites entreprises et 14 % des entreprises moyennes considèrent qu'il s'agit du principal obstacle à la conduite des affaires (UNECA, 2020).

1.2.1.1. Informalité

Le secteur privé en Afrique présente des caractéristiques uniques. L'une d'entre elles est le caractère informel des entreprises, qui revêt une importance croissante. L'emploi informel est la principale source d'emploi en Afrique, qui constitue 85,8 % du total et offre des opportunités à de nombreux jeunes demandeurs d'emploi sur le continent (OIT, 2018). Cependant, il existe des variations considérables au sein de la région, influencées par le développement socio-économique et les niveaux variables d'informalité. L'économie informelle représente ainsi 67,3 % des emplois en Afrique du Nord et 89,2 % en ASS (OIT, 2020).

---

5 La plupart des obligations en monnaie locale sont détenues par des investisseurs nationaux. C'est le cas par exemple de 62 % de ce type d'obligations en Afrique du Sud.

Les principales raisons pour lesquelles les entreprises africaines choisissent de ne pas formaliser leur existence sont la crainte d'avoir à payer des impôts, le manque d'informations sur les procédures d'enregistrement, le coût de ces procédures et le sentiment qu'elles n'ont rien à gagner à entrer dans le secteur formel. Une enquête menée par l'Afrobaromètre dans 18 pays du continent en 2019–2020 indique que la plupart des Africains pensent que leurs gouvernements ont le droit de collecter des impôts. Toutefois, le soutien à la fiscalité s'est affaibli au cours des dix dernières années, ce qui s'accompagne d'une perception selon laquelle les gens échappent souvent à l'impôt. De nombreux Africains contestent également l'équité de la charge fiscale et expriment leur scepticisme quant à l'utilisation des recettes fiscales par leur gouvernement pour le bien-être des citoyens. Si la plupart d'entre eux sont prêts à payer plus d'impôts pour soutenir la jeunesse et le développement national, ils rencontrent des difficultés pour accéder aux informations fiscales et considèrent les fonctionnaires des impôts comme corrompus et indignes de confiance. Ces perceptions peuvent avoir un impact sur le soutien et le respect de l'administration fiscale par les citoyens.[6]

En Afrique, le secteur formel est dominé par les petites entreprises, en particulier dans les pays à faible revenu. Bien que plus présentes dans les pays à revenu intermédiaire, les moyennes et grandes entreprises, qui ne représentent qu'un tiers de l'activité, restent beaucoup moins nombreuses en Afrique que dans d'autres régions du monde. Alors que leur contribution à la production totale est marginale, les micro et petites entreprises représentent le plus grand nombre de sociétés sur le continent et sont également la principale source d'emplois et de revenus pour les pauvres.

1.2.1.2. Autres caractéristiques

Le secteur privé africain présente plusieurs autres caractéristiques clés qui façonnent son paysage global, notamment :

- *Entrepreneuriat en pleine croissance :* L'Afrique connaît un essor de l'entrepreneuriat, avec un écosystème dynamique de startups et de petites et moyennes entreprises (PME). Ces acteurs jouent un rôle essentiel pour promouvoir l'innovation, la création d'emplois et la croissance économique dans divers secteurs.
- *Industries diversifiées :* Le secteur privé en Afrique couvre un large éventail de secteurs, notamment l'agriculture, l'industrie manufacturière, les télécommunications, les services financiers, la technologie et les énergies

---

6 Voir Afrobaromètre : https://www.afrobarometer.org/publication/ad428-troubling-tax-trends-fewer-africans
-support-taxation-more-say-people-avoid-paying/.

renouvelables. L'accent est de plus en plus mis sur des secteurs tels que la technologie numérique, le commerce électronique et les énergies renouvelables, sous l'impulsion de la population jeune et férue de technologie du continent.

- *Investissements directs étrangers (IDE) :* L'Afrique continue d'attirer les investissements directs étrangers des marchés traditionnels et émergents. Ces IDE se dirigent vers des secteurs tels que le développement des infrastructures, les ressources naturelles et l'industrie manufacturière. Ils contribuent à la création d'emplois, au transfert de technologies et à l'amélioration des infrastructures.

- *Accès au financement :* L'accès au financement reste un défi majeur pour les entreprises en Afrique. Cependant, les technologies financières innovantes, les services bancaires mobiles et les initiatives de microfinance élargissent l'inclusion financière et améliorent l'accès au capital pour les entrepreneurs et les PME. Par exemple, à l'ère numérique, le Ghana, le Kenya, le Rwanda et l'Ouganda sont des fers de lance de la révolution Fintech qui permet d'autonomiser la population non bancarisée, y compris les femmes entrepreneures et les petites entreprises dirigées par des jeunes (UNECA, 2020).

- *Partenariats public-privé (PPP) :* La collaboration entre le secteur privé et les gouvernements par le biais de partenariats public-privé prend de l'ampleur. Ces partenariats visent à combler les lacunes en matière d'infrastructures, à améliorer la prestation de services et à promouvoir le développement durable.

Bien entendu, l'Afrique est un continent très diversifié et, de ce fait, les caractéristiques mentionnées ne donnent qu'un aperçu général et varient d'un pays et d'une région à l'autre.

1.2.2. *Principaux défis auxquels est confronté le secteur privé en Afrique*

Le secteur privé est confronté à une série d'obstacles similaires dans tous les pays africains, bien que l'impact de ces obstacles varie en fonction du stade de développement économique national. Alors que les deux principaux obstacles dans les pays à faible revenu sont l'électricité et l'accès au financement, ces facteurs posent beaucoup moins de problèmes dans les pays à revenu intermédiaire, où les lacunes en matière de compétences et les réglementations du travail constituent les défis majeurs. Plus précisément, les limitations fondamentales, telles que les réseaux de transport inefficients et le manque d'accès à l'électricité et au financement, sont les plus critiques dans les pays les plus pauvres. En revanche, les limitations liées à la gouvernance, telles que les niveaux élevés d'imposition et la mauvaise qualité de l'administration fiscale, sont relativement plus préjudiciables dans les pays à faible revenu moins pauvres. Dans les pays à revenu intermédiaire, ce sont les limitations entraînées par les politiques, telles que les pénuries de compétences et les réglementations du travail, qui pèsent le plus lourd. Par conséquent, à mesure que les pays se développent, ils commencent à surmonter les obstacles de base, mais tendent à être ensuite entravés par des questions relatives à la gouvernance et aux politiques publiques.

Les obstacles au développement du secteur privé diffèrent également selon le type d'entreprise. Les grandes entreprises sont plus préoccupées par la corruption, le manque de compétences et la réglementation du travail, tandis que les entreprises exportatrices placent l'administration fiscale en tête de leurs inquiétudes. Ces facteurs systémiques sont moins gênants pour les petites entreprises, qui ont tendance à se sentir davantage lésées par les manques au niveau de l'accès au financement (et son coût excessif), des garanties et des compétences techniques, comptables et managériales des entrepreneurs, tandis qu'elles jugent les lacunes de compétences moins pénalisantes. Pour les microentreprises des pays à revenus intermédiaires et faibles, l'obstacle le plus contraignant est le manque d'accès au financement, bien que les microentreprises opérant dans les pays à revenu intermédiaire se plaignent aussi souvent de la lourdeur des procédures de permis et d'autorisation, qui peut s'avérer un facteur déterminant de leur décision de rester dans le secteur informel.

Certains obstacles revêtent plus d'importance à mesure que les économies deviennent plus compétitives. Il s'agit notamment de l'accès aux transports et au financement, de l'ordre public, de l'administration fiscale, des permis d'exploitation, de la corruption, des réglementations douanières et commerciales et du système judiciaire. En outre, les taux d'imposition et l'accès à l'électricité deviennent également plus gênants pour les entreprises alors que la compétitivité du pays s'améliore. Lorsqu'un pays passe d'un niveau de compétitivité faible à un niveau intermédiaire, davantage d'entreprises s'enregistrent, ce qui rend les taux d'imposition plus problématiques. De même, les sociétés peuvent rencontrer des difficultés à maintenir les niveaux d'investissement et à améliorer l'intensité capitalistique en raison des pressions concurrentielles. Cela souligne la nécessité d'investissements stratégiques dans les infrastructures, les systèmes financiers et les politiques d'appui pour soutenir la croissance et faire en sorte que les entreprises puissent prospérer dans un environnement plus compétitif.

En ce qui concerne la corruption, environ 6,3 % des entreprises africaines sont confrontées à des obstacles importants dans ce domaine. Cela entrave la croissance du secteur privé et, par conséquent, le développement économique en décourageant les investissements étrangers, en augmentant les coûts pour les entreprises, en compromettant la qualité des services, en faussant la concurrence et en favorisant une mauvaise allocation de ressources limitées. Les grandes entreprises sont davantage préoccupées par l'instabilité politique et l'insécurité que les petites. L'insécurité se manifeste sous différentes formes, notamment les guerres civiles, la violence criminelle, les troubles politiques et le terrorisme (UNECA, 2020). L'Afrique abrite 20 des 37 États les plus fragiles du monde, selon la Banque mondiale.[7] Lorsqu'un pays est considéré comme risqué, cela décourage les investisseurs, ce qui entraîne des taux de prêt plus élevés et des difficultés à obtenir du financement. Cette situation persiste même une fois la paix rétablie, ce qui rend difficile l'obtention de fonds, en particulier pour la reconstruction des infrastructures (Africa CEO Forum, 2014 ; CNUCED, 2015) .

Le tableau ci-dessous portant sur l'épargne intérieure brute en pourcentage du PIB de 2014 à 2023 révèle d'importantes disparités régionales en Afrique et dans d'autres parties du monde. En Afrique de l'Est et australe, les taux d'épargne ont été relativement stables, quoique modestes, avec des fluctuations entre 17,4 % et 20,6 % au cours de la période, ce qui témoigne d'une certaine résilience, mais aussi d'une propension limitée à épargner par rapport à d'autres régions. L'ASS, en revanche, affiche une tendance à la baisse inquiétante, avec des taux d'épargne passant de 21,3 % en 2014 à seulement 4,7 % en 2023, ce qui souligne de graves défis économiques et un besoin critique d'interventions politiques pour stimuler l'épargne et l'investissement.

En revanche, l'Asie de l'Est et le Pacifique affichent systématiquement les taux d'épargne les plus élevés, avec une moyenne de 37–39 %, ce qui contribue à expliquer les taux d'investissement et la croissance économique robustes de la région. De même, la région Moyen-Orient et Afrique du Nord, malgré une certaine volatilité, conserve des taux d'épargne relativement hauts, compris entre 26,9 et 38,8 %, ce qui indique une culture de l'épargne et des systèmes financiers plus solides. L'Asie du Sud, tout en connaissant un déclin progressif, maintient des taux d'épargne modérés compris entre 25,1 et 28,1 % ; toujours supérieurs à ceux de l'Afrique subsaharienne.

La base d'épargne limitée dans des régions comme l'ASS peut conduire à un effet d'éviction : les emprunts publics pour financer les déficits budgétaires absorbent une part considérable de l'épargne, ce qui en laisse moins de place pour l'investissement privé. Ce phénomène est particulièrement problématique lorsque les déficits publics sont alimentés par la consommation plutôt que par l'investissement, car la consommation publique ne génère pas de revenus futurs, contrairement à l'investissement, qui peut améliorer la productivité et la capacité économique. Par conséquent, une consommation publique élevée au détriment de l'investissement privé risque de freiner la croissance économique globale. Cette analyse souligne la nécessité pour les décideurs politiques africains de mettre en

---

7 La liste des pays fragiles et touchés par un conflit pour l'exercice 2023 est disponible à l'adresse suivante : https://thedocs.worldbank.org/en/doc/69b1d088e3c48ebe2cdf451e30284f04-0090082022/original/FCSList-FY23.pdf.

œuvre des stratégies visant à renforcer les systèmes financiers, à promouvoir l'épargne et à équilibrer consommation publique et investissement. S'attaquer à ces questions est essentiel pour assurer un développement économique durable et une meilleure résilience financière sur l'ensemble du continent.

Tableau 1 : Épargne intérieure brute (en pourcentage du PIB)

Région	2014	2015	2016	2017	2018	2019	2020	2021	2022	2023
Afrique de l'Est et australe	19.3	17.4	17.5	18.6	18.4	18.9	18.9	20.6	20.2	17.6
Asie de l'Est et Pacifique	37.2	37.4	36.9	37.5	37.6	36.9	37.3	39.1	39.5	38.1
Moyen-Orient et Afrique du Nord	36.9	29.4	29.2	31.5	34.5	32.4	26.9	32.5	38.8	36.3
Afrique subsaharienne	21.3	17.6	14.2	11.1	12	14.6	13.1	12.2	12.6	4.7
Asie du Sud	28.1	27.2	27.5	27.7	26.9	25.7	25.1	26	25.5	26.7

Source : Indicateurs du développement dans le monde.

En outre, les données sur les investissements en capitaux privés, les sorties et les levées de fonds dans différentes régions mettent en évidence plusieurs défis majeurs auxquels le secteur privé est confronté en Afrique (tableau 2). Bien que le continent ait enregistré une augmentation substantielle des investissements en capitaux privés en glissement annuel (47 % en 2021), ceux-ci restent nettement inférieurs à ceux d'autres régions, comme la Chine et l'Asie du Sud-Est en termes absolus. Cette disparité souligne le fait que les marchés africains ont toujours du mal à attirer des capitaux privés importants en raison de risques perçus plus élevés et de retours sur investissement plus faibles. En outre, la forte variabilité et les volumes plus limités des sorties de capitaux privés (44 % d'évolution en glissement annuel) indiquent une instabilité et des problèmes potentiels de liquidité et de rentabilité des investissements au sein de la région. Les données sur la collecte de capitaux privés révèlent que l'Afrique est à la traîne par rapport à la plupart des régions, avec une modeste augmentation de 29 % en 2021. Ce taux de croissance relativement faible suggère des difficultés au niveau de l'accès aux ressources financières et de leur mobilisation pour l'expansion des entreprises et l'innovation. En comparaison, des régions comme l'Asie du Sud-Est et l'Asie-Pacifique affichent une croissance plus robuste de la levée de fonds, reflétant des marchés financiers mieux développés et une plus grande confiance des investisseurs.

Comme mentionné ci-dessus, le financement est crucial pour la survie du secteur privé, mais sa disponibilité limitée entrave la croissance des entreprises en Afrique. Les petites entreprises dépendent fortement des bénéfices non distribués ou des fonds internes, qui représentent environ 78 % de leur fonds de roulement. Les entreprises de taille moyenne dépendent des fonds internes pour 73 % de leur fonds de roulement, et les grandes entreprises pour 70 %. En revanche, seulement 5 % des fonds de roulement des petites entreprises sont financés par les banques, alors que ce taux s'élève à 13,7 % environ chez les grandes entreprises, soit près de trois fois plus (CNUCED, 2015 ; UNECA, 2020).

Tableau 2 : Dynamique des capitaux privés en Afrique, 2017–2021 (en milliards d'USD)

	2017	2018	2019	2020	2021	Variation en glissement annuel (en %)
Investissement en capital privé						
Chine	69.9	83.7	47.2	75.5	96.0	27
Inde	17.6	17.6	24.2	31.0	52.9	71
Asie du Sud-Est	8.7	21.0	9.5	10.6	21.5	103
Amérique latine	10.1	12.6	15.6	16.8	29.4	75
Afrique	**3.4**	**4.2**	**3.9**	**4.3**	**6.3**	**47**
CEE	7.1	3.9	3.3	2.4	11.5	379
Moyen-Orient	0.4	0.6	4.7	10.5	15.1	44
Sorties de capitaux privés						
Chine	17.8	40.8	18.4	55.9	51.4	-8
Inde	15.2	31.4	9.1	6.0	33.9	465
Asie du Sud-Est	4.5	3.7	4.3	5.4	11.1	106
Amérique latine	7.5	7.3	10.7	15.4	17.6	14
Afrique	**1.1**	**3.8**	**11.6**	**1.8**	**2.6**	**44**
CEE	3.8	4.4	1.2	7.8	8.2	5
Moyen-Orient	1.1	0.6	3.5	3.5	1.9	-46
Levée de capitaux privés						
Asie-Pacifique*	58	84.2	70.0	69.0	88.3	28
Chine	16.4	37.3	29.8	27.4	36.4	33
Inde	5.4	8.1	6.7	4.9	5.7	16
Asie du Sud-Est	1.9	1.3	2.9	2.1	2.9	38
Afrique	**2.7**	**3.2**	**3.4**	**2.4**	**3.1**	**29**
CEE	1.3	1.8	1.8	1.8	1.7	-6
Moyen-Orient	0.2	0.1	0.4	0.4	0.4	0
Multi-régions	4.4	2.4	5.3	5.5	7.5	36

Source : GPCA. Données au 31 décembre 2021 (https://www.globalprivatecapital.org/research/2022-global-private-capital-industry-data-analysis/)
Notes : (1) Les sorties totales comprennent la valeur globale des transactions et ne se limitent pas aux distributions divulguées aux investisseurs de capital privé. (2) *Exclut les fonds dédiés au Japon, à l'Australie et à la Nouvelle-Zélande ou investissant principalement dans ces pays. (3) Les variations en glissement annuel ont été recalculées pour corriger les différences marginales entre les chiffres présentés ici et les données originales publiées par le GPCA.

1.2.3. Le secteur privé africain : moteur de croissance et de durabilité

Bien qu'il soit confronté à des difficultés telles que les barrières réglementaires complexes, l'inégalité, l'évasion fiscale,[8] les procédures douanières complexes, les contraintes à l'accès financier, les coûts de transport et de logistique élevés et l'accès limité à l'information, le secteur privé en Afrique continue d'exercer une influence significative. Son développement ne se contente pas d'alimenter la croissance économique, il promeut aussi le développement des infrastructures, l'augmentation des recettes fiscales et la promotion de l'inclusion financière. Ces impacts positifs nécessitent toutefois un effort concerté pour surmonter les défis (UNECA, 2023). Les décideurs politiques doivent s'efforcer d'adopter une approche équilibrée qui encourage la croissance du secteur privé tout en garantissant la responsabilité sociale, l'équité et la conformité. Ce n'est qu'à cette condition que le secteur privé pourra pleinement réaliser son potentiel en tant que contributeur au développement durable en Afrique.

1.2.3.1. Croissance économique

La croissance économique peut remodeler les communautés, améliorer le bien-être et permettre aux individus de s'épanouir. Toutefois, pour que les membres les plus défavorisés de la société profitent des avantages de cette croissance, celle-ci doit aller de pair avec la création d'un plus grand nombre d'emplois de qualité, qui constituent l'une des principales voies de sortie de la pauvreté (Nishio, 2019). Le secteur privé a été un moteur essentiel de la croissance économique en Afrique, en contribuant à l'augmentation du PIB et à la création d'emplois (BAD, 2011). Il a également le potentiel de contribuer directement à la réalisation des ODD et de l'Agenda 2063 de l'Union africaine, grâce à la hausse de la productivité, la création d'emplois et l'amélioration de la prestation de services. Dans les économies en développement, plus de 90 % des emplois sont générés par le secteur privé, qu'ils soient formels ou informels. Si la plupart des entreprises privées sont de petite taille et font face à des contraintes financières importantes qui les empêchent de passer à une plus grande échelle, les PME restent néanmoins vitales pour les économies africaines. Elles représentent environ 90 % de toutes les entreprises privées et emploient plus de 60 % de la main-d'œuvre dans la plupart des pays du continent (UNECA, 2020). La croissance d'industries telles que les télécommunications, la banque et

---

8 L'évasion fiscale, en particulier, pose un problème important, car elle fausse la concurrence loyale, réduit les recettes publiques et freine le développement économique. Les entreprises qui échappent à l'impôt bénéficient d'un avantage déloyal par rapport à celles qui s'y conforment, ce qui entraîne des distorsions de la dynamique du marché et décourage les entreprises honnêtes. En outre, l'évasion fiscale entraîne une pénurie de fonds publics, qui sont essentiels pour le développement des infrastructures, des services publics et des programmes sociaux.

l'industrie manufacturière a entraîné une amélioration de l'innovation et de la productivité.

1.2.3.2. Le rôle clé du secteur privé dans la ZLECAf

Le rôle du secteur privé dans le commerce régional, facilité par la Zone de libre-échange continentale africaine (ZLECAf), peut renforcer la compétitivité et favoriser le développement. La vulnérabilité de l'Afrique est en partie due à sa capacité de production limitée, ce qui entraîne une lourde dépendance à l'égard des importations de biens essentiels. Cette dépendance est devenue manifeste lors de la pandémie de COVID-19, lorsque le continent a éprouvé des difficultés à se procurer des fournitures médicales, car plus de 90 % d'entre elles sont importées. De la même façon, la suspension des exportations de blé et de maïs de Russie et d'Ukraine pendant leur conflit a entraîné des problèmes de sécurité alimentaire dans plusieurs pays africains. Néanmoins, la ZLECAf devrait transformer ce scénario en unifiant l'Afrique en un marché unique d'une valeur de 2 700 milliards d'USD. En supprimant de nombreuses barrières commerciales, la ZLECAf vise à diversifier l'économie africaine, ce qui permettra d'accroître sa résilience face aux chocs naturels ou anthropiques, y compris les effets du changement climatique. En utilisant la technologie financière (Fintech) et en participant aux chaînes de valeur régionales, le secteur privé améliore l'accès au financement et accroît la compétitivité des entreprises africaines et l'interconnexion dans l'économie africaine (UNECA, 2023 ; UNECA, 2020).

1.2.3.3. Développement des infrastructures

Les infrastructures représentent le besoin de développement le plus pressant de l'Afrique et offrent des perspectives d'investissement prometteuses pour ceux qui sont prêts à prendre une approche de long terme. Plus précisément, les investissements dans les infrastructures électriques et énergétiques produisent des rendements prévisibles et fiables, même en période d'incertitude, grâce à des flux de revenus transparents, soutenus par des accords contractuels. Ceux-ci garantissent une source solide d'un flux de trésorerie prévisible. Avec les améliorations continues des cadres politiques, des procédures de passation de marchés et des antécédents plus étoffés de projets d'infrastructure privés, les obstacles à l'investissement diminuent, ce qui attire davantage d'investisseurs (AIIM, 2017).

Une étude récente du FMI indique que, d'ici la fin de la décennie, le secteur privé en ASS a le potentiel de contribuer à un financement annuel supplémentaire des infrastructures physiques (routes, électricité) et sociales (santé, éducation) s'élevant à 3 % du PIB de la région. Cela équivaut à environ 50 milliards d'USD par an (sur la base des chiffres du PIB de 2020) et à près d'un quart du ratio moyen d'investissement privé prévalant dans la région, qui s'élève à 13 % du PIB (FMI, 2021).

Le développement d'infrastructures grâce à des partenariats public-privé (PPP) est une tendance significative en Afrique. Des projets tels que le chemin de fer à écartement standard Mombasa-Nairobi ont non seulement amélioré les transports, mais aussi contribué à l'activité économique. Au Kenya et dans l'ensemble de la région de l'Afrique de l'Est, cette initiative est défendue comme un outil capable de stimuler la croissance dans des secteurs tels que l'exploitation minière, le pétrole, le gaz, l'énergie et l'agriculture commerciale, et de relier des pays comme l'Ouganda, le Rwanda, le Burundi et le Soudan du Sud aux routes commerciales orientales de l'océan Indien. Ces corridors de développement promettent d'importants avantages socio-économiques, notamment l'augmentation des possibilités d'emploi, l'accessibilité des marchés, des transports plus efficients, la réduction du coût des denrées alimentaires et l'intégration de régions auparavant isolées (Patel, 2022 ; Gorecki, 2020). Les PPP ont permis aux gouvernements de tirer parti des capitaux et de l'expertise du secteur privé pour développer des infrastructures critiques.

1.2.3.4. *Élargissement de l'assiette fiscale*

Dans les pays à revenu faible ou intermédiaire, le secteur privé représente généralement plus de 80 % des recettes publiques. En Afrique, il existe plus de 700 entreprises privées suffisamment grandes pour produire plus de 500 millions d'USD de revenus annuels. Les grandes entreprises, définies comme celles qui comptent 100 employés ou plus, génèrent des bénéfices annuels allant de 1 à 1 400 milliards d'USD (UNECA, 2020).

En outre, le soutien du secteur privé à l'entrepreneuriat, en particulier aux PME, est déterminant pour favoriser l'innovation et la croissance des entreprises. Cela contribue à son tour à élargir l'assiette fiscale, ce qui accroît les recettes globales essentielles au financement des services publics et des infrastructures. En Afrique du Sud, par exemple, les PME contribuent à environ 34 % du PIB et emploient près de 60 % de la population active (SFI, 2008). Cette expansion a renforcé les recettes fiscales et la viabilité budgétaire du pays.

1.2.3.5. *Accès au financement et à l'innovation*

Le développement du secteur privé continue d'améliorer l'accès au financement. L'essor des services bancaires mobiles et des institutions de microfinance a permis l'inclusion financière de millions d'Africains auparavant dépourvus d'accès aux services bancaires traditionnels (Banque mondiale, 2021). En jouant le rôle de vecteurs de l'innovation et de la technologie, les entités privées favorisent également le développement des compétences et le renforcement des capacités. Ces contributions sont essentielles pour garantir que l'infrastructure émergente de l'Afrique non seulement fonctionne avec une efficience maximale, mais s'aligne également sur les normes internationales (UNECA, 2019 ; AIIM, 2017).

1.3. Comment le secteur privé pourrait-il jouer un rôle dans le financement du développement de l'Afrique ?

Dans le contexte des défis économiques qui ont émergé à la suite de la pandémie de COVID-19, l'Afrique est confrontée à une mise à l'épreuve majeure des progrès économiques réalisés au cours de la dernière décennie. Des pratiques, des politiques et des instruments financiers innovants sont essentiels pour faciliter des avancées substantielles dans divers secteurs d'activité. Cela inclut les start-ups, les micro et petites entreprises, les entreprises sociales, les activités professionnelles (telles que les avocats et les médecins), les sociétés cotées en bourse et les initiatives publiques-privées. Ces entreprises sont essentielles pour favoriser une croissance économique inclusive, la création d'emplois et l'amélioration des moyens de subsistance (UNECA, 2020).

1.3.1 *Comment améliorer la contribution des banques et des investisseurs institutionnels africains au financement du développement ?*

Le développement durable de l'Afrique nécessite un financement considérable et, pour l'atteindre, il est essentiel d'exploiter le potentiel des banques et des investisseurs institutionnels (CNUCED, 2021). Ces entités financières nationales jouent un rôle central pour canaliser des fonds vers les secteurs et les projets cruciaux qui stimulent la croissance économique et le développement social. Pour accélérer la contribution des banques et des investisseurs institutionnels au financement du développement en Afrique, plusieurs stratégies clés peuvent être mises en œuvre.

- Consolider les systèmes financiers : Il s'agit d'améliorer la réglementation bancaire, de renforcer les cadres de surveillance et de promouvoir la stabilité du secteur financier. Des systèmes financiers solides attirent les investissements, atténuent les risques et favorisent un environnement propice à la participation des banques et des investisseurs institutionnels au financement du développement.

- Promouvoir l'inclusion financière : En élargissant l'accès aux services financiers, tels que la banque et l'assurance, aux petites et moyennes entreprises et aux populations mal desservies, la région peut stimuler l'entrepreneuriat, la création d'emplois et l'autonomisation économique. Cet objectif peut être atteint grâce à des solutions innovantes en matière de technologies financières (Fintech), à la banque mobile et à des produits financiers adaptés aux segments marginalisés de la société.[9]

- Développer des instruments financiers durables : Pour attirer des banques et des investisseurs institutionnels, il est essentiel de développer des instruments financiers durables adaptés aux besoins uniques de l'Afrique. Les obligations vertes, les obligations à impact social et les fonds d'investissement dans les infrastructures sont des exemples d'instruments qui alignent rendements financiers et objectifs environnementaux et sociaux. Ces instruments attirent des investisseurs socialement responsables et permettent de financer des projets de développement durable, tels que les énergies renouvelables, les soins de santé et l'éducation (CNUCED, 2021).

- Faciliter les partenariats public-privé (PPP) : Les PPP offrent un cadre de collaboration entre les gouvernements, les banques et les investisseurs institutionnels. En encourageant ce type de partenariats, les gouvernements peuvent tirer parti de l'expertise et des ressources du secteur privé pour financer des projets d'infrastructure et de développement. Des cadres juridiques et réglementaires clairs, des mécanismes de partage des risques et des procédures de passation de marchés transparentes sont essentiels pour inciter les banques et les investisseurs institutionnels à participer aux PPP.

- Renforcer la gouvernance et la gestion des risques : Les banques et les investisseurs institutionnels privilégient les environnements bien gouvernés, dotés de cadres de gestion des risques solides. Le renforcement des structures de gouvernance, de la transparence et de la responsabilité dans les pays africains inspirera la confiance dans les institutions financières et favorisera la stabilité financière. Cet objectif peut être atteint grâce à une surveillance réglementaire efficace, à des mesures de lutte contre la corruption et à des cadres juridiques solides qui protègent les droits des investisseurs. La gouvernance des institutions nationales de sécurité sociale, qui reste problématique dans de nombreux pays africains, est un domaine qui exige une attention particulière. Ces difficultés ont une incidence sur la stabilité

---

9 Forum économique mondial (2015) « How the finance sector can drive Africa's economic growth », https://www.weforum.org/agenda/2015/06/how-the-finance-sector-can-drive-africas-economic-growth/.

financière et l'efficacité des organismes de sécurité sociale. L'amélioration de la transparence, de la redevabilité et de l'efficience au sein de ces institutions peut garantir une meilleure gestion des fonds de sécurité sociale, contribuant ainsi au financement du développement durable (Association internationale de la sécurité sociale, 2021) .

• Améliorer le renforcement des capacités et le partage des connaissances : Pour accélérer la contribution des banques et des investisseurs institutionnels, il est fondamental d'investir dans des initiatives de renforcement des capacités et des plateformes de partage des connaissances. Il s'agit notamment de fournir une formation et une assistance technique aux institutions financières, de favoriser les partenariats avec des organisations internationales et de promouvoir la recherche et la collecte de données sur les tendances en matière de financement du développement. Le développement de l'expertise locale et le partage des meilleures pratiques renforceront l'écosystème financier et attireront davantage de banques et d'investisseurs institutionnels.

• Favoriser l'innovation et le transfert de technologies : Le secteur privé peut contribuer au développement en encourageant l'innovation et en facilitant le transfert de technologies. Grâce à l'investissement dans la recherche et le développement, à l'adoption de nouvelles technologies et à la collaboration avec des partenaires internationaux, les entreprises peuvent améliorer leur productivité, créer des opportunités d'emplois et favoriser la diversification économique. Cela contribue à son tour au développement durable tout en réduisant la dépendance à l'égard des secteurs traditionnels.

• Taux d'intérêt réels : Aborder la question des taux d'intérêt réels est crucial pour le financement du développement. Des taux d'intérêt réels élevés peuvent décourager l'investissement, réduisant ainsi la capacité des banques et investisseurs institutionnels à canaliser l'épargne mobilisée vers les projets de développement. L'abaissement des taux d'intérêt réels à un niveau qui encourage l'épargne tout en restant attractif pour les investisseurs peut contribuer à mobiliser plus efficacement les ressources intérieures. Cette approche permet non seulement de stimuler l'activité économique, mais aussi de fournir une source de fonds stable pour les initiatives de développement à long terme (Yieke, 2023) .

• Manque d'équité des agences de notation : Les pays africains sont souvent traités de manière peu équitable par les agences de notation, ce qui se traduit par des coûts d'emprunt plus élevés et un accès limité aux marchés de capitaux internationaux. Il est essentiel de remédier à ce traitement injuste pour améliorer l'accès de l'Afrique à ces marchés. Pour ce faire, il s'avère nécessaire de plaider en faveur de pratiques de notation plus équitables, de garantir une représentation exacte des réalités économiques en fournissant des données complètes et fiables pour contrer les préjugés, et d'améliorer la gouvernance économique et financière afin de renforcer la solvabilité. En outre, la diversification des sources de financement au moyen du développement des marchés de capitaux locaux et la recherche d'autres voies de financement peuvent réduire la dépendance envers les notations de crédit externes, ce qui, en fin de compte, diminue les coûts d'emprunt et améliore l'accès aux capitaux (MAEP et UNECA, 2023).

Aussi, la présence de Places boursières fonctionnant correctement est un autre élément clé pour accélérer le financement du développement. Les bourses offrent une plateforme aux entreprises pour lever des capitaux et permettent aux investisseurs institutionnels d'investir dans des projets viables. En promouvant la transparence, la protection des investisseurs et l'efficience du marché, les bourses attirent les investisseurs nationaux comme internationaux, ce qui facilite le flux de fonds vers les initiatives de développement. Mettre en œuvre ces mesures peut permettre à l'Afrique de libérer le potentiel de son secteur financier afin de favoriser un développement durable et inclusif sur tout le continent.

1.3.2. *Comment attirer le secteur privé national vers le financement des infrastructures*

Les gouvernements représentaient 37 % des investissements dans les infrastructures en Afrique en 2018, tandis que le financement privé ne s'élevait qu'à 11 %. L'insuffisance des infrastructures en Afrique entraîne une perte de croissance annuelle du PIB de 2 %. Avec des infrastructures adéquates, les entreprises pourraient bénéficier d'une augmentation de leur productivité de 40 %. Seuls 10 % des échanges commerciaux en Afrique ont lieu à l'intérieur du continent, contre 70 % en Europe et 50 % en Asie. Pour combler ce fossé, un investissement annuel de 93 milliards d'USD est nécessaire, soit l'équivalent de l'investissement de la Chine par an au cours de la dernière décennie. En outre, un investissement de 38 milliards d'USD est nécessaire chaque année afin que l'Afrique rattrape son retard en matière de production d'électricité (Africa CEO Forum, 2014 ; CNUCED, 2015) .

Les recettes publiques limitées ont nui au développement des infrastructures, ce qui a entraîné un déficit de financement substantiel. Les besoins en infrastructures de l'Afrique s'élevaient à 130–170 milliards d'USD par an jusqu'en 2025. Les bailleurs de fonds non traditionnels, notamment la Chine, ont joué un rôle important pour combler ce déficit, en contribuant à plus de 25 % du financement des infrastructures sur le continent. Les secteurs de l'énergie et des TIC dans la région ont attiré la plupart des investissements du secteur privé, représentant plus de 90 % du total. Cette concentration peut être attribuée à la protection importante offerte par les garanties des gouvernements hôtes et des institutions multilatérales. Ces secteurs bénéficient de la capacité de générer des revenus considérables par le biais de frais d'utilisation, ce qui facilite le service de la dette et offre des retours sur investissement favorables. Par conséquent, les investisseurs privés et les bailleurs de fonds sont attirés pour participer aux investissements du secteur privé en Afrique, reconnaissant le potentiel de gains financiers dans ces secteurs (UNECA, 2020).

De 2014 à 2018, le financement des infrastructures en Afrique s'est principalement appuyé sur les prêteurs et les donateurs internationaux, à l'exception du secteur des transports où les gouvernements ont joué un rôle majeur. La participation du secteur privé aux projets d'infrastructure a été limitée, de l'ordre de 7,5 % des fonds seulement. Toutefois, les investissements privés dans les infrastructures ont été plus importants en Afrique australe, où ils représentaient 24 % du total de ces investissements sur le continent. En Afrique de l'Est, de l'Ouest et du Centre, les investissements du secteur privé représentaient des proportions plus faibles, environ 9 % et 6 % respectivement, ce qui marque la nécessité d'une participation accrue du secteur privé dans ces régions (UNECA, 2020).

Combler le déficit d'infrastructures exige donc la participation active du secteur privé national. L'engagement du secteur privé apporte des ressources et une expertise supplémentaire pour répondre à la demande croissante de développement des infrastructures, tout en libérant le potentiel économique de l'Afrique et en favorisant une croissance durable. Les principaux éléments à prendre en compte pour impliquer efficacement le secteur privé national dans le financement des infrastructures sont mis en avant ci-dessous.

1.3.2.1. *Renforcer les cadres habilitants*

Pour attirer le secteur privé national dans le financement des infrastructures, les décideurs politiques doivent collaborer avec les parties prenantes pertinentes pour mettre en place de solides cadres habilitants. Cela implique la mise en œuvre de cadres réglementaires transparents et prévisibles, la réduction de la bureaucratie et la garantie de l'État de droit afin d'inspirer confiance aux investisseurs et de faciliter l'engagement du secteur privé. En outre, il est essentiel de développer des mécanismes pour atténuer les risques politiques, réglementaires et spécifiques aux projets. Pour ce faire, les banques peuvent jouer un rôle central en fournissant des garanties, des instruments de partage des risques et en créant des environnements propices à la résolution des litiges (atténuation des risques). Enfin, le renforcement des institutions responsables du développement et de la gestion des projets d'infrastructure, notamment les organismes de réglementation et les unités de partenariats public-privé, améliore la gouvernance et les capacités de mise en œuvre des projets.

1.3.2.2. Mécanismes de financement innovants

Les banques africaines doivent explorer des mécanismes de financement innovants pour mobiliser les investissements du secteur privé dans les infrastructures. Il s'agit notamment de tirer parti de modèles de financement mixte pour minimiser le risque des projets et attirer les capitaux du secteur privé en s'associant avec des institutions de financement du développement et des organisations multilatérales. En outre, encourager la création de fonds d'investissement dans les infrastructures peut permettre de mobiliser des capitaux à long terme provenant d'investisseurs nationaux et internationaux, tels que les fonds de pension et les fonds souverains. Ces derniers, aux côtés des fonds des dépôts et des consignations, peuvent jouer un rôle essentiel dans le financement des infrastructures en apportant des capitaux patients à long terme et en atténuant les risques associés aux investissements dans les infrastructures. Enfin, la promotion des PPP est également essentielle, car elle crée des opportunités pour la participation du secteur privé aux projets d'infrastructure, en garantissant une répartition claire des risques et des bénéfices entre les entités publiques et privées (CNUCED, 2021) .

1.3.2.3. Tirer parti de la banque numérique et de l'exploitation minière

Le secteur privé en Afrique, en particulier les sociétés de télécommunications et l'industrie minière, recèle des richesses inexploitées qui peuvent être mises à profit pour le développement des infrastructures. En Côte d'Ivoire, par exemple, 5,1 milliards de FCFA se trouvent sur des portefeuilles numériques, qui servent de banques à ceux qui n'ont pas accès aux services bancaires traditionnels. Cette richesse est largement sous-utilisée, les entreprises de télécommunications tirant moins de revenus des méthodes bancaires traditionnelles. Une partie de ces fonds pourrait être réorientée pour financer des projets de développement. Des stratégies innovantes, telles que le financement mixte, peuvent être employées pour financer les investissements dans le secteur minier, où de nombreux pays africains ont des richesses, mais des avantages limités en termes d'impôts. Un exemple du Burkina Faso montre comment le réseau énergétique d'une société minière, qui produit 65 MW, pourrait être partiellement utilisé pour répondre à un besoin de 5 MW pour un projet de panneaux solaires dans la communauté voisine ; cela met en évidence les possibilités de collaboration. La révision des codes miniers et la création de synergies entre des secteurs, tels que l'énergie et l'exploitation minière peuvent débloquer des ressources supplémentaires. En capturant stratégiquement cette richesse du secteur informel grâce à la banque numérique et au financement innovant dans le secteur minier, l'Afrique peut commencer à combler son déficit de financement des infrastructures et à renforcer l'implication du secteur privé dans la croissance durable.

1.3.2.3. Relever les défis sectoriels

Conscientes des défis propres à chaque secteur, les banques peuvent prendre des mesures ciblées pour encourager la participation du secteur privé. Par exemple, dans le secteur de l'énergie, faciliter la production d'électricité indépendante et les projets d'énergie renouvelable grâce à des incitations politiques et à un soutien réglementaire peut attirer les investissements du secteur privé et combler le déficit énergétique en Afrique. De même, l'amélioration des infrastructures de transport et la promotion des centres logistiques dans le secteur des transports et de la logistique peuvent améliorer la connectivité, faciliter les échanges et attirer les investissements privés. Dans les secteurs des télécommunications et des TIC, encourager les investissements du secteur privé en faveur de l'expansion des réseaux de télécommunications et de l'infrastructure des TIC pourrait promouvoir l'inclusion numérique et débloquer des opportunités économiques.

1.3.2.4. Contenu local

La promotion du contenu local dans les projets d'infrastructure améliore la participation nationale, renforce les capacités locales, crée des opportunités économiques pour les entreprises et la main-d'œuvre locales et favorise les partenariats à long terme. Encourager le transfert de technologie, le développement des compétences et le renforcement des capacités peut accroître la participation du secteur privé local au financement et au développement des infrastructures.

1.4. Études de cas par pays

Cette section présente comment, à Maurice et en Afrique du Sud, le secteur privé a contribué à l'agenda de développement de chaque pays. Elle met également en lumière les contraintes qui pèsent sur le développement du secteur, les expériences vécues et le rôle des politiques publiques pour permettre aux acteurs privés d'accélérer leurs efforts en faveur de l'édification de la nation. Lorsque des informations, y compris des données, sont disponibles, la section met également en lumière les défaillances des politiques et la manière dont des solutions ont été conçues et mises en œuvre dans des contextes spécifiques. L'objectif final est que ces expériences et dynamiques nationales fournissent des enseignements importants pour l'apprentissage par les pairs et la coordination/coopération potentielle dans l'alignement avec les politiques, de façon à tirer parti du rôle complémentaire joué par le secteur privé.

1.4.1. Consolider l'autosuffisance en matière de financement du développement : l'expérience mauricienne

L'Île Maurice, une nation insulaire africaine située dans le sud-ouest de l'océan Indien, est devenue une nation indépendante en 1968 après 253 ans de colonisation par les Français (1715 à 1810) puis les Britanniques (1810 à 1968). Dans les premières années de l'indépendance, la production de sucre a contribué à la majeure partie du produit intérieur brut (PIB) et des recettes d'exportation du pays. L'industrie sucrière était également le plus gros employeur. Néanmoins, la plupart des indicateurs économiques vitaux indiquaient que le pays allait vers un gouffre économique. Toutefois, grâce à la mise en œuvre de modèles de croissance appropriés, Maurice a pu passer du statut de pays à faible revenu à celui de pays à revenu intermédiaire de la tranche supérieure en 1990, puis de pays à revenu élevé en 2019.[10] Il a également rejoint la ligue des pays à développement humain très élevé en 2020.[11] La disponibilité d'un financement suffisant et approprié aux différents stades de son développement a été déterminante pour appuyer ses efforts visant à élargir et à diversifier la base économique, à assurer une croissance stable du PIB, à créer des emplois, à lutter contre la pauvreté, à augmenter le revenu par habitant et à sortir du piège des pays à revenu faible et intermédiaire.

Cette section examine comment Maurice a atteint l'autosuffisance en matière de financement du développement. L'autosuffisance est définie comme la capacité d'un pays à répondre à ses besoins financiers grâce à sa population et à sa fiscalité. Maurice y est parvenu en développant son système financier, en maintenant un ratio de recettes fiscales par rapport au PIB relativement élevé et en tirant parti de son secteur des exportations. Le système financier et les recettes publiques ont constitué des voies essentielles, avec le secteur exportateur, pour assurer le financement interne. Cette section explore l'héritage de bases solides dans le

---

10 D'après le classement de la Banque mondiale des pays en fonction de leur revenu national brut (RNB) par habitant en USD courants. En 2019, le RNB par habitant de l'Île Maurice était estimé à 12 740 USD et se situait au-dessus du seuil de revenu élevé. Cependant, en 2020, en raison de l'impact de la pandémie de COVID-19, l'économie a subi une forte contraction de 14,9 % et le RNB par habitant de l'Île a chuté à 10 230 USD, alors que le seuil de revenu élevé était fixé à 12 695 USD.

11 Selon le Rapport mondial sur le développement humain 2021 des Nations Unies, Maurice est devenu une nation au développement humain très élevé en 2020, avec un score de 0,804.

système financier, identifie trois phases et neuf stratégies pour atteindre l'autosuffisance et se concentre sur la façon dont le pays a maintenu un ratio recettes fiscales/PIB relativement élevé depuis le début des années 1970. Elle discute également de l'utilisation par le gouvernement de l'effet de levier pour la mobilisation des recettes afin d'élargir les possibilités de lever des fonds pour le développement à l'intérieur du pays, et met en exergue les résultats des différentes stratégies et politiques visant à atteindre l'autosuffisance en matière de financement du développement.

1.4.1.1. *Des bases solides pour consolider l'autosuffisance en matière de financement du développement*

Maurice a commencé son parcours vers le financement d'origine intérieure avec certains avantages qui peuvent être considérés comme des faits stylisés « représentations simplifiées de résultats empiriques » positifs. Le premier d'entre eux est que son économie dépendait d'un modèle d'agriculture excédentaire plutôt que de subsistance. Le pays a d'abord puisé dans l'agriculture excédentaire, plus précisément les exportations de sucre, pour financer son développement. Cependant, les revenus générés par le sucre étaient inégalement répartis et concentrés sur quelques familles seulement. La taxation de l'industrie a apporté quelques fonds, mais pas suffisamment pour répondre aux besoins de financement du développement du pays. Une aide financière extérieure et des apports de capitaux ont donc été nécessaires au cours des premières années de l'indépendance. Au fil du temps, le capital accumulé par les exportateurs de sucre est devenu une source de financement majeure pour l'expansion et la diversification économiques du pays dans la deuxième moitié des années 1980 et les années 1990.

Le deuxième fait stylisé est que le pays a toujours maintenu une épargne nationale élevée, avec un ratio moyen d'épargne intérieure brute (EIB) par rapport au PIB d'environ 24 % entre 1970 et 2007 (Figure 1). Cependant, on observe un déclin du ratio EIB/PIB depuis 2008, avec un minimum de 8,2 % enregistré en 2020 et une moyenne de 11,1 % pour la période 2008–2021. Pour mesurer l'autosuffisance en matière de financement du développement, il ne suffit pas d'examiner le niveau de l'épargne nationale, son rapport au PIB ou l'écart entre l'épargne et l'investissement. Il est plutôt essentiel de prendre en compte la capacité du système financier à créer de l'argent à partir des dépôts bancaires ; tout en reconnaissant que sans accès à l'épargne étrangère, la réserve de fonds prêtables est limitée par le taux d'épargne national.

Figure 1 : Évolution de l'investissement total et de l'épargne totale entre 1968 et 2021, en pourcentage du PIB

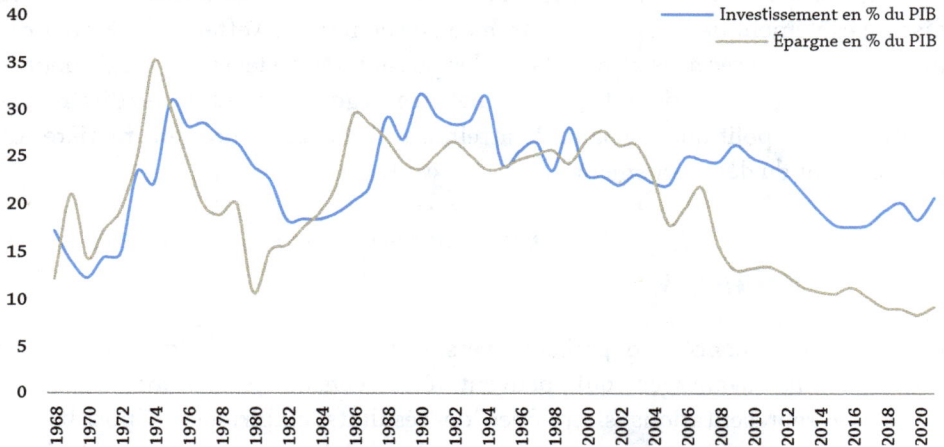

Source : Bureau des Statistiques, Maurice

Le troisième fait stylisé est que Maurice disposait déjà d'un secteur bancaire bien établi et d'une économie monétisée au moment de l'indépendance. Le pays affichait une longue tradition bancaire. Bien que le paysage financier semblait relativement peu développé à la fin des années 1960 par rapport aux besoins de financement de l'économie, il existait une base solide sur laquelle s'appuyer.

1.4.1.2. *Développement de l'autosuffisance en matière de financement du développement en trois phases*

L'histoire du financement interne du développement à Maurice peut être divisée en trois phases distinctes. La première phase s'étend de 1965 à 1990, la deuxième de 1991 à 2010 et la troisième de 2011 à aujourd'hui. Au cours de ces périodes, le gouvernement a poursuivi l'objectif d'atteindre l'autosuffisance financière à travers une séquence de neuf stratégies.

- Approfondir le secteur bancaire.
- Développer et diversifier le secteur financier non bancaire.
- Accroître la capacité des marchés de capitaux.
- Développer des actifs financiers souverains tels que le Fonds national de pension et les réserves de devises étrangères de la Banque centrale en tant que sources potentielles de financement du développement.
- Renforcer la capacité du gouvernement à générer des recettes fiscales.

- Construire un réseau d'entreprises parapubliques et de sociétés d'État qui, en plus de mettre en œuvre et de soutenir les politiques de développement du gouvernement, génèrent également des revenus publics sous forme de dividendes et de plus-values.
- Créer des actifs physiques souverains, tels que des biens immobiliers, des terrains et des bâtiments, qui peuvent être utilisés comme source de financement par le biais de la monétisation des actifs, si nécessaire.
- Recourir à des modes de financement innovants et alternatifs, y compris les PPP, divers types de projets de concession et la responsabilité sociale obligatoire des entreprises.
- Utiliser des moyens de financement non conventionnels dans les situations d'urgence, tels que des transferts de la Banque centrale vers le fonds consolidé.

On peut affirmer que les neuf stratégies mentionnées ci-dessus ont été mises en œuvre dans l'ordre attribué, mais il est important de noter qu'il y a eu des cas de chevauchement chronologique tout au long de leur exécution.

i) Première phase : 1965–1990 – Dirigisme de l'État et renforcement des capacités institutionnelles

Au cours de la première phase de financement du développement de Maurice, l'approche du « dirigisme de l'État » a été étendue pour atteindre l'autosuffisance. Cette approche visait à garantir un accès inclusif au financement pour les micros, petites et moyennes entreprises, tout en alignant le système financier sur des objectifs de développement plus larges plutôt que sur la seule maximisation des profits. La Banque de Maurice (BdM) a été fondée en 1967 en tant que banque centrale, créant un cadre pour une allocation efficiente des ressources dans le but de financer les besoins de développement. La Banque de développement (Development Bank Ltd – DBM) a été capitalisée en 1970 afin d'accroître la disponibilité de financement du développement pour les secteurs agricole et manufacturier, puis la Banque d'État de Maurice (State Bank of Mauritius – SBM Ltd) et la Compagnie d'assurance d'État de Maurice (State Insurance Company of Mauritius – SICOM Ltd) ont été créées respectivement en 1973 et 1988. Le Fonds National de Pension (National Pensions Fund) et la Bourse de Maurice (Stock Exchange of Mauritius – SEM Ltd) ont également été mis en place au cours de cette phase, respectivement en 1976 et 1989.

Un autre trait distinctif de cette première phase était les mesures de contrôle directes imposées aux prêts bancaires pour prioriser l'attribution des crédits en fonction des politiques d'industrialisation. Cette approche de contrôle visait à garantir que des crédits suffisants soient accordés aux secteurs productifs prioritaires, tout en contribuant à atténuer les pressions inflationnistes dans l'économie. Ces efforts se sont traduits par une amélioration significative de la monétisation et de l'approfondissement du système bancaire, avec une croissance substantielle des dépôts et un accès généralisé aux comptes bancaires dans les années 1980. Plus précisément, le montant des dépôts à terme et des comptes d'épargne a été multiplié par douze entre 1967 et 1974 et, en 1980, plus de 80 % des ménages possédaient un compte bancaire.

ii) Deuxième phase : 1991–2010 – Accélération du développement du secteur financier non bancaire et des marchés de capitaux

La deuxième phase du financement interne du développement de l'Île Maurice a été caractérisée par l'accent mis sur l'expansion du secteur financier non bancaire et des marchés de capitaux. En 1999, un ministre a été chargé de développer le secteur financier non bancaire au travers du ministère de l'Industrie, du Commerce, des Affaires corporatives et des Services financiers. Cela a conduit à la création d'institutions telles que l'Autorité des activités commerciales offshore de l'île Maurice (Mauritius Offshore Business Activities Authority – MOBAA), remplacée plus tard par la Commission des services financiers (CSF) en 2001. Celle-ci est devenue l'organisme de régulation des services financiers non bancaires, dont la bourse, l'assurance, les pensions et le secteur des affaires en général. La création de la CSF a comblé un vide réglementaire et apporté de la cohérence aux politiques financières.

En outre, de nouvelles institutions ont été créées, comme le Fonds de Port-Louis (Port Louis Fund) en 1997, la Cellule de renseignement financier (Financial Intelligence Unit) en 2002, la Banque postale et coopérative de Maurice (Mauritius Post and Cooperative Bank) en 2003 et le Conseil de l'information financière (Financial Reporting Council) en 2004. Au cours de cette phase, le pays s'est écarté de l'approche du « dirigisme d'État », avec des mesures prises pour libéraliser les taux d'intérêt, supprimer les plafonds de crédit et suspendre la Loi sur le contrôle des changes. Ces réformes visaient à améliorer l'efficience de l'allocation des ressources en favorisant les forces du marché.

iii) Troisième phase : 2011 à aujourd'hui – Gestion d'un secteur financier mature en mettant l'accent sur l'inclusivité, l'efficience et l'internalisation

Cette dernière phase du financement du développement de Maurice se distingue des précédentes à plusieurs égards. Au début des années 2010, le secteur financier était arrivé à maturité et se caractérisait par un large éventail d'institutions, d'opérateurs et de régulateurs. Les données empiriques indiquaient que le financement du développement était suffisant. Cependant, malgré cette disponibilité adéquate, une préoccupation politique a émergé concernant l'accessibilité du financement pour des segments spécifiques, en particulier les micros, petites et moyennes entreprises.

La phase III a mis l'accent sur l'inclusivité, qui est devenue un aspect prioritaire après l'annonce par le gouvernement de la vision d'une « Île Maurice inclusive, à revenu élevé et verte » en 2019. D'après un document de travail du FMI qui a classé 183 pays, Maurice se classe 68e en matière d'institutions financières, 36e pour la profondeur financière et 45e pour l'efficience[12]. Ces classements indiquent la nécessité d'améliorer la profondeur et l'efficience financières, tout en justifiant les préoccupations des décideurs politiques concernant l'accès au financement et l'inclusivité. La stratégie en faveur de l'inclusion se concentre sur l'accès au financement de divers segments de la population, y compris les entrepreneurs, les étudiants et les individus de différents niveaux de revenus. En outre, des incitations fiscales et des régimes de financement sont mis en œuvre, en collaboration avec des banques commerciales et des institutions financières, notamment DBM Ltd, MHC Ltd et, dans une moindre mesure, MauBank,[13] avec l'objectif de faciliter l'accès au financement.

La phase III a également introduit un changement de politique notable, en se concentrant sur le développement du secteur du financement par actions, qui découle des inquiétudes concernant l'effet de levier financier élevé des entreprises dans l'économie. La prévalence de ratios de structure financière élevés parmi les entreprises pose des risques sérieux (notamment financiers, opérationnels et de taux d'intérêt), en particulier en cas de chocs externes tels que la récession mondiale et la pandémie de COVID-19. Pour y remédier, l'Île Maurice met l'accent sur la réduction de l'effet de levier financier. La capitalisation de la Bourse de Maurice a augmenté au cours des quatre dernières décennies, mais cela reflète principalement l'évolution de la valeur des actions existantes plutôt que les nouveaux capitaux levés par les sociétés cotées (Figure 2). En outre, la capitalisation du marché est concentrée sur un petit pourcentage de sociétés cotées, et le taux de rotation de la bourse reste relativement faible.

---

12 Selon la même étude, Maurice fait plutôt piètre figure dans les classements des pays en fonction du développement financier : il se classe au 53e rang d'après l'Indice de développement financier avec un score de 0,389 ; au 43e rang à l'Indice des institutions financières avec un score de 0,562 et au 61e rang selon l'Indice des marchés financiers avec un score de 0,208.

13 En 2016, la Mauritius Post and Cooperative Bank a changé de nom pour devenir la MauBank. L'État possède désormais les deuxième et troisième plus grandes banques du pays, la SBM Ltd et la MauBank respectivement.

Figure 2 : Bourse de Maurice, capitalisation boursière, en pourcentage du PIB

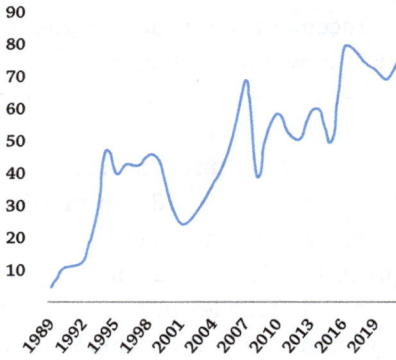

Figure 3 : Excédent de liquidités (en millions de MUR)

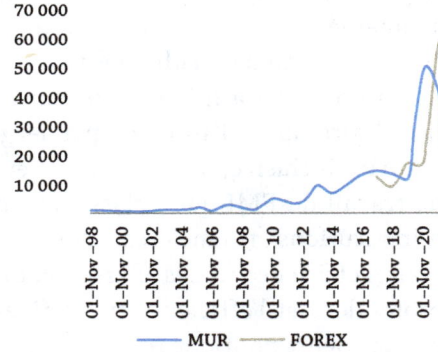

Source : Banque de Maurice et Bourse de Maurice

Les entreprises mauriciennes ont tendance à préférer le financement par emprunt au financement par actions, et ce pour trois raisons. Tout d'abord, l'excès de liquidités dans le système bancaire permet aux entreprises de recourir facilement aux prêts bancaires (Figure 3). Deuxièmement, la possibilité de déduire des impôts les intérêts payés sur la dette représente une incitation. Enfin, les entreprises mauriciennes sont généralement réticentes à l'égard du financement par actions, en particulier lorsqu'il implique un partage de la propriété.

1.4.1.3. *Optimiser les recettes publiques pour financer le développement*

Depuis le début des années 1970, les politiques budgétaires de l'Île se sont toujours efforcées d'optimiser les recettes fiscales, en maintenant un ratio impôts/PIB relativement élevé, d'environ 19 % en moyenne (contre environ 15 % en Afrique) (Figure 4).[14] Malgré des réductions significatives des taux d'imposition et l'élimination de certaines taxes à l'importation, l'introduction

---

14 Les données compilées par la Banque mondiale sur data.worldbank.org montrent des ratios moyens recettes fiscales/ PIB de 15 % et 10,6 %, respectivement pour les pays à revenu élevé et à revenu intermédiaire de la tranche supérieure en 2020. Cette même année, ce ratio à l'île Maurice, qui fait partie des pays à revenu intermédiaire de la tranche supérieure, était de 21,6 %.

Figure 4 : Recettes fiscales totales, en pourcentage du PIB

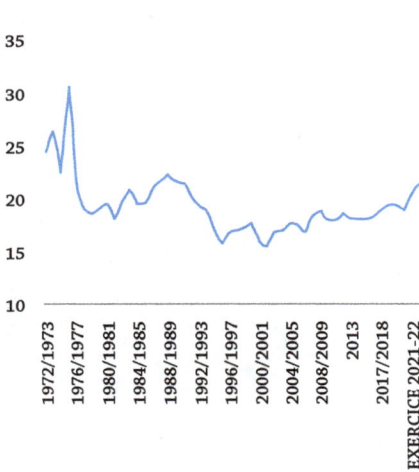

Figure 5 : Recettes provenant de la taxe sur les ventes et de la TVA, en pourcentage du PIB

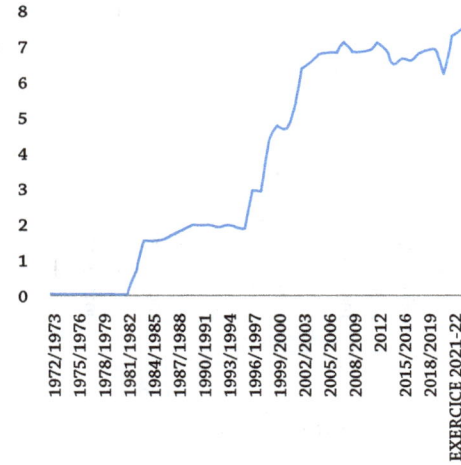

Source : Ministère des Finances, de la Planification économique et du Développement, gouvernement de Maurice

d'une taxe sur les ventes en 1983 (remplacée plus tard par la TVA) et la réduction des taux d'imposition sur les revenus des particuliers et des sociétés, [15] les performances des recettes fiscales sont restées solides.

La libéralisation des échanges a entraîné une baisse des taxes à l'importation (Figure 6), compensée par la mise en place de droits d'accise sur certains produits et par l'augmentation des recettes de TVA (Figures 5 et 7). Les réformes de l'administration fiscale, notamment la création de l'Autorité fiscale de Maurice (Mauritius Revenue Authority – MRA) en 2006, ont permis d'améliorer la collecte des recettes, de réduire l'évasion et la fraude fiscales et d'améliorer l'efficience et l'équité du système fiscal. Bien que l'on estime que l'impact positif de ces réformes est significatif, il n'existe pas encore de recherches concrètes confirmant leurs résultats.

---

15 Les taux d'imposition les plus élevés sur les revenus des particuliers et des entreprises ont été ramenés de 70 % à 35 % respectivement en 1985 et 1986. D'autres réductions des impôts sur le revenu ont eu lieu par la suite et, depuis 2006, les revenus des particuliers et des entreprises sont soumis à un taux d'imposition forfaitaire de 15 %.

Figure 6 : Recettes tirées des droits d'importation en pourcentage du PIB

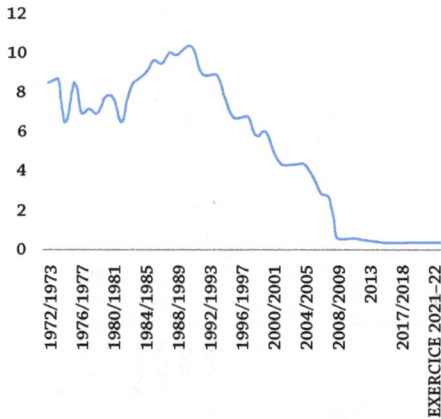

Figure 7 : Recettes tirées des droits d'accises en pourcentage du PIB

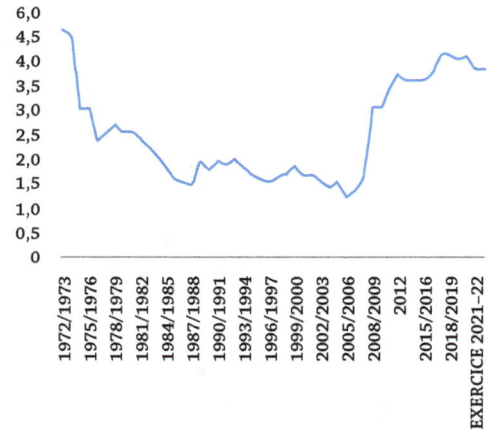

Source : Ministère des Finances, de la Planification économique et du Développement, gouvernement de Maurice.

1.4.1.4. Financement alternatif pour les pouvoirs publics

Ces dernières années, dans le cadre des phases II et III, le gouvernement mauricien a exploré des méthodes de financement alternatives afin de réduire les emprunts et d'éviter l'accumulation de dette. Ces méthodes comprennent les PPP ouverts aux investisseurs étrangers, l'imposition de la responsabilité sociale des entreprises (RSE) obligatoire aux entreprises locales et l'utilisation d'actifs financiers et physiques souverains par le biais d'une vente inconditionnelle. Bien que le gouvernement ait envisagé de vendre des actifs physiques tels que la MauBank, la State Insurance Company et les casinos (tous appartenant à l'État), il n'a pas encore élaboré de plan spécifique pour la monétisation des actifs,[16] similaire aux efforts déployés en Inde. Néanmoins, la monétisation constitue une voie potentielle de financement d'origine intérieure.

---

16 En août 2021, le gouvernement de l'Union a annoncé un plan de monétisation des actifs dans le cadre duquel des actifs publics matures « brownfield » ou des actifs publics existants d'une valeur de 6 000 milliards de MUR (soit 135,9 millions d'USD) devaient être monétisés en les louant à des partenaires du secteur privé pour des durées déterminées. L'objectif est d'utiliser les recettes pour des dépenses d'investissement en vue de la création de nouvelles infrastructures.

Le gouvernement s'est également tourné vers des sources de financement internes non conventionnelles pour répondre à ses besoins budgétaires. En 2019–2020, un montant substantiel a été transféré au gouvernement depuis le Fonds de réserve spécial de la Banque de Maurice. Ce transfert a été justifié par l'utilisation d'actifs inexploités pour financer des projets productifs et répondre aux besoins de financement urgents découlant de la pandémie de COVID-19. Alors que les pressions budgétaires augmentaient et que les indicateurs de la dette se détérioraient, la Banque de Maurice a créé la Société d'investissement mauricienne (Mauritius Investment Company Ltd – (MIC) en juin 2020 pour soutenir l'économie. La création de la MIC s'aligne sur le mandat de la Banque centrale, qui consiste à promouvoir un développement économique ordonné et équilibré et à assurer la stabilité du système financier. Bien que l'initiative de la Banque centrale ait suscité une certaine controverse, elle illustre l'importance de la constitution d'actifs souverains qui peuvent être facilement utilisés comme source de financement d'origine intérieure en cas de besoin.

1.4.1.5. *Résultats des politiques de « financement d'origine intérieure »*

La profondeur financière de Maurice, telle que mesurée par le ratio des actifs des banques commerciales par rapport au PIB, un facteur crucial pour atteindre l'autosuffisance en matière de financement du développement, s'est améliorée de manière notable au cours des dernières décennies (Figure 8). Ce ratio est passé de 30 % du PIB à 67 % au cours de la phase I, puis à 352 % à la fin de la phase II, pour finalement atteindre 435 % en 2021. La Figure 9 illustre la trajectoire ascendante du crédit au secteur privé en pourcentage du PIB. Ce ratio est passé de 19 % du PIB à 33 % au cours de la phase I, puis a augmenté à 68 % à la fin de la phase II, et a encore progressé pour atteindre 85 % au cours de la dernière année de la phase III (Figure 9). L'augmentation significative de la taille de la monnaie au sens large[17] par rapport au PIB du pays illustre également l'approfondissement du secteur financier (Figure 10).

---

17 La monnaie au sens large exclut les dépôts des entreprises internationales.

Figure 8 : Actifs financiers, en pourcentage du PIB

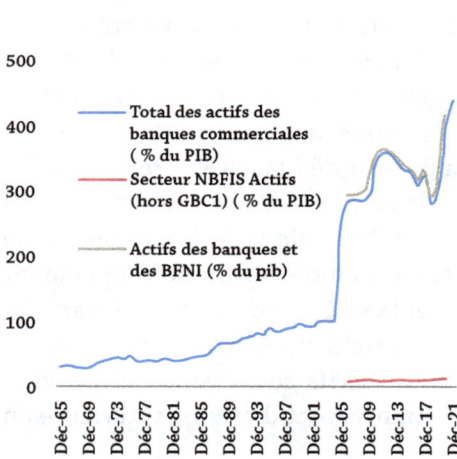

Légende :
- Total des actifs des banques commerciales (% du PIB)
- Secteur NBFIS Actifs (hors GBC1) (% du PIB)
- Actifs des banques et des BFNI (% du pib)

Figure 9 : Crédit total au secteur privé, en pourcentage du PIB

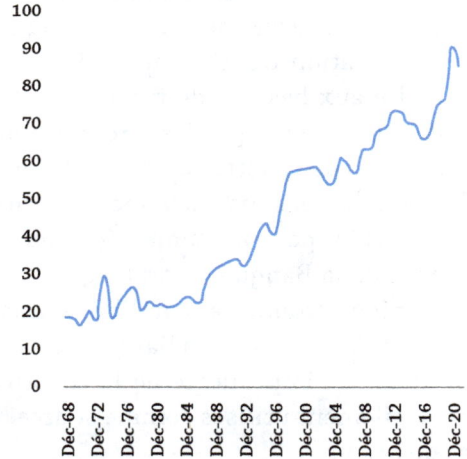

Figure 10 : Ratio monnaie au sens large/PIB

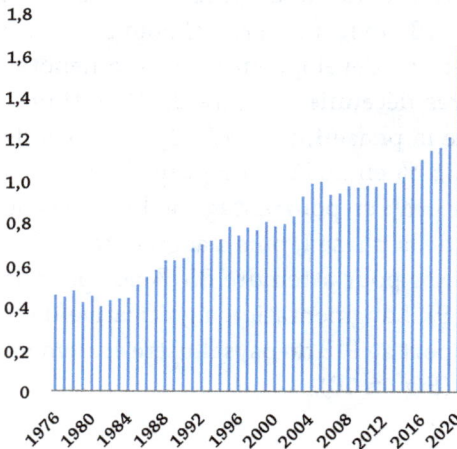

Figure 11 : Nombre d'entreprises et de titres cotés à la SEM

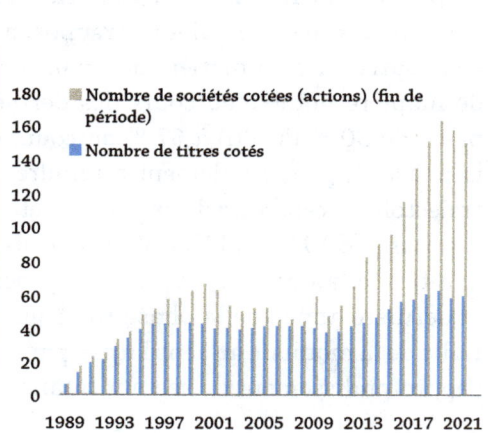

Légende :
- Nombre de sociétés cotées (actions) (fin de période)
- Nombre de titres cotés

Note : les institutions financières non bancaires (NBFIS) Source : Banque de Maurice ; Bourse de Maurice ; Indicateurs du développement dans le monde.

Deux catégories d'actions sont cotées en bourse à Maurice (Figure 11) : les actions négociées sur le marché officiel, la Bourse de Maurice (SEM), et celles cotées sur le Marché du développement des entreprises (DEM – *Development and Enterprise Market*), où les sociétés doivent répondre à des exigences de cotation moins strictes. Toutefois, l'augmentation de la capitalisation boursière sur la SEM n'est pas principalement due au financement par actions. Le marché boursier n'a pas joué le rôle attendu de lui en contribuant au financement interne, quoiqu'il offre aux entreprises la possibilité de lever des capitaux. Par ailleurs, l'excès de liquidité dans le secteur bancaire suggère un succès dans la génération de financement du développement d'origine intérieure (Figure 3). Malgré cela, la demande non satisfaite de prêts de la part des entreprises privées, en particulier des petites et moyennes entreprises, reste considérable, ce qui souligne la nécessité de l'inclusivité dans la phase III du développement du secteur financier.

L'examen de la composition du portefeuille de la dette publique, en incluant les sources extérieures et intérieures, donne un aperçu supplémentaire de l'atteinte de l'autosuffisance en matière de financement du développement. Il est important de noter que cette autosuffisance n'implique pas que le portefeuille de la dette publique soit uniquement constitué d'emprunts nationaux.

Figure 12 : Sources intérieures et extérieures de financement public

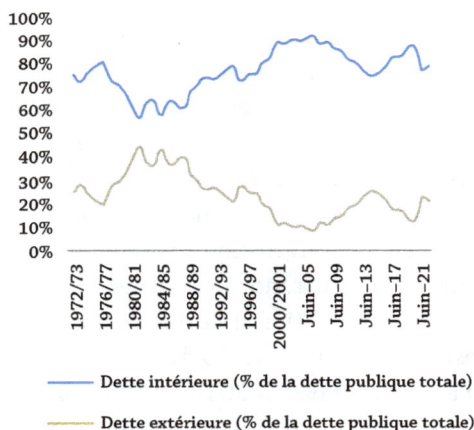

Figure 13 : Ratio du service de la dette en pourcentage des exportations

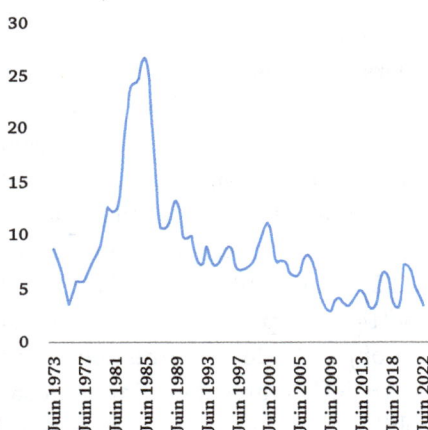

Dette intérieure (% de la dette publique totale)

Dette extérieure (% de la dette publique totale)

Source : Ministère des Finances, de la Planification économique et du Développement
Note : (i) Toutes les données présentées dans les Figures 12 et 13 sont pour/à partir de la fin de l'exercice budgétaire. Les dates différentes dans les deux figures reflètent les changements dans la définition de cet exercice. (ii) Le ratio du service de la dette mesure le remboursement des intérêts et du capital en pourcentage du total des recettes d'exportation.

L'autosuffisance en matière de financement du développement offre au gouvernement une plus grande flexibilité pour déterminer l'équilibre entre dette intérieure et extérieure. Maurice, qui a bénéficié d'une meilleure capacité à mobiliser des fonds à l'intérieur du pays, a pu rembourser des emprunts étrangers coûteux. Au cours des deux dernières décennies, la dette extérieure du pays a représenté en moyenne 16 % du PIB, contre 27,7 % dans la période précédente. En recourant au marché intérieur pour répondre à ses besoins de financement, Maurice a évité d'emprunter sur les marchés internationaux depuis 1995, ce qui a permis de réduire les coûts et les risques associés à la dette extérieure. Le ratio du service de la dette est resté inférieur à 10 % depuis 1990, ce qui est considéré comme un niveau sûr pour un pays en développement (Figure 13). La plupart des dettes extérieures sont dues à des agences de développement et à des partenaires bilatéraux, qui offrent des taux concessionnels et des conditions favorables.

Cependant, l'une des principales faiblesses de la structure financière mauricienne est l'étroitesse de son marché obligataire, dominé par les émissions du gouvernement et de la banque centrale. Les efforts visant à développer le marché secondaire des obligations se sont heurtés à des difficultés, en raison de la stratégie d'achat et de conservation qui prévaut parmi les acheteurs d'obligations.

1.4.2. Des marchés financiers bien développés, mais des taux d'investissement faibles : le paradoxe sud-africain

L'Afrique du Sud est un cas d'étude intéressant, car elle possède l'un des marchés financiers les plus développés au monde, mais présente de faibles taux de formation de capital fixe. Par exemple, le marché des actions, dominé par la Bourse de Johannesburg, est profond et liquide, avec un ratio capitalisation boursière/PIB[18] de plus de 300 %, dépassant de loin celui d'autres marchés émergents, mais aussi d'économies avancées telles que les États-Unis et la République de Corée.

Le ratio investissement fixe/PIB du pays affiche un niveau historiquement bas (12,5 % du PIB) et, depuis un certain temps, il tend à se situer dans la fourchette basse pour un marché émergent. Le Plan national de développement fixe un objectif à long terme pour l'investissement fixe de 30 % du PIB. Pour relever ce défi, le président Ramaphosa a annoncé en avril 2018 une campagne de mobilisation des investissements pour son administration entrante, en se fixant un objectif d'investissement de 100 milliards d'USD (1 200 milliards de ZAR) sur 5 ans.[19] Le lancement d'une campagne d'investissement menée par le président a placé la mobilisation des investissements au centre de l'élaboration

---

18 Nombre d'actions cotées multiplié par le prix des actions.

19 Lorsque l'annonce a été faite, l'Afrique du Sud sortait d'une décennie de capture de l'État et enregistrait une faible confiance des entreprises et un manque d'enthousiasme de la part des investisseurs. Rares étaient ceux qui anticipaient la pandémie mondiale qui a suivi. Malgré ces défis, cinq ans plus tard, l'objectif d'investissement a été non seulement atteint, mais même dépassé de 26 %. Le président a fièrement annoncé, lors de la récente Conférence sur l'investissement en Afrique du Sud (SAIC – *South Africa Investment Conference*), que des promesses d'investissement d'un montant de 1 510 milliards de ZAR avaient été obtenues, dépassant l'objectif initial de 1 200 milliards. Fort de ce succès, un nouvel objectif de 2 000 milliards de ZAR d'investissements a été fixé pour les cinq prochaines années (Haut-commissariat du Canada en Afrique du Sud, 2023).

et de la mise en œuvre de la politique gouvernementale. Bien qu'il n'y ait pas d'objectif explicite en ce qui concerne la relation entre l'investissement national et l'investissement direct étranger, une grande partie des fonds ont été apportés par des entreprises locales. Pourtant, malgré le succès apparent de cette campagne, avec plus de 95 % de nouvelles transactions enregistrées, le ratio investissement/PIB s'est détérioré. Cette évolution reflète le faible degré de confiance des entreprises, tel qu'il ressort de diverses enquêtes, les effets des mesures d'endiguement de la COVID-19 et la stagnation des investissements dans des secteurs clés de l'économie, tels que l'exploitation minière.

Figure 14 : Capitalisation boursière en pourcentage du PIB

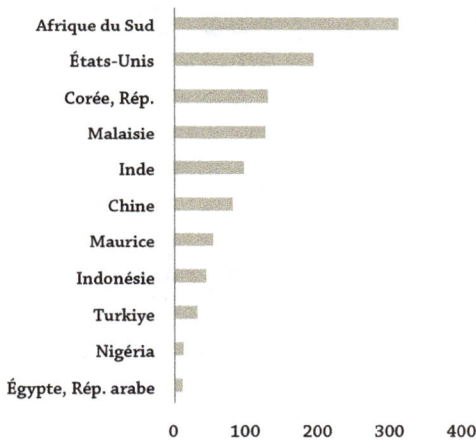

Figure 15 : Formation brute de capital fixe du secteur privé (en pourcentage du PIB) dans quelques pays

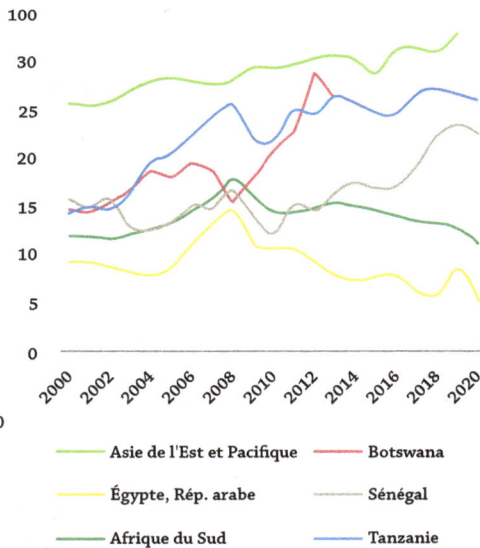

Source : Indicateurs du développement dans le monde.

Le rôle du secteur privé pour combler ce fossé est bien reconnu par les décideurs politiques. Comme l'a soutenu le ministre des Finances, Enoch Gondongwana :

Entre 2010 et 2020, les investissements en capital du secteur public ont représenté en moyenne 5,8 % du PIB, tandis que ceux du secteur privé se sont élevés en moyenne à 11,2 % du PIB. L'investissement total est bien en deçà de l'objectif de 30 % fixé par le Plan national de développement, et il est en baisse depuis 2015. Pour atteindre cet objectif, les investissements du secteur public devraient passer de 3,9 % du PIB en 2020 à 10 % en 2030, tandis que les fonds investis par le secteur privé dans les infrastructures devraient passer de 9,8 % du PIB en 2020 à 20 % en 2030.[20]

L'importance du secteur privé dans la formation de capital en Afrique du Sud est moindre que dans d'autres pays africains, tels que le Botswana, la Tanzanie et le Sénégal, qui ont tous enregistré une proportion plus élevée et croissante de formation de capital du secteur privé. Dans la région de l'Asie de l'Est et du Pacifique, le secteur privé joue un rôle bien plus prépondérant dans la formation de capital, avec des taux supérieurs à 30 % du PIB (Figure 15).

La confiance des entreprises au niveau national est moins bonne que celle des investisseurs étrangers. Les réformes structurelles sont la principale exigence des entreprises locales. Elles ont trait notamment à la sécurité énergétique, l'amélioration de l'efficience des ports et des chemins de fer et la fourniture de services par les autorités locales (eau, permis). Ces contraintes sont similaires à celles identifiées dans d'autres marchés africains. Des impasses politiques dans divers domaines ont également miné la confiance des entreprises, notamment le système de péages routiers, la réforme foncière, l'attribution des fréquences et la migration numérique (question résolue), la réforme du secteur de l'énergie (en cours).

1.4.2.1. Améliorer le rôle joué par le secteur privé dans le financement des infrastructures

Le Plan d'action d'Addis-Abeba (AAAA – *Addis Ababa Action Agenda*) reconnaît que :

> … divers obstacles retardent l'investissement privé dans les infrastructures, aussi bien du côté de l'offre que de la demande. Cette insuffisance est due, d'une part, aux carences des plans d'équipement et au manque de projets soigneusement élaborés qui puissent attirer les investissements, et, d'autre part, aux mécanismes d'incitation du secteur privé, qui ne favorisent pas nécessairement l'investissement dans de nombreux projets à long terme, et aux risques que perçoivent les investisseurs.[21]

L'AAAA s'engage à mettre en place des mécanismes de soutien internationaux pour aider les pays à atteindre leurs objectifs en matière d'infrastructures. Il

---

20 Discours du ministre des Finances, M. Enoch Godongwana, lors de la conférence Consulting Engineers South Africa Infrastructure Indaba, le 18 août 2022, https://www.gov.za/news/speeches/minister-enoch-godongwana-consulting -engineers-south-africa-infrastructure-indaba-18.
21 (Nations Unies, 2015) .

invite également les investisseurs institutionnels, tels que les fonds de pension, à allouer un pourcentage plus important aux infrastructures.

En Afrique du Sud, il existe un stock de fonds considérable s'élevant à 14 200 milliards de ZAR, avec des entrées d'environ 170 milliards de ZAR par an en 2019 (Figure 16). Le secteur financier soutient indirectement le développement des infrastructures en investissant dans des obligations souveraines et des entreprises publiques, pour un total d'environ 1 000 milliards de ZAR. En outre, le secteur contribue directement au financement de l'infrastructure à un taux estimé à 1,5 %, légèrement supérieur à la moyenne de l'OCDE, de 1,3 %. Les six premières banques du pays détiennent des titres d'État, qui représentaient plus de 12 % de leurs actifs en janvier 2021.

L'émergence de fonds d'impact et de fonds environnementaux, sociaux et de gouvernance (ESG) du secteur privé a connu une augmentation notable. Ces fonds ont pour mandat spécifique d'investir dans les infrastructures, les initiatives de lutte contre le changement climatique et les biens publics. Cependant, des questions ont été soulevées quant à savoir si ces initiatives mobilisent des fonds supplémentaires pour les biens publics et si elles représentent une approche distincte du financement. L'un des aspects soumis à l'examen concerne les attentes en matière de rendement de ces investissements et la question de savoir s'ils diffèrent réellement des modèles d'investissement traditionnels.

L'un des défis auxquels l'Afrique du Sud est confrontée est la disponibilité de projets prêts à être financés pour correspondre à la réserve de fonds existante (« défi de la réserve de projets »). Pour résoudre ce problème, la Facilité budgétaire pour les infrastructures a été introduite en 2017. Ce mécanisme vise à renforcer la préparation des projets et à améliorer la réserve de projets viables. Parallèlement, le Fonds d'infrastructure a été créé en Afrique du Sud, conceptualisé comme un véhicule de financement mixte qui combine une allocation budgétaire des pouvoirs publics de 100 milliards de ZAR sur dix ans avec l'objectif d'attirer des financements privés considérables. Le Fonds d'infrastructure est accueilli par la Banque de développement d'Afrique australe et sert de plateforme pour réunir des investissements privés et jouer un rôle important dans l'écosystème de l'infrastructure. En outre, des changements réglementaires ont été mis en œuvre pour cibler le développement des infrastructures, y compris des modifications de la réglementation des fonds de pension qui permettent l'inclusion d'actifs alternatifs. Ces initiatives témoignent des efforts déployés par le pays pour stimuler les investissements dans les infrastructures, combler le déficit de financement et créer un environnement propice à la participation du secteur privé aux projets d'infrastructure.

Figure 16 : Stock de fonds en Afrique du Sud en 2019

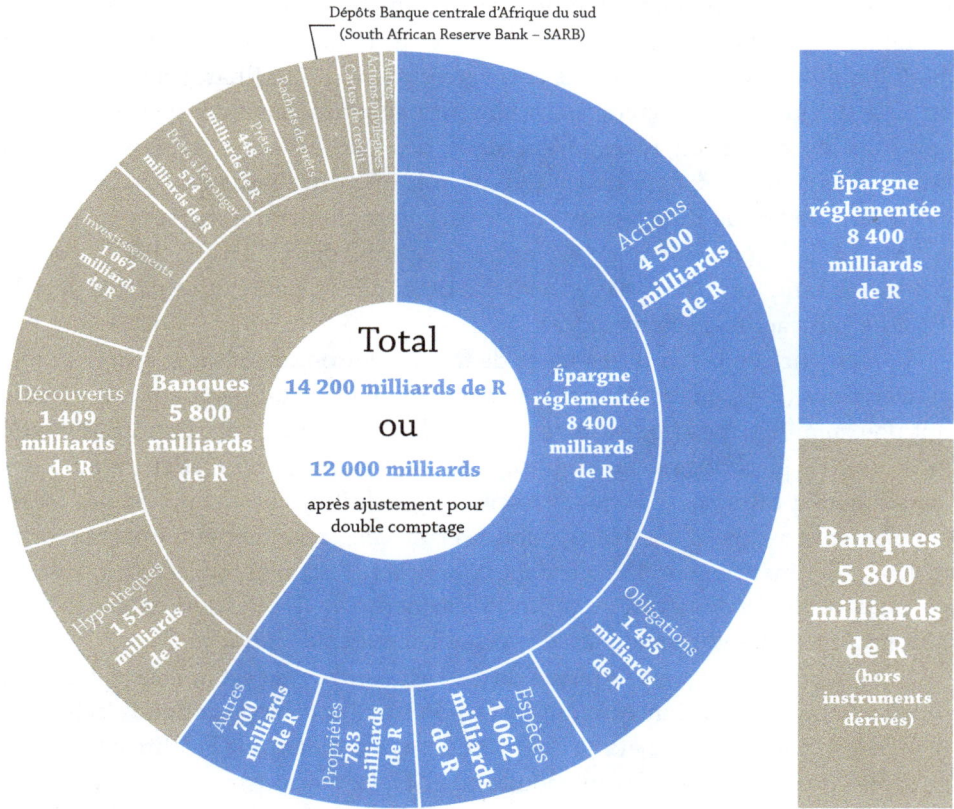

Source : FMI : Évaluation de la stabilité du secteur financier 2022 du FMI, B4SA

1.4.2.2. Exploiter les fonds de pension privés

Permettre aux fonds de retraite du secteur privé d'augmenter les investissements dans les infrastructures figure parmi les priorités. La tendance est de créer des incitations et un environnement favorable à l'implication du secteur privé dans les infrastructures, plutôt que d'adopter une approche normative. Le Trésor national a modifié un règlement clé de la Loi sur les fonds de pension (règlement 28) afin de relever le seuil des actifs pour l'investissement dans les infrastructures par les fonds de pension. Le règlement n'impose pas les actifs qu'un fonds de pension doit choisir, mais il s'agit d'une directive durable qui fixe des plafonds pour les types d'actifs dans lesquels un fonds de pension peut investir. Il s'agit de protéger les affiliés contre le risque de concentration et les classes d'actifs perçues comme étant à haut risque. Depuis janvier 2023, un amendement a introduit une définition de l'infrastructure et fixé une limite de 45 % pour ces actifs. Ce plafond s'ajoute à celui de 35 % qui s'applique aux actifs non cotés. L'amendement différencie également la limite entre les fonds de couverture et l'investissement en capital, le maximum pour ce dernier étant relevé de 10 à 15 %.

1.4.2.3. *Partenariats public-privé*

Selon l'examen du budget 2022 :

> La valeur des PPP a régulièrement diminué ces dernières années, passant d'un montant estimé à 10,7 milliards de ZAR en 2011/2012 à 5,6 milliards de ZAR en 2019/2020. Cela s'explique en partie par la lourdeur des procédures d'approbation, en particulier pour les petits projets, et par la faible capacité des ministères à évaluer le partage des risques avec le secteur privé. Dans le même temps, le manque de clarté concernant le principe de l'utilisateur-payeur affecte le coût des garanties de l'État. Un examen des PPP conclu par le Trésor national en septembre 2021 a mis en avant la nécessité de simplifier les exigences en matière d'approbation et de conformité, et de réformer le cadre politique afin d'évaluer et de hiérarchiser les PPP. Cela devrait encourager les solutions de financement par le secteur privé. L'étude recommande au gouvernement de créer un centre d'excellence pour les PPP et d'envisager une procédure d'approbation accélérée pour les projets d'une valeur inférieure à 1 milliard de ZAR. Le Trésor national entend mettre en œuvre ces réformes au cours des 24 prochains mois.

Dans l'ensemble, le paradoxe apparent du climat d'investissement de l'Afrique du Sud peut être compris à travers le prisme de ses taux d'épargne intérieure. L'épargne intérieure brute dans le pays est relativement faible et provient principalement du secteur des entreprises. Les ménages et le secteur public ne contribuent que très peu à l'épargne positive, de sorte que l'épargne intérieure brute ne représente qu'environ 17 % du PIB en moyenne entre 2020 et 2023.[22] L'insuffisance de l'épargne nationale décourage l'investissement privé, malgré les innovations visant à stimuler les PPP par le biais de fonds d'infrastructure. En outre, les problèmes liés à l'infrastructure et à la gouvernance ont également un effet dissuasif sur l'investissement privé. Par conséquent, la rareté de l'épargne limite le potentiel d'augmentation des investissements en capital,

---

22 Données provenant des Indicateurs du développement dans le monde.

ce qui constitue un défi majeur pour la croissance économique durable et le développement en Afrique du Sud.

1.4.3. Développement du secteur financier : la voie à suivre

1.4.3.1. Mobilisation du financement et contribution des banques

Dans les économies africaines, de nombreux secteurs, tels que l'agriculture, ont encore du mal à mobiliser des financements suffisants et adéquats, des décennies après les accords historiques de la Conférence de Monterrey.[23] Les engagements s'articulaient autour de six composantes : la mobilisation des ressources intérieures ; la mobilisation des ressources internationales, y compris les IDE ; le commerce en tant que moteur du développement ; la coopération internationale ; la dette ; les liens systémiques entre le financement et les composantes précédentes. Cependant, plusieurs réflexions et initiatives se poursuivent pour diversifier les sources de financement, optimiser la structure des financements par source et attirer davantage de financements extérieurs.

i) Afrexim Bank – PAPSS

La Banque africaine d'import-export, ou Afreximbank, occupe une position de premier plan en tant que principale institution de financement du commerce en Afrique. Elle se consacre à favoriser l'expansion, la diversification et le développement global des échanges africains. Au cœur de sa mission se trouve la mise en place d'une infrastructure de paiement unifiée qui permet de surmonter efficacement les barrières de change et de faciliter les transferts de fonds instantanés. Le système de paiement et de règlement panafricain (PAPSS – *Pan-African Payment and Settlement System*) est l'une des initiatives notables lancées par Afreximbank. Ce système innovant vise à rationaliser et à sécuriser les transactions monétaires à travers les frontières africaines, en minimisant les risques associés et en contribuant activement à l'intégration financière des économies régionales. Grâce à la collaboration avec les banques centrales africaines, le PAPSS offre un service de paiement et de règlement fiable, accessible aux banques commerciales, aux prestataires de services de paiement et aux entreprises Fintech de tout le continent. En augmentant le volume des paiements transfrontaliers, cette initiative fait nettement progresser le développement du secteur financier dans les pays africains, en favorisant la croissance économique et en améliorant la connectivité financière dans l'ensemble de la région.

---

23 La Conférence de Monterrey a été le premier sommet des Nations Unies à aborder les principales questions financières liées au développement mondial (Nations Unies, 2002).

ii) Renforcement du marché des capitaux

L'Afrique compte actuellement 29 Places boursières, qui représentent ensemble une capitalisation boursière de près de 60 % du PIB du continent. Cependant, il est évident que les bourses à elles seules ne contribuent pas suffisamment au développement global de l'Afrique. Néanmoins, les premiers appels publics à l'épargne (IPO) présentent des avantages notables, notamment la possibilité de lever des capitaux pour alimenter la croissance, de fournir des liquidités aux actionnaires et d'améliorer la visibilité et la crédibilité des sociétés cotées en bourse.

Pour favoriser le développement du secteur financier en Afrique, plusieurs facteurs clés entrent en jeu. Il s'agit notamment de l'introduction en bourse de nouvelles sociétés, de la diffusion d'informations financières et de l'éducation des investisseurs, de l'attraction de nouveaux investisseurs et de l'approfondissement de l'activité sur le marché. C'est à travers ces éléments que la bourse peut faciliter la formation d'un cercle vertueux, auquel contribuerait l'émergence d'une nouvelle catégorie d'investisseurs composée d'une classe moyenne éduquée et informée.

iii) Appel à des fonds de garantie

Un fonds de garantie est destiné à compenser les pertes éventuelles dues à la défaillance des emprunteurs dans les opérations de crédit. Dans un continent où il existe une prolifération de petites entreprises à la recherche de financement, le mécanisme faciliterait la connexion entre les canaux financiers existants et des types spécifiques de clients, tels que les microentreprises, avec leurs profils et leurs besoins propres. Le développement de fonds de garantie encouragerait les institutions de microfinance, ainsi que les banques commerciales, à prêter directement aux microentreprises. La réduction des pertes par le biais de ce mécanisme d'assurance, à la charge de l'emprunteur, entraîne une hausse de la rentabilité des prêts ou une réduction de leurs coûts.

1.4.3.2. Comment attirer le secteur privé national ?

Un ensemble de réformes doit être mis en place dans les pays africains pour inciter le secteur privé à financer les infrastructures.

Tableau 3 : Réformes réglementaires pour encourager le secteur privé à financer les infrastructures

Domaine de réforme	Action principale	Impact attendu
Secteur privé	Mobilisation des marchés financiers locaux qui n'ont pas l'habitude de financer directement des projets d'infrastructure, mais qui souhaitent exploiter des opportunités d'investissement stables à long terme.	Réduction des risques de change, développement économique et hausse du niveau global d'investissement
	Maximisation de la marge de manœuvre budgétaire en tirant parti du partage des risques et de la capacité de bilan du secteur privé	
	Répartition des obligations financières	Allègement de la pression budgétaire sur les entreprises publiques
	Amélioration de l'accès aux marchés financiers et de capitaux étrangers	Augmentation des investissements
	Mécanismes tarifaires permettant de recouvrer les coûts et de s'adapter à l'évolution de la situation	Amélioration de la solvabilité des entreprises
	Développement d'accords solides	Réduction au minimum des risques politiques et institutionnels
	Appels d'offres concurrentiels transparents	Contrôle des coûts et limitation des possibilités de corruption
	Divulgation publique des conditions d'appel d'offres et d'adjudication	
	Dialogue public-privé	Amélioration du climat des investissements et des affaires

Conclusion

Le présent chapitre revient sur le secteur privé en Afrique et propose des stratégies qui pourraient être mises en place non seulement pour améliorer la contribution des banques, des investisseurs institutionnels et d'autres acteurs du secteur privé africains au financement du développement, mais aussi et surtout pour impliquer le secteur privé national dans le financement des infrastructures.

Pour accélérer la contribution des banques et des investisseurs institutionnels au financement du développement en Afrique, plusieurs stratégies clés peuvent être mises en œuvre. Renforcer les systèmes financiers en améliorant la réglementation et la supervision, promouvoir l'inclusion financière grâce à des solutions Fintech innovantes et développer des instruments financiers durables alignés avec les objectifs environnementaux et sociaux constituent des étapes cruciales. Faciliter les partenariats public-privé, renforcer la gouvernance et les cadres de gestion des risques, et investir dans des initiatives de renforcement des capacités et de partage des connaissances sont d'autres initiatives essentielles. En mettant en œuvre ces mesures, l'Afrique peut libérer le potentiel de son secteur financier et favoriser un développement durable et inclusif sur le continent.

Pour combler le déficit d'infrastructures en Afrique, les circonstances actuelles nécessitent l'exploration de diverses sources de financement. Parmi celles-ci, le secteur privé national joue un rôle crucial. Pour atteindre cet objectif, il est essentiel de renforcer les cadres habilitants au moyen de réformes politiques et réglementaires, de mécanismes d'atténuation des risques et du renforcement des capacités institutionnelles. Des mécanismes de financement innovants tels que le financement mixte, les fonds d'investissement dans les infrastructures et les partenariats public-privé peuvent mobiliser les fonds du secteur privé. Relever les défis spécifiques aux secteurs de l'énergie, des transports et des télécommunications renforcerait encore la participation du secteur privé. Grâce à ces stratégies, les pays africains peuvent créer un climat d'investissement attractif, susceptible de favoriser le développement durable des infrastructures et la croissance économique sur le continent.

Références

African Infrastructure Investment Managers (AIIM) (2017) *Role of the private sector in the infrastructure spending gap*. Disponible à l'adresse : https://aiimafrica.com/media/media-centre/role-of-the-private -sector-in-the-infrastructure-spending-gap/

African Peer Review Mechanism et Commission économique des Nations Unies pour l'Afrique (UNECA) (2023) *Africa sovereign credit rating review: 2023 Mid-year outlook*. 7th edn. Joint report by the UN Economic Commission for Africa (UNECA) and the African Peer Review Mechanism (APRM). Disponible à l'adresse : https://repository.uneca.org/bitstream/handle/10855/49850/b12035440.pdf?sequence=1&isAllowed=y

Association internationale de la sécurité sociale (2021) *Afrique 2021. Priorities for social security: Trends, challenges and solutions*. Genève: AISS. Disponible à l'adresse : https://www.issa.int/sites/default/files/ documents/2021-09/2-Four%20Priorities%20Africa%20WEB.pdf

Banque africaine de développement (BAD 2011) *African development report 2011 : The role of the private sector in Africa's economic development* Abidjan, Côte d'Ivoire : Banque africaine de développement.

Banque africaine de développement (BAD) et Centre de développement de l'Organisation de coopération et de développement économiques (OCDE) (2010) Perspectives économiques en Afrique 2010. OCDE, Banque africaine de développement et Commission économique des Nations unies pour l'Afrique. Paris : OCDE. Disponible à l'adresse : https://www.oecd-ilibrary.org/development/african-economic-outlook-2010_aeo -2010-en

Banque mondiale (2021) *The global findex database 2021: Financial inclusion, digital payments, and resilience in the age of COVID-19*. Washington, DC : Groupe de la Banque mondiale.

Commission économique des Nations Unies pour l'Afrique (UNECA 2019) Economic *report on Africa 2019: Fiscal policy for financing sustainable development in Africa*. Addis-Abeba : Commission économique des Nations unies pour l'Afrique.

Commission économique des Nations Unies pour l'Afrique (UNECA 2020) *Economic report on Africa 2020 : Innovative finance for private sector development in Africa*. Addis-Abeba : UNECA. Disponible à l'adresse : https://www.uneca.org/sites/default/files/fullpublicationfiles/ERA_2020_mobile_20201213.pdf

Commission économique des Nations Unies pour l'Afrique (UNECA 2023) « Private sector urged to «own and drive» Africa's continental free trade «, *Africa Renewa*, 26 janvier. Disponible à l'adresse : https://www.

un.org/africarenewal/magazine/january-2023/private-sector-urged-%E2%80%9Cown-and-drive
%E2%80%9D-africa%E2%80%99s-continental-free-trade

Conférence des Nations unies sur le commerce et le développement (CNUCED) (2015) *Strengthening the private sector to boost continental trade and integration in Africa*. UNCTAD Policy Brief No. 33. Genève : CNUCED. Disponible à l'adresse suivante : https://unctad.org/system/files/official-document/presspb2015d5_en.pdf

Conférence des Nations unies sur le commerce et le développement (CNUCED 2021) *Private sector engagement in LDCs: Challenges and gaps*. Genève : CNUCED. Disponible à l'adresse : https://unctad.org/system/files/non-official-document/ldcr2019_bn_1_en.pdf

Fonds monétaire international (FMI) (2021) Le *financement privé du développement : Un vœu pieux ou* International Monetary Fund (IMF) (2021) *Private finance for development: Wishful thinking or thinking out of the box ?* Washington, DC : IMF, The African Department. Disponible à l'adresse : https://www.imf.org/en/Publications/Departmental-Papers-Policy-Papers/Issues/2021/05/14/Private-Finance-for-Development-50157

Gorecki, I. (2020) 'Kenya's Standard Gauge Railway: The promise and risks of rail megaprojects,' *Africa Up Close*, 24 September. Available at: https://www.wilsoncenter.org/blog-post/kenyas-standard-gauge-railway-the-promise-and-risks-of-rail-megaprojects

Haut-commissariat de l'Afrique du Sud au Canada (2023) *South Africa's investment target surpasses expectations*. Disponible à l'adresse : http://www.southafrica-canada.ca/2023/04/24/investment-target-surpasses/

Nations Unies (2015) *Addis Ababa Action Agenda of the Third International Conference on Financing for Development. Addis-Abeba, Éthiopie. Disponible à l'adresse : https://sustainabledevelopment.un.org/content/documents/2051AAAA_Outcome.pdf.*

Nations Unies (2002) *Monterrey Consensus on Financing for Development, Monterrey, Mexico. Disponible à l'adresse suivante : https://www.un.org/en/development/desa/population/migration/generalassembly/docs/globalcompact/A_CONF.198_11.pdf.*

Nishio, A. (2019) « Le secteur privé peut être un partenaire puissant en Afrique de l'Ouest et au Sahel «, *World Bank Blogs*, 25 septembre. Disponible à l'adresse : https://blogs.worldbank.org/voices/private-sector-can-be-powerful-partner-west-africa-and-sahel

Organisation internationale du travail (OIT) (2018) *Women and men in the informal economy: a statistical picture (third edition)*. Genève : International Labour Organization. Disponible à l'adresse : https://www.ilo.org/sites/default/files/wcmsp5/groups/public/@dgreports/@dcomm/documents/publication/wcms_626831.pdf

Organisation internationale du travail (OIT) (2020) *The impact of the COVID-19 on the informal economy in Africa and the related policy responses*. Genève : International Labour Organization. Disponible à l'adresse : https://www.ilo.org/wcmsp5/groups/public/---africa/---ro-abidjan/documents/briefingnote/wcms_741864.pdf

Patel, O. (2022) ‹Projects like Kenya's Standard Gauge Railway can unlock development,› *The Conversation* 11 avril. Disponible à l'adresse : https://theconversation.com/projects-like-kenyas-standard-gauge-railway-can-unlock-development-177464

Sena, K. (2023) *The drivers of investment and savings rates: An exploratory note*. CNUCED. Disponible à l'adresse : https://unctad.org/system/files/official-document/diaeia2023d3a5_en.pdf

Société financière internationale (SFI) (2018) *The unseen sector: A report on the MSME opportunity in South Africa*. Washington, DC : Société financière internationale (SFI), Groupe de la Banque mondiale. Disponible à l'adresse : https://documents1.worldbank.org/curated/en/710801548830275900/pdf/134151-WP-ZA-Unseen-Sector-MSME-Opportunity-South-Africa-PUBLIC.pdf

Yieke, L. (2023) "New era of high interest rates puts Africa in tough spot", *African Business*, 17 octobre. Disponible à l'adresse : https://african.business/2023/10/trade-investment/new-era-of-high-interest-rates-puts-africa-in-tough-spot

CHAPITRE 2

Les technologies numériques et la fiscalité

2.1. Introduction

La numérisation continue de transformer les économies du monde entier par le biais de l'émergence de nouveaux modèles d'affaires et de nouvelles méthodes de travail. Les technologies numériques permettent aux acheteurs et aux vendeurs d'interagir de manière innovante, tant au niveau local que mondial, et favorisent l'expansion du commerce électronique. Les restrictions des interactions en personne dues à la COVID-19 ont encore accéléré l'adoption des technologies de l'information et de la communication (TIC). L'une des plus grandes plateformes africaines de commerce électronique, Jumia, a vu le volume de ses transactions augmenter de plus de 50 % au cours des six premiers mois de 2020 par rapport à la même période en 2019 (ONU, 2021).

La révolution numérique est un facteur clé du développement durable. Cette transformation est une force motrice pour une croissance innovante, inclusive et durable. Les innovations et la numérisation stimulent la création d'emplois et contribuent à lutter contre la pauvreté, à réduire les inégalités et à faciliter la fourniture de biens et de services, tout en promouvant la réalisation de l'Agenda 2063 et des Objectifs de développement durable.[24] Les technologies de l'information peuvent nettement améliorer la mobilisation fiscale dans les pays en développement. Grâce à des outils et des systèmes avancés, ces pays peuvent accroître leurs recettes fiscales, créer une marge de manœuvre budgétaire et combler leurs lacunes en matière d'infrastructures, ce qui favorise le développement économique. La numérisation des paiements fiscaux et des processus connexes dans les pays émergents et en développement est susceptible de générer 300 milliards d'USD de recettes publiques supplémentaires par an (Alliance Better Than Cash, 2020).

Au cours des dernières décennies, la tendance a été à la modernisation de l'administration douanière et fiscale à travers l'Afrique grâce à l'adoption de systèmes électroniques de déclaration et de paiement des impôts. Selon les

---

24 Stratégie de transformation numérique pour l'Afrique 2020–2030 de l'Union africaine (2019).

données GovTech du Groupe de la Banque mondiale, en 2022, le dépôt par voie électronique était disponible pour les déclarations fiscales et/ou douanières dans 23 pays d'Afrique subsaharienne sur 48, et en cours de mise en œuvre dans six autres pays. De même, le paiement électronique des impôts était possible dans 19 pays d'ASS. La déclaration et le paiement électroniques font référence à des services numériques qui permettent aux contribuables (i) de déclarer leurs impôts par voie électronique (ainsi que de réaliser une série d'autres activités connexes, telles que joindre des annexes, demander des remboursements, faire des recours, mettre à jour leurs données personnelles, obtenir de l'aide en ligne, vérifier l'historique de leurs déclarations, etc.), généralement par le biais d'un portail web auquel ils ont accès ou d'applications téléphoniques similaires ; (ii) d'effectuer le règlement de leurs obligations fiscales en ligne, au moyen de plateformes numériques (argent mobile, carte de crédit ou transferts électroniques similaires) qui relient de manière efficiente les administrations de fiscales, les banques privées ou les fournisseurs de services financiers numériques, et la banque centrale (Okunogbe et Santoro, 2022).

L'adoption de la technologie numérique dans l'administration fiscale a plusieurs effets bénéfiques. Elle permet notamment une augmentation de la performance en renforçant la capacité des administrations à identifier les assiettes fiscales et en facilitant le repérage des opérations illégales. La numérisation réduit les interactions directes entre les contribuables et les agents des impôts, ce qui diminue les possibilités de corruption et de recherche de rente et favorise la transparence. Depuis l'introduction de la facturation électronique au Rwanda en 2013, les créances de taxe sur la valeur ajoutée (TVA) frauduleuses ont été réduites de 25 à 35 %. La Déclaration d'Arusha concernant la bonne gouvernance et l'éthique en matière douanière (publiée en 1993, révisée en 2003) de l'Organisation mondiale des douanes souligne l'importance de l'informatisation des fonctions douanières en tant que pilier essentiel de la réduction de la corruption et de l'augmentation des niveaux de redevabilité. La modernisation des systèmes douaniers et fiscaux améliore l'efficience de la perception de l'impôt grâce à des économies de coûts et de temps au niveau du recouvrement et du paiement. Ainsi, l'utilisation d'outils numériques entraîne un renforcement de la conformité fiscale en réduisant le fardeau de la conformité pour les contribuables (Colin et coll., 2015) et en leur permettant d'obtenir des informations et de s'acquitter de leurs obligations fiscales plus facilement. En Guinée, huit mois après l'adoption de la technologie, les recettes fiscales tirées du commerce international ont augmenté de 151,6 %. En outre, imposer les transactions numériques est un moyen prometteur d'augmenter les recettes et de lutter contre l'évasion fiscale. La taxation de l'économie numérique en Afrique par le biais de nouvelles taxes directes sur les services numériques ou d'un élargissement de taxes indirectes existantes pourrait entraîner des gains de recettes conséquents, d'autant plus que la part de la population africaine effectuant des achats en ligne devrait atteindre 40 % en 2025, contre 13 % en 2017.[25] Depuis la mise en œuvre de sa TVA transfrontalière sur les services électroniques en 2014, l'Afrique du Sud a collecté environ 929 millions d'USD (OCDE, 2021a).

Si elle offre la possibilité d'élargir l'assiette fiscale et de rendre le recouvrement des recettes plus efficient, la numérisation pose d'importants défis en matière d'impôts. La croissance de l'économie numérique présente de nombreuses difficultés aux systèmes de fiscalité directe parce qu'elle entraîne l'essor de nouvelles méthodes de travail et de nouveaux types d'actifs, facilite la mobilité des contribuables et soulève la question de la répartition des droits d'imposition sur les revenus générés par les activités transfrontalières entre juridictions. À l'instar de ceux d'autres régions, les systèmes fiscaux africains n'ont pas été conçus pour les cryptomonnaies. Les défis du commerce numérique en matière de TVA ont trait à la capacité des entreprises à faire des affaires au sein d'une juridiction sans y avoir d'activité ou de présence physique, ce qui rend difficile le recouvrement de l'impôt dans le cadre des procédures traditionnelles. Ainsi, l'absence d'une législation adéquate pour taxer les services numériques limite la capacité des pays à tirer parti des opportunités offertes par le commerce électronique.

En outre, l'insuffisance des infrastructures et de la connectivité, ainsi que le faible niveau de compétences numériques des utilisateurs (contribuables et agents des impôts) compromettent les gains potentiels de l'utilisation des nouvelles technologies en Afrique. La région présente le plus grand écart d'utilisation de l'infrastructure numérique au monde. Bien que 84 % de la population des pays d'Afrique subsaharienne ait en moyenne accès à l'Internet mobile 3G et 63 % à l'Internet mobile 4G, seuls 22 % utilisaient ce service fin 2021 (Begazo et coll., 2023). De plus, des disparités importantes subsistent au sein des pays, avec un écart d'utilisation entre les personnes moins éduquées et les personnes plus éduquées, et entre les contribuables vivant dans les zones rurales et ceux habitant en milieu urbain. Aussi, comme le montre le Rapport 2022 de la GSMA sur l'écart hommes-femmes en matière de téléphonie mobile, l'ASS présente l'un des écarts les plus importants au monde en matière d'utilisation de l'Internet mobile. Plus de 190 millions d'Africaines n'utilisent pas ce type de services, soit un écart de 37 % entre les hommes et les femmes. Des efforts considérables sont donc nécessaires pour réduire ces fractures numériques et exploiter le potentiel des nouvelles technologies en Afrique. La coopération internationale dans le domaine fiscal, par le biais de négociations et d'échanges d'informations, de connaissances et

---

25 Ce chiffre est tiré de la Boîte à outils numérique sur la TVA pour l'Afrique 2023, OCDE/GBM/ATAF : https://www.oecd.org/tax/consumption/vat-digital-toolkitfor-africa.htm

d'expériences, joue également un rôle important dans l'élaboration de solutions adéquates et innovantes pour relever ces défis.

Ce chapitre se concentre sur la manière dont les pays africains pourraient exploiter le potentiel des nouvelles technologies pour accroître les performances des gouvernements en matière de mobilisation des recettes intérieures (MRI), à la fois par la numérisation de l'administration fiscale et par l'imposition de l'économie numérique.

Ce chapitre examine d'abord de près les opportunités offertes par la numérisation pour améliorer la MRI dans le but de soutenir les ODD (section 2). Ensuite, il passe en revue les contraintes environnementales qui empêchent de récolter les dividendes numériques en Afrique, les défis fiscaux associés à la numérisation et les efforts multilatéraux accomplis pour les relever (section 3). Des études de cas portant sur la République démocratique du Congo, la Guinée et le Rwanda sont présentées (section 4). Le chapitre vise également à fournir aux décideurs politiques des leçons clés pour adopter des réformes des TIC réussies dans l'administration fiscale, tirées de l'expérience des pairs africains et internationaux en matière d'exploitation des technologies numériques pour améliorer la conformité et la performance fiscales (section 5). Le chapitre se termine par une réflexion sur la manière dont les autorités fiscales peuvent améliorer leurs pratiques pour atteindre des niveaux plus élevés de numérisation, ou de maturité numérique, afin de tirer pleinement parti de la révolution numérique (section 6) ; enfin, la section 7 apporte une conclusion.

2.2. Tirer parti de la numérisation pour améliorer la mobilisation des ressources intérieures

La numérisation est le processus de diffusion d'une technologie à usage général.[26] L'utilisation des technologies numériques permet aux gouvernements de mobiliser davantage de recettes, de réduire le fardeau de la conformité pour les contribuables, de rendre le recouvrement de l'impôt plus efficace, de moderniser les codes fiscaux et d'améliorer la conception des systèmes d'imposition. Elle permet également aux administrations de protéger leurs assiettes fiscales et de lutter plus efficacement contre l'évasion transfrontalière grâce à une coopération internationale accrue et à l'échange d'informations. Le potentiel de la modernisation des systèmes d'impôts pour améliorer la performance fiscale est également étayé par des preuves empiriques (Bate, 2021 ; Brun et coll.,

---

26 Commission européenne (2014). Une « technologie d'usage général » ou TUG est un terme inventé pour décrire une nouvelle méthode de production et d'invention suffisamment importante pour avoir un impact global prolongé. L'électricité et les technologies de l'information (TI) sont probablement les deux TUG les plus importantes à ce jour (Jovanovic & Rousseau, 2005) .

2020 ; Kochanova, Hasnain et Larson, 2020 ; Bellon et coll., 2022 ; Koyuncu, Yilmaz et Ünver, 2016). En moyenne, la performance fiscale, la notation de l'environnement des affaires et l'évaluation de l'efficacité de la mobilisation des recettes sont plus élevées dans les pays d'Afrique subsaharienne où le dépôt électronique des déclarations fiscales et/ou douanières est disponible ou en cours de mise en œuvre en 2020, par rapport à la moyenne des pays de la région dans lesquels l'administration douanière et fiscale n'a pas été modernisée (Figure 17). En outre, le délai annuel moyen pour se conformer aux mesures de la législation fiscale était plus long (plus de 200 heures) dans les pays dotés de systèmes traditionnels de déclaration d'impôts.[27]

Figure 17 : Efficience des systèmes fiscaux dans les pays africains[*]

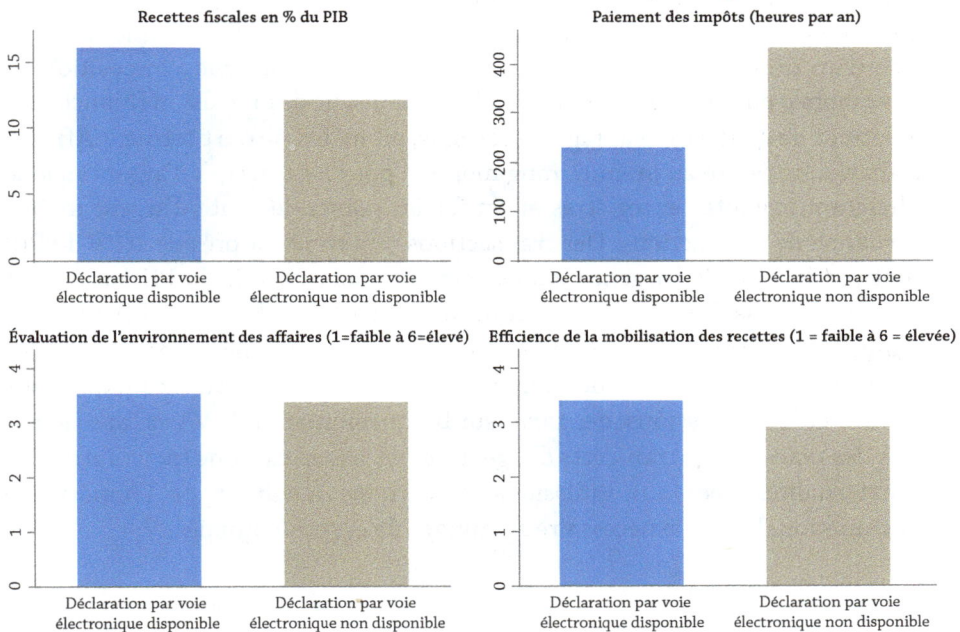

Sources: WBG GTMI 2020 data, OECD Tax Statistics 2020 data, WBG CPIA 2021 data, Doing Business 2020 data, and authors' calculations
*Note: * Les données GTMI 2020 sont tirées de la version 2022 de l'ensemble de données qui inclut les données converties de 2020 et 2022.*

---

27 L'échantillon comprend 29 pays d'Afrique subsaharienne.

2.2.1. Fiscalité de l'économie numérique

La révolution numérique offre des possibilités d'accroître les recettes fiscales en élargissant l'assiette de la TVA ou des taxes sur les ventes, ou encore en adoptant de nouveaux impôts directs sur les services numériques. La taxation des transactions numériques est une stratégie potentielle efficace, qui pourrait permettre aux pays africains de percevoir des recettes considérables et de créer un espace budgétaire, d'autant plus que les revenus du commerce électronique dans la région devraient fortement grimper en 2025 pour atteindre 46 100 millions d'USD, contre 7 721 millions en 2017 (soit un taux de croissance de 497 % sur cette période, voir Figure 18).[28] L'utilisation d'appareils de facturation électronique permet la saisie automatique des transactions et limite les risques de fraude et de litiges fiscaux. Des pays comme la Côte d'Ivoire, le Ghana, la République du Congo, l'Ouganda et le Zimbabwe taxent les services financiers numériques au moyen d'un droit d'accise sur les transferts d'argent. Bien que l'imposition de l'argent mobile puisse être controversée du point de vue de l'inclusion financière,[29] cela permet de générer davantage de revenus, au moins à court terme. L'Afrique subsaharienne figure au premier rang mondial pour les comptes d'argent mobile par habitant (comptes enregistrés et actifs), les points de vente d'argent mobile et le volume de transactions. Des transactions représentent près de 10 % du PIB se font par le biais de l'argent mobile, contre seulement 7 % du PIB en Asie et moins de 2 % dans d'autres régions (Adrian et Pazarbasioglu, 2019). Les revenus, les gains et les transactions impliquant des cryptomonnaies sont imposables dans les juridictions au titre de l'impôt sur les gains en capital, des impôts sur la fortune et les successions, des taxes sur la consommation (TVA et taxes sur la vente), des taxes sur les transferts d'argent[30] et de la taxe carbone (pour s'attaquer aux externalités liées aux émissions de carbone résultant de l'importante consommation d'énergie nécessaire au minage de cryptomonnaies).[31]

---

28 Plusieurs pays d'Afrique subsaharienne, comme l'Afrique du Sud, le Kenya et le Cameroun, ont élargi leur TVA et d'autres, tels que le Nigeria et le Zimbabwe, ont introduit de nouveaux impôts directs sur les services numériques pour taxer l'économie numérique.

29 Les mesures fiscales régressives pourraient avoir un impact considérable sur les ménages les plus pauvres et réduire l'inclusion financière.

30 L'Inde applique un impôt sur les transferts de monnaies numériques (taxe supplémentaire de 1 %).

31 En 2021, une part importante de la population du Kenya (8,5 %), de l'Afrique du Sud (7,1 %) et du Nigeria (6,3 %) détenait des monnaies numériques (CNUCED, 2022). Le bitcoin a cours légal en République centrafricaine.

Figure 18 : Ventes en ligne de biens physiques en Afrique entre entreprises et consommateurs finaux (B2C), de 2017 à 2025 (en millions d'USD)

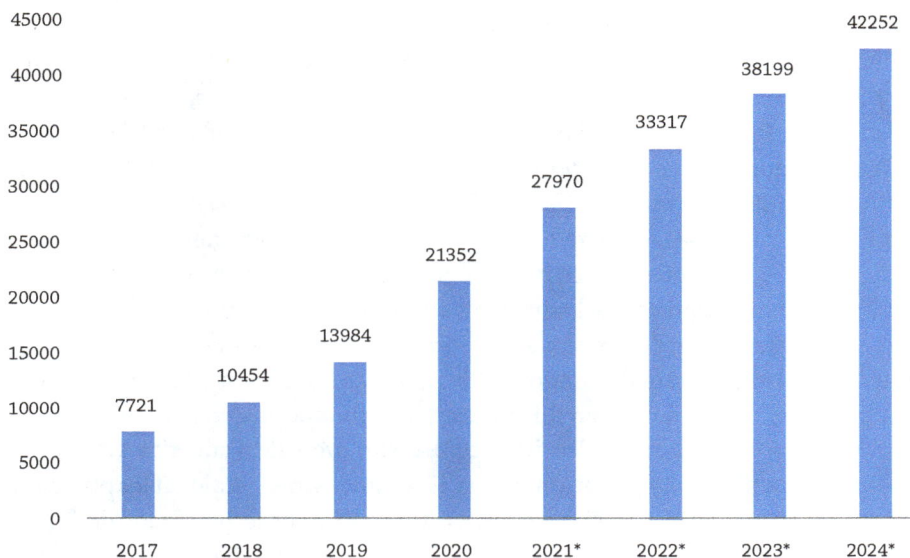

Sources : OCDE/GBM/ATAF (2023) et données de Statista (2021) – Recettes du e-commerce en Afrique entre 2017 et 2025 (Statista, 2021).
Note : *prévisions.

2.2.2. Numérisation de l'administration fiscale et modernisation des systèmes fiscaux

La technologie pourrait aider les administrations fiscales à améliorer l'identification et l'enregistrement des entités imposables, dont les particuliers et les propriétés. L'utilisation des technologies numériques est un moyen d'élargir l'assiette de l'impôt foncier, pour assurer que toutes les propriétés soient enregistrées dans la base de données. La Tanzanie a utilisé la technologie des drones pour appuyer une stratégie de réforme centrée sur l'établissement d'un cadastre fiscal à Zanzibar. Des informations sur les propriétés individuelles correspondant à 13 232 bâtiments ont été recueillies par le biais de la collecte de données et d'inspections sur le terrain. Cela constitue une réussite, étant donné que le système d'impôt foncier en vertu de l'Ordonnance de 1934 ne comptabilisait que 1 370 bâtiments sur le registre des redevables de l'impôt foncier (Banque mondiale, 2020). L'échange automatique d'informations à des fins fiscales entre juridictions permet aux pays de revoir la conception de leurs systèmes d'imposition des revenus du capital et de taxer l'épargne des ménages de manière plus cohérente (OCDE, 2021b). En facilitant la coopération et en créant des synergies entre les administrations fiscales, douanières et du Trésor, la numérisation peut renforcer la transparence.

Les coûts de mise en conformité fiscale au niveau national ont été estimés entre 2 % et 10 % des recettes, soit jusqu'à 2,5 % du PIB (Evans, 2003). Selon une estimation de la Banque mondiale datant de 2007, l'utilisation d'outils numériques pourrait conduire à une réduction de 30 % des coûts de perception des impôts.[32] L'Office rwandais des recettes (RRA – *Rwanda Revenue Authority*) a amélioré son efficience administrative en réduisant le coût du recouvrement des impôts de 3,5 % des recettes totales en 2010 à 2,7 % en 2018 (Alliance Better Than Cash, 2020). La modernisation de l'administration fiscale a le potentiel d'alléger la charge administrative, de limiter les erreurs dues à la saisie manuelle et de gagner du temps dans la collecte des impôts. Elle pourrait également réduire le risque de corruption et de pots-de-vin en minimisant les interactions en personne entre les contribuables et les agents des impôts. Le site web de l'autorité fiscale peut également fournir des informations actualisées sur les lois fiscales et les procédures administratives pour l'enregistrement, la déclaration et le paiement de l'impôt, facilitant ainsi la conformité. En rappelant aux contribuables la date limite de dépôt des déclarations de revenus par le biais d'outils numériques, le risque de non-conformité diminue. Les résultats de Mascagni et Nell (2022) montrent qu'au Rwanda, les moyens modernes de communication avec les contribuables, tels que les SMS et les courriels, sont plus efficaces que les lettres. Les technologies numériques peuvent également améliorer le niveau de conformité et accroître l'efficience de la collecte de l'impôt en permettant de repérer l'évasion fiscale et de lutter plus efficacement contre celle-ci grâce à l'analyse des données. L'utilisation de différentes sources électroniques d'information sur le comportement des contribuables devrait faciliter l'identification des transactions financières à haut risque et donc des priorités pour l'audit. Ainsi, la numérisation serait en mesure d'accroître l'efficience des audits et de mener à une utilisation plus efficiente des ressources.

La technologie a le potentiel d'améliorer sensiblement la discipline fiscale volontaire en diminuant les délais de déclaration et de paiement des impôts. L'effort nécessaire pour déclarer et payer les impôts, y compris les déplacements (temps et coûts de transport) et les files d'attente au bureau des impôts, pourrait être réduit.[33] Les contribuables paient également moins de pots-de-vin, car la

---

32 Des estimations plus récentes suggèrent également que la numérisation a réduit les coûts de mise en conformité en Corée du Sud de 19 % au cours de la période 2011–2016.

33 L'introduction d'appareils de facturation électronique (EBM – electronic billing machines) au Rwanda a fait baisser la durée nécessaire aux entreprises pour remplir les déclarations de TVA de 45 à 5 heures (Alliance Better Than Cash, 2020).

réduction du nombre de visites aux bureaux des impôts limite les possibilités d'activités de recherche de rente. En outre, l'utilisation de services d'argent mobile permet aux contribuables de s'acquitter facilement de leurs obligations, notamment car la moitié de la population africaine n'a qu'un accès limité, voire aucun accès, aux services bancaires traditionnels.[34] Ainsi, la possibilité de payer les impôts par le biais de transactions d'argent mobile pourrait être un moyen efficace de réduire le fardeau de conformité, notamment pour les petits contribuables africains qui supportent souvent des coûts de conformité fiscale disproportionnés (Bruce-Twum, Schutte et Asare, 2022 ; Bruce-Twum et Schutte, 2021). La transparence accrue rendue possible par la numérisation des systèmes fiscaux[35] est susceptible d'accroître la satisfaction des contribuables et leur confiance dans les autorités fiscales et les gouvernements, augmentant ainsi la morale et la conformité fiscales. En outre, il est important de créer des synergies numériques entre les réseaux de données des entités clés pour faciliter la communication entre leurs données respectives, de façon à élargir l'assiette fiscale grâce aux données de tiers et à permettre le pré-remplissage des déclarations de revenus (ces entités incluent par exemple les administrations fiscales, les douanes, les banques, les compagnies d'eau et d'électricité, la chambre de commerce, l'agence nationale d'identification).

Les avantages de l'utilisation des TIC vont au-delà de l'amélioration des administrations douanières et fiscales. La numérisation peut renforcer l'environnement des affaires en réduisant le fardeau de la conformité fiscale. Une baisse de 10 % des charges liées à l'administration fiscale peut entraîner une augmentation de près de 4 % de l'activité entrepreneuriale (OCDE, 2021c). En outre, la possibilité de gagner du temps dans le règlement des impôts grâce aux paiements numériques pourrait encourager les propriétaires de petites entreprises, en particulier les femmes entrepreneures (qui doivent souvent concilier travail et activités domestiques), à formaliser leurs activités. La numérisation des systèmes fiscaux, en améliorant la précision et la disponibilité des données, a également le potentiel d'améliorer la formulation de la politique fiscale en termes de prévision des recettes et de préparation du budget. L'utilisation d'informations sur les contribuables permettrait aux gouvernements de mieux cibler la redistribution des revenus. En outre, la mise en œuvre d'outils numériques rend possible une réduction significative de l'utilisation de papier, d'énergie et de transport, ce qui contribue à la durabilité environnementale.

---

34 Données de l'Agence pour le commerce international (2021).
35 Les technologies numériques permettent de surmonter les obstacles à l'information, ce qui peut améliorer le suivi (à la fois par les citoyens, grâce à un retour d'information régulier sur la qualité des services, et par les gouvernements, grâce à une meilleure gestion des fonctionnaires) et la coordination des citoyens (Banque mondiale, 2016, cité par Aker, 2017).

2.3. Contraintes environnementales pesant sur la récolte des dividendes numériques et défis fiscaux de l'économie numérisée

2.3.1. Contraintes environnementales pesant sur la récolte des dividendes numériques

Si l'utilisation des technologies numériques constitue un moyen prometteur de percevoir des recettes fiscales considérables, de sérieux obstacles environnementaux en Afrique limitent son vaste potentiel. Le succès de la modernisation de l'administration douanière et fiscale dépend fortement de l'environnement. Le manque d'infrastructures appropriées et de connectivité à Internet, d'alphabétisation et de formation numériques, de confiance dans le gouvernement, d'adoption par les agents des impôts et les contribuables, ainsi que d'une législation et d'un leadership politique adéquats représentent des contraintes majeures à l'efficacité des réformes technologiques dans les pays africains.

Bien que l'accès à l'électricité soit une condition préalable à l'utilisation des outils numériques, 600 millions de personnes, soit 70 % de la population du continent, n'en bénéficient pas.[36] L'accès à Internet est de plus en plus répandu dans la région, mais la connexion est médiocre et instable dans plusieurs pays, et il existe des disparités au sein des pays. En outre, les administrations fiscales sont confrontées à des pannes des systèmes informatiques. Ces facteurs peuvent entraver l'adoption effective de la technologie par les contribuables, en particulier ceux qui vivent dans des zones rurales isolées. Souvent, les forfaits de données mobiles de base ne sont pas abordables[37], ce qui risque de freiner le déploiement des technologies. De plus, l'introduction de taxes électroniques sur les transactions d'argent mobile risque de décourager les contribuables, en particulier les plus petits, d'effectuer des paiements d'impôts par cette voie. Anyidoho et coll. (2022) montrent que la taxe sur l'argent mobile introduite au Ghana en 2022 est fortement régressive, ce qui signifie qu'elle a un impact disproportionné sur les personnes pauvres et aux plus bas revenus par rapport à celles qui ont des revenus plus élevés. Les recettes de l'argent mobile ont diminué de 28 % entre 2022 et 2023 au Ghana.[38]

La faible alphabétisation numérique et le manque de formation des contribuables créent une barrière à l'adoption des outils numériques. Obert et coll. (2018) ont identifié les lacunes de connaissances comme un déterminant

---

36 Données de la SIDA (2023).

37 Fin 2019 (Loi de finances 2020), le gouvernement tchadien a supprimé le droit d'accise de 18 % sur l'Internet mobile (mis en place en 2017) afin de faciliter des améliorations de l'accès et de l'utilisation.

38 « MTN a publié ses résultats annuels pour 2022, et nous voyons clairement l'impact : bien que la taxe n'ait été mise en place que le 22 mai, les revenus de l'argent mobile ont diminué de 12 % pour la période de 6 mois se terminant en juin 2022 et de 28 % entre le premier semestre 2021 et le second semestre 2022 » (Esselaar, 2023).

majeur de la sous-utilisation des systèmes de déclaration fiscale électronique au Zimbabwe. La fracture numérique entre hommes et femmes en ASS met en évidence la nécessité de multiplier les formations ciblées sur celles-ci. Les utilisateurs des facilités de dépôt et de paiement électroniques sont généralement des contribuables mieux éduqués et plus avertis. Ainsi, la modernisation de l'administration fiscale risque de laisser de côté une grande partie de la population et de renforcer les disparités socio-économiques entre les contribuables. Alors que les criminels se sont déjà révélés remarquablement doués pour attaquer les systèmes d'impôt (Gupta et coll., 2017), les contribuables peuvent également éviter d'adopter la technologie en raison de leur méfiance à l'égard de l'administration fiscale. La numérisation soulève des questions sur la qualité des institutions gouvernementales et sur la sécurité et la confidentialité des données collectées à des fins fiscales. Une plus grande numérisation pourrait bien s'avérer contre-productive dans les pays dotés d'institutions médiocres, de niveaux de corruption plus élevés, de régimes plus autoritaires, d'un État de droit faible ou inexistant et d'une absence de protection de la vie privée de leurs citoyens. En effet, une utilisation accrue de l'information peut également aider de mauvais gouvernements à atteindre de mauvais objectifs politiques (Jacobs, 2017).

Les agents des impôts et des douanes peuvent également résister à l'utilisation de ces nouvelles technologies. Cette résistance pourrait être due à leur manque de compétences et de formation adéquates pour utiliser ces technologies et tirer le meilleur parti des données fiscales. Comme le montre la Figure 19, les dépenses en TIC (en pourcentage des dépenses de fonctionnement) en Afrique subsaharienne ne sont pas particulièrement différentes de celles des autres régions. Toutefois, en termes de capital humain, la plupart des pays d'ASS sont à la traîne par rapport aux autres pays.

D'autre part, les agents des impôts peuvent disposer de compétences numériques appropriées et d'une infrastructure suffisante et continuer à utiliser des procédures manuelles et discrétionnaires. Ils sont parfois réfractaires au changement et à la réorganisation de leur travail. Il semble toutefois plus probable que cette résistance soit motivée par le risque de perdre des avantages privés qu'ils pourraient solliciter (par le biais de pots-de-vin) ou de détourner de l'argent des impôts en exerçant leurs pouvoirs discrétionnaires. En outre, si l'utilisation de la technologie dans les administrations fiscales et douanières peut réduire le risque de corruption, les faits montrent qu'elle risque également de faciliter les pratiques de corruption. Chalendard et coll. (2021) ont appliqué une nouvelle méthodologie pour détecter la corruption dans le port de Toamasina à Madagascar. Ils ont découvert que des complices du service informatique des douanes orientaient systématiquement les déclarations de certains courtiers vers certains inspecteurs qui, à leur tour, évitaient d'imposer pénalités et amendes. Les résultats de ces recherches ont montré que 10 % des déclarations étaient traitées par des inspecteurs qui n'étaient pas affectés de manière aléatoire, et que les pertes de recettes fiscales associées à ce système de corruption représentaient environ 3 % du total des taxes perçues. En outre, l'utilisation de caisses enregistreuses électroniques a conduit au développement d'appareils automatisés de suppression des ventes (*zappers*).

Figure 19 : Niveaux de dépenses en TIC et capital humain

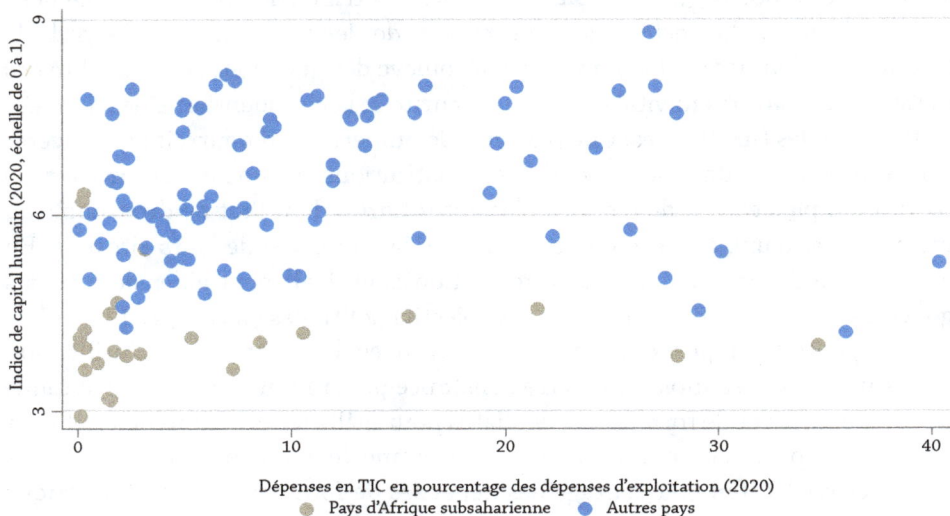

Sources : WDI et CIAT, IMT, IOTA, OCDE (2020) Enquête internationale sur les administrations fiscales et calculs des auteurs

L'absence d'un leadership politique et d'un cadre juridique d'appui risque de limiter encore la capacité des administrations fiscales africaines à tirer parti des opportunités offertes par la numérisation et de les exposer à des risques juridiques et politiques. En l'absence de cadres juridiques et réglementaires appropriés, efficaces, appliqués et mis à jour, portant notamment sur le partage des données entre l'autorité fiscale, d'autres entités publiques et des acteurs privés, les réformes technologiques n'ont aucune chance d'aboutir. Des preuves qualitatives montrent que l'autorité fiscale du Malawi est empêchée d'introduire des services de déclaration électronique, car le code des impôts reste muet sur la manière de réglementer ces services (Santoro et coll., à paraître, cité par Okunogbe et Santoro, 2022). L'existence de lacunes et d'échappatoires dans les règles fiscales des pays d'ASS les a rendus vulnérables à l'érosion de l'assiette fiscale et au transfert de bénéfices (BEPS – *Base erosion and profit shifting*), et la numérisation a intensifié ces défis avec l'émergence de nouvelles méthodes de travail et de nouveaux types d'actifs.

2.3.2. Défis fiscaux de l'économie en voie de numérisation

La numérisation de l'économie implique que la présence physique n'est pas toujours indispensable et que de plus en plus de services peuvent être *exportés* avec une présence physique très limitée (Leduc et Michielse, 2021). En ce sens, l'économie numérique offre la possibilité du transfert de bénéfices vers des juridictions à faible taux d'imposition, ce qui crée des difficultés aux pays pour protéger leurs assiettes fiscales. Les défis associés à la numérisation concernent à la fois la conception et l'administration de l'impôt. Ceux liés à la fiscalité directe ont trait à la question de la répartition entre juridictions des droits d'imposition sur les revenus générés par les activités transfrontalières. Les pays africains, aux côtés d'autres pays en développement, s'efforcent de protéger leurs assiettes fiscales de l'érosion due aux pratiques des entreprises multinationales (EMN), qui cherchent à éliminer ou réduire leurs impôts en évitant une présence imposable dans les juridictions de leurs marchés. Ces pratiques fiscales dommageables sont facilitées par des dispositions des lois fiscales nationales et des conventions contre la double imposition ratifiées par les pays d'Afrique subsaharienne. Ainsi, les EMN peuvent déplacer leurs activités financières d'une juridiction à l'autre pour s'assurer de bénéficier de taux peu élevés ou d'une exonération totale de la retenue à la source sur leurs paiements transfrontaliers sortants.[39] Ces multinationales peuvent également éliminer ou limiter leurs impôts en localisant des fonctions, des actifs ou des risques dans une juridiction intermédiaire dotée d'un régime fiscal préférentiel. Dans le contexte de l'économie numérique, les droits sur les biens incorporels et leurs revenus connexes peuvent être cédés et transférés entre entreprises associées. Ils peuvent également être transférés, parfois pour un montant inférieur au prix de pleine concurrence, à une filiale dans un pays où les revenus ultérieurement tirés de ces biens incorporels sont soumis à un impôt anormalement faible, voire nul (OCDE, 2015). En outre, les EMN utilisent également ce type de techniques sophistiquées pour éliminer ou réduire les impôts dans leurs pays de résidence.

---

39 Traditionnellement, les conventions de double imposition ont été signées pour éviter l'absence d'imposition ou la double imposition des mêmes revenus dans des juridictions partenaires. Toutefois, plusieurs pays d'ASS ont signé des conventions prévoyant des taux réduits de retenue à la source sur les paiements de dividendes, d'intérêts et de redevances, ainsi que d'autres dispositions limitant leurs droits d'imposition dans le but d'attirer les investissements directs étrangers. Cependant, aucun élément de preuve étayant ces attentes d'un avantage correspondant en matière de génération d'investissements supplémentaires n'a été fourni par la recherche (Beer et Loeprick, 2018). Au contraire, le chalandage fiscal peut être particulièrement préjudiciable pour ces pays, en compromettant leurs efforts de mobilisation des ressources nationales et de réalisation des objectifs de développement durable (Millán-Narotzky et coll., 2021).

Les défis de l'économie numérique relatifs à la TVA ont trait à la collecte efficace de cette taxe sur les échanges transfrontaliers. Les lois traditionnelles sur la TVA ne comportent parfois pas de dispositions permettant de taxer les prestations de services et les biens incorporels fournis par des prestataires non-résidents, en particulier les services fournis à distance à des consommateurs privés (streaming musical, télédiffusion, télévision à la demande) et basés sur Internet (par exemple, Microsoft Teams, Webex et les appels Skype). Le principe de destination est la norme internationale,[40] généralement acceptée pour l'application de la TVA aux transactions transfrontalières. Toutefois, comme la numérisation permet aux entreprises de mener des activités dans une juridiction sans avoir d'activité ou de présence physique, des problèmes de conformité fiscale peuvent se poser en ce qui concerne l'identification des transactions, l'attribution des droits d'imposition des prestations de services et des biens incorporels à distance, l'incertitude fiscale et la complexité. En matière de taxation des marchandises, il est plus facile de déterminer la juridiction de consommation intermédiaire ou finale (destination physique des marchandises) et d'assurer la conformité fiscale grâce à des contrôles physiques à la douane. Cependant, les coûts administratifs et de perception de l'impôt risquent de grimper en raison des volumes importants de marchandises de faible valeur achetées à l'étranger par des clients nationaux. Certains pays africains prévoient une exonération de la TVA sur ces biens (envois de faible valeur), étant donné que les recettes de TVA perçues sur ces transactions sont souvent inférieures au coût de recouvrement de la taxe. Toutefois, à mesure que le commerce électronique se développe, les gouvernements africains, comme ceux d'autres régions, s'inquiètent de plus en plus des pertes de recettes dues à ces exonérations, d'autant que la taxe sur la valeur ajoutée est la principale source de recettes fiscales en ASS. Ces exonérations créent des distorsions et creusent l'important manque à gagner de TVA dû aux défaillances de la perception de cet impôt sur les transactions nationales. Sur 24 pays africains disposant de données adéquates, 12 enregistraient un manque à gagner de TVA de 50 % ou plus en 2018 (UNECA, 2019).

Les défis fiscaux associés à la numérisation concernent également l'importance des actifs financiers numériques. Le récent développement mondial des cryptoactifs, notamment l'utilisation des monnaies virtuelles à des fins d'investissement et de spéculation, soulève des questions au niveau de la conception comme de la mise en œuvre de la fiscalité. Les difficultés découlent également du caractère décentralisé, anonyme et extraterritorial de ces monnaies. Les systèmes fiscaux n'ont pas été conçus pour un monde dans lequel les actifs pourraient être échangés et les transactions réalisées autrement que dans des

---

40 Ce principe permet la rétention de taxes sur la valeur ajoutée par le pays où le produit taxé est vendu.

monnaies nationales (Baer et coll., 2023). Selon le département Afrique du FMI (2022), seul un quart des pays de la région de l'Afrique subsaharienne ont mis en place une réglementation pour les cryptomonnaies.

2.3.3. *Efforts multilatéraux pour relever les défis fiscaux liés à la numérisation*

L'imposition de l'économie numérisée est au cœur du débat des négociations fiscales internationales. Le rôle crucial que doit jouer le multilatéralisme pour relever les défis fiscaux posés par la révolution numérique est bien reconnu. Comme d'autres pays dans le monde, les pays africains ont pris l'initiative de rejoindre ou de créer une série d'organismes internationaux et régionaux contribuant à la réforme des règles fiscales internationales afin de protéger et d'élargir leur assiette fiscale. Depuis l'ouverture du Forum mondial sur la transparence et l'échange de renseignements à des fins fiscales (Forum mondial) aux pays non-membres de l'OCDE en 2009, 36 pays africains (dont 31 de la région de l'ASS) y ont adhéré dans le but de lutter contre l'évasion fiscale et d'améliorer la transparence et l'échange de renseignements à des fins fiscales. Plus tard, en 2014, les membres africains du Forum mondial ont décidé de créer l'Initiative africaine, qui vise à répondre à leurs besoins et priorités spécifiques afin de renforcer leurs capacités en matière d'échange d'informations. La même année, le Forum africain d'administration fiscale (ATAF – *African Tax Administration Forum*) a également créé le Comité technique de la fiscalité transfrontalière (CBT – *Cross-border Taxation Technical Committee*) dans le but d'influencer les négociations fiscales internationales et de veiller à ce que les nouvelles règles qui en découlent reflètent les priorités de l'Afrique. En 2015, les membres de l'Initiative fiscale d'Addis se sont engagés à étendre la coopération fiscale internationale dans le cadre du Plan d'action d'Addis-Abeba (AAAA) dans le cadre de la troisième Conférence des Nations Unies sur le financement du développement. Depuis 2016, des pays africains rejoignent progressivement le Cadre inclusif de l'OCDE sur l'érosion de l'assiette fiscale et le transfert de bénéfices (BEPS) (qui comprend actuellement 23 pays d'ASS). L'objectif de ce Cadre est d'assurer la collaboration des juridictions sur la mise en œuvre de 15 mesures/actions visant à lutter contre l'évasion fiscale, à renforcer la transparence et à améliorer la cohérence des règles fiscales internationales. En plus des Nations Unies et l'OCDE, des organisations internationales telles que le Groupe de la Banque mondiale et le Fonds monétaire international soutiennent les pays du monde entier dans leur lutte contre l'évasion fiscale et renforcent la capacité des pays en développement à protéger leurs assiettes fiscales.

Pour relever ces défis fiscaux de manière efficace, la communauté internationale fournit des normes, une assistance technique, une expérience, des connaissances, un partage d'informations, ainsi que des outils aux gouvernements. L'axe prioritaire du Plan d'action BEPS de l'OCDE (Action 1) est de trouver des solutions à ces problèmes. L'OCDE a élaboré une solution reposant sur deux piliers : le premier pilier vise à garantir que les bénéfices des entreprises multinationales sont réaffectés aux juridictions de leur marché ; le deuxième pilier institue un taux d'imposition minimum mondial sur les sociétés de 15 %. Cette solution à deux piliers a été approuvée par 138 pays, dont 21 en ASS. En ce qui concerne les utilisations abusives des conventions fiscales, un instrument multilatéral (IML) a été élaboré pour permettre aux juridictions de modifier leurs conventions fiscales et d'éviter l'érosion de l'assiette fiscale et le transfert de bénéfices. Cet instrument a été ratifié par 100 juridictions, dont 12 pays d'ASS. Les Nations Unies ont également conçu une solution pour aider les pays en développement à taxer les revenus des services numériques automatisés en ajoutant un nouvel article (article 12B) à leur modèle de convention qui peut être adopté par les juridictions.

Les efforts multilatéraux pour surmonter les défis fiscaux issus de la numérisation portent également sur la création de plateformes telles que la Plateforme de collaboration fiscale (PCF). Lancée en 2016 conjointement par le FMI, l'OCDE, l'ONU et le GBM, elle vise à renforcer la collaboration de ces organismes sur les questions fiscales et à fournir des conseils aux pays en développement par le biais d'un dialogue politique, d'une assistance technique (portant précisément sur la formulation et la mise en œuvre de réformes fiscales) et d'un renforcement des capacités, de la génération de connaissances et de la diffusion. Les partenaires du PCF ont développé (individuellement ou collectivement) quelques boîtes à outils techniques, notamment le Programme d'analyse des écarts de l'administration fiscale (RA-GAP – *Revenue Administration Gap Analysis Program*) du FMI et le programme des Inspecteurs des impôts sans frontières (TIWB – *Tax Inspectors Without Borders*) du PNUD et de l'OCDE.[41] Ils ont également élaboré (avec d'autres partenaires de développement) l'Outil diagnostique d'évaluation de l'administration fiscale *Tax* (TADAT – *Administration Diagnostic Assessment Tool*) et l'Enquête internationale sur l'administration fiscale (ISORA – *International Survey on Revenue Administration*). En 2023, l'OCDE, le GBM et l'ATAF ont conçu conjointement une Boîte à outils numérique sur la TVA pour l'Afrique afin d'aider les administrations fiscales africaines à définir et à mettre en œuvre des politiques pour l'application de la TVA au commerce numérique. En ce qui concerne les monnaies virtuelles, les normes du Groupe

---

41 Le soutien apporté par TIWB en collaboration avec des partenaires tels que l'ATAF (principalement sur les questions de prix de transfert, les enquêtes fiscales judiciaires, l'échange et l'utilisation efficace des informations) a permis d'augmenter les recettes fiscales perçues par les juridictions africaines de 1,2 milliard d'USD entre 2012 et 2021.

d'action financière sur la lutte contre le blanchiment de capitaux et le financement du terrorisme (LBC-FT) atténuent les risques associés aux actifs virtuels. L'OCDE (2020) fournit des orientations pour aider les gouvernements à déterminer un traitement fiscal approprié pour les cryptomonnaies.[42]

2.4. Études de cas par pays sur l'adoption d'outils numériques dans les administrations douanières et fiscales

Les études de cas par pays présentent les expériences de la Guinée, du Rwanda et de la République démocratique du Congo en matière d'adoption des technologies numériques dans l'administration douanière et fiscale.

Encadré 1. Mobilisation des ressources nationales en Guinée et numérisation des douanes

La Guinée est peu performante en matière de mobilisation des ressources intérieures, avec un ratio impôts/PIB de 13,9 %, bien en deçà de l'objectif de 20 % que les États membres de la CEDEAO s'efforcent d'atteindre. Bien que le pays soit doté de ressources naturelles abondantes et qu'il ait connu une augmentation récente de ses exportations minières, il n'en tire pas des recettes fiscales substantielles. Par exemple, le volume des exportations de bauxite guinéennes a presque triplé au cours de la période 2016–2021, passant d'environ 29,4 millions à plus de 85,6 millions de tonnes. En revanche, les recettes fiscales générées par le secteur ont diminué de 30 % entre 2015 et 2020. La grande ampleur du secteur informel (estimé entre 70 et 90 % de l'activité par l'APIP – Agence de promotion des investissements privés) contribue à la faible performance fiscale du pays, de même que les nombreuses incitations, lacunes et failles de la législation fiscale. La qualité de la prestation de services publics de l'administration des impôts est faible, et la note d'efficience de la mobilisation des recettes de l'Évaluation des politiques et des institutions nationales (CPIA – *Country Policy and Institutional Assessment*) de la Banque mondiale n'était que de 3,5 sur 6 en 2021.

Selon les résultats de l'enquête Afrobaromètre 2021, 51 % des Guinéens pensent que la plupart des fonctionnaires des impôts guinéen sont impliqués

---

42 Parmi les autres initiatives internationales visant à aider les pays à protéger leurs assiettes fiscales, citons : la Stratégie de recettes à moyen terme des partenaires de la PCF, le Forum de l'OCDE sur l'administration fiscale (FAF), l'assistance technique et le renforcement des capacités en matière de fiscalité des industries extractives du Forum intergouvernemental sur les mines, les métaux et le développement durable (IGF – *Intergovernmental Forum on Mining, Metals and Sustainable Development*) et de ses partenaires (comme l'OCDE et l'ATAF), l'Analyse fiscale des industries extractives (FARI – *Fiscal Analysis of Resource Industries*) et le Cadre d'évaluation de la politique fiscale (TPAF – *Tax Policy Assessment Framework*) du FMI ; les modèles de maturité de l'administration fiscale de l'OCDE et de la Banque mondiale ; ou encore l'assistance entre pairs en matière de numérisation.

dans des affaires de corruption, et 45 % d'entre eux estiment que le gouvernement n'utilise pas les recettes fiscales perçues pour améliorer le bien-être des citoyens. Ainsi, avancer dans le parcours numérique est considéré comme un moyen de relever les performances des autorités fiscales guinéennes et d'améliorer la prestation de services publics, la transparence et la redevabilité, tout en limitant la corruption.

Comme la déclaration et le paiement électroniques des impôts ne sont pas disponibles en Guinée, l'expérience par pays présentée ici se concentre sur la modernisation des douanes. En juin 2017, le gouvernement guinéen a décidé de numériser ses procédures douanières en créant un système de guichet unique électronique, de façon à fluidifier les opérations du commerce extérieur et de stimuler la MRI et la croissance économique. L'initiative vise également à réduire le fardeau de conformité des entreprises, à simplifier leur accès à l'information pour remplir leurs obligations et à minimiser la durée de la conformité aux frontières et le coût associé au respect des réglementations douanières du pays. Le projet a été mis en œuvre fin 2019 par le gouvernement guinéen, en partenariat avec le groupe Webb Fontaine.

Figure 20 : Taxes sur le commerce international en millions d'USD

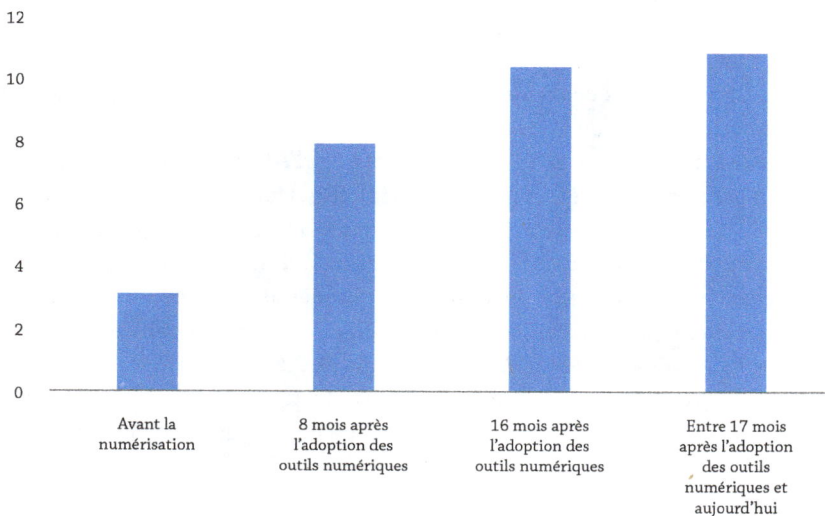

Source : Données de la Direction des impôts de Guinée et calculs des auteurs

Une analyse de l'évolution des recettes douanières montre que les impôts sur le commerce international ont augmenté de 151,6 % huit mois après l'adoption de la technologie, puis ont continué à augmenter au cours des huit mois suivants, à un taux de 31,5 %. Ces résultats ont été obtenus grâce à l'amélioration des performances de l'administration douanière, aux économies de temps et d'argent, à la réduction des interactions en personne et à la facilitation de la détection des fraudes liée à l'utilisation d'outils numériques.

La hausse des recettes s'est ralentie ces dernières années ; cependant, l'activation des autres fonctionnalités de la plateforme (prévue pour cette année), telles que la possibilité de payer des impôts par le biais de transactions d'argent mobile, pourrait donner une nouvelle impulsion aux recettes publiques.

Encadré 2. Le parcours de numérisation de l'Office rwandais des recettes

La croissance technologique du Rwanda s'est accélérée depuis que le gouvernement a mis l'accent sur l'importance des TIC en tant que moteur de la croissance économique. À partir du plan Rwanda Vision 2020, le programme de transformation numérique vise à catalyser les progrès dans tous les secteurs, notamment les soins de santé, l'éducation, l'agriculture, les infrastructures et la gestion des finances publiques. L'Office rwandais des recettes (RRA – *Rwanda Revenue Authority*) s'efforce de devenir une organisation « adaptée à son but » : une administration des recettes assurant une prestation de services efficiente, une prise de décision fondée sur les données et des opérations basées sur les TI.

Tirer parti de la technologie au service de la mobilisation des recettes au Rwanda

Le début de la numérisation du système fiscal rwandais remonte à 2004, lorsqu'un logiciel a été introduit pour simplifier la gestion des données des contribuables. Ce moment charnière a inclus la mise en œuvre d'un système douanier automatisé (SYDONIA). Ce système a rationalisé les procédures douanières en permettant aux différentes agences participant au processus de dédouanement de travailler comme des centres à guichet unique (en conséquence, les délais de dédouanement des cargaisons ont été réduits de 3 jours en moyenne à quelques heures). Cela a également préparé le terrain pour d'autres avancées numériques, avec l'introduction progressive d'une gamme variée de services dans les années suivantes.

Une étape importante dans le parcours numérique du Rwanda a été franchie en 2010 avec le déploiement d'un réseau national de fibre optique assurant une impressionnante couverture de plus de 95 % du territoire national. Son objectif premier était de garantir l'accès à Internet à haut débit dans tout le pays, notamment dans les centres urbains et les régions mal desservies. Ce faisant, il a effectivement aplani les barrières à l'entrée pour des millions de Rwandais, facilitant leur connexion au monde numérique. Ce réseau fondamental a été le fondement du renforcement de la connectivité Internet et de la rationalisation de la transmission des données dans tout le Rwanda. Le gouvernement a pris des mesures proactives pour combler la fracture numérique en dotant les étudiants et les communautés de compétences numériques essentielles et en garantissant l'accès à des ordinateurs grâce à diverses initiatives. En outre, pour exploiter toute la gamme des avantages apportés par la numérisation, le Rwanda a stratégiquement employé sa politique fiscale pour promouvoir l'adoption et l'utilisation d'appareils technologiques. Cette approche stratégique englobe diverses mesures politiques, y compris l'exonération de taxes pour des équipements TIC tels que les téléphones. Le pays a aussi mis en œuvre une augmentation progressive des impôts, en particulier des droits d'accise sur les télécommunications (temps de communication). Cette approche progressive sur une période de dix ans verra le taux d'imposition passer de 3 % à 5 % puis à 8 %, pour finalement atteindre 10 %.

En 2011, des systèmes d'enregistrement, de déclaration et de paiement en ligne ont été lancés. Cela a inauguré une ère où les contribuables peuvent s'acquitter de leurs responsabilités à distance, éliminant ainsi le besoin d'interactions en personne avec les agents du RRA. Cette transition a eu de profonds effets, le nombre de contribuables enregistrés ayant été multiplié par cinq entre 2011 et 2019, ce qui a favorisé la mise en place d'un environnement fiscal plus inclusif. Le passage à l'interface numérique ne s'est pas contenté de faciliter le respect des obligations fiscales, il a également permis un rapprochement efficient entre les impôts perçus et les paiements en ligne, ce qui a entraîné une réduction des coûts de collecte. En 2012, la mise en œuvre d'un système de déclaration en ligne a simplifié le processus d'importation, ce qui a réduit considérablement le temps et les coûts associés au dédouanement et favorisé un environnement commercial plus efficient. À l'heure actuelle, la déclaration en ligne est utilisée pour 100 % de tous les types d'impôts, tandis que les paiements en ligne représentent 98 % de l'ensemble des transactions fiscales.

Par la suite, en 2013, le Rwanda a introduit les EBM, ou appareils de facturation électronique, pour les contribuables immatriculés à la TVA. Ce système transformateur permet aux entreprises d'émettre des reçus électroniques pour les biens et les services, tout en transmettant les données des transactions au RRA en temps réel. Les effets positifs de cette initiative sur le système de recouvrement des impôts sont palpables, les recettes de TVA ayant augmenté d'environ 30 % au cours de la première année de mise en œuvre. En outre, l'amélioration de la précision et de la transparence des données relatives aux transactions a permis de réduire de plus de 80 % le temps consacré par les entreprises à remplir leurs déclarations de TVA. L'introduction des EBM au Rwanda a permis de réduire de 25 à 35 % les déclarations frauduleuses de taxe sur la valeur ajoutée (Alliance Better Than Cash, 2020). L'utilisation de ces appareils s'est depuis étendue aux contribuables non assujettis à la TVA afin d'améliorer la transparence dans le suivi et la perception d'autres types d'impôts, tels que l'impôt sur les sociétés (IS), où, par exemple, les dépenses ne sont validées que lorsqu'elles sont étayées par une facture EBM, avec des exceptions minimes.

Les avantages de l'introduction des EBM ne profitent pas seulement à l'administration fiscale, mais aussi aux contribuables, qui ont accès aux mouvements de leurs stocks et à leurs ventes, ce qui facilite le suivi et le dépôt des déclarations d'impôts par le personnel. En 2019, le RRA a lancé un service de support par chat en direct pour les contribuables. En outre, le Rwanda a pris des mesures progressives pour encourager l'adoption des transferts d'argent mobile et favoriser une économie sans espèces. Une mesure décisive est l'exonération des taxes sur ces transferts, qui non seulement incite les individus à adopter les transactions financières numériques, mais soutient également l'objectif plus large de réduire la dépendance à l'égard de l'argent physique, de façon à améliorer l'efficience économique. Il est important de noter que ces politiques ont joué un rôle central dans le renforcement de l'efficacité de l'administration fiscale et de la collecte des recettes au Rwanda. Les suspensions temporaires de la perception des recettes en amont ont été stratégiquement exploitées pour produire des avantages substantiels en termes de génération de revenus et d'efficience de la collecte.

Le parcours de numérisation fiscale a également conduit à l'adoption par le RRA d'un nouveau modèle opérationnel qui est axé non seulement sur les TI, mais surtout sur les données (par exemple, remplacer les approches fondées sur le porte-à-porte pour immatriculer et régulariser en cas de non-conformité par des interventions fondées sur le risque et un recours accru à l'analyse des données). Le RRA utilise les études analytiques et a mis en œuvre un processus de sélection des « cas d'audit automatisés » depuis 2017 afin d'améliorer l'efficience de l'audit. Le summum de la numérisation implique l'intégration et l'analyse en temps réel de données provenant de diverses sources, telles que les banques, ce qui permet au RRA de repérer les risques, de renforcer l'efficience de l'audit et de tirer des informations bénéfiques à la croissance et à l'accès au financement des entreprises. Cette transformation a également recalibré le rôle joué par les professionnels de la fiscalité. Les tâches de routine telles que la collecte et la vérification des données ont été automatisées, ce qui a permis aux agents des impôts de se concentrer sur l'analyse des données et la formulation de stratégies visant à générer des recettes. Cette fonction repensée appelle à l'émergence d'une nouvelle génération d'experts fiscalistes dotés d'une formation en mathématiques, en sciences et en ingénierie informatique. Ce changement souligne les immenses possibilités qu'offre la technologie pour la perception des impôts. L'administration fiscale du Rwanda est prête à faire un autre bond en avant, en tirant parti de technologies telles que la chaîne de blocs (blockchain), l'analyse prédictive et comportementale, pour lutter contre la non-conformité avant qu'elle ne se produise, ou encore l'intelligence artificielle, par exemple pour répondre aux demandes des acteurs 24 heures sur 24. L'administration pourra en outre fournir à tous les contribuables un aperçu complet des transactions de leur compte fiscal, de façon à promouvoir la transparence, ainsi que le pré-remplissage de toutes les déclarations de revenus, ce qui réduira le coût de la conformité pour le contribuable.

Le résultat cumulé de ces efforts est évident dans la nette croissance du ratio impôts/PIB, qui est passé de 11,2 % en 2009/2010 à 16 % en 2019/2020, juste avant le début de la pandémie de COVID-19.

Malgré son impact perturbateur, la pandémie a eu un impact limité sur la collecte de recettes au cours de la période 2020–2021, grâce à la numérisation avancée du système du RRA qui a permis aux contribuables de s'acquitter de leurs obligations fiscales sans nécessité de se rendre physiquement dans les bureaux des impôts. Au cours de l'exercice 2022/2023, l'emploi de la technologie dans l'administration fiscale par le RRA a considérablement amélioré la conformité fiscale, avec les chiffres d'affaires déclarés qui sont passés de 37,8 milliards de RWF pour l'exercice 2021/2022 à 110,5 milliards en 2022/2023. L'impôt sur les sociétés est passé de 0,25 milliard de RWF dans l'exercice précédent à 0,73 milliard au cours de l'exercice 2022/2023 ; tout cela grâce à l'arrivée de nouveaux contribuables sur les plateformes numériques.

En outre, le résultat a été une amélioration majeure de la transparence et de la réactivité de la gouvernance, grâce à la rationalisation des services publics et à la réduction des inefficiences bureaucratiques. Il est particulièrement intéressant de noter que cette approche a stimulé la transformation socio-économique.

Au-delà de la perception des recettes

Au-delà de leur rôle conventionnel en matière de collecte des recettes et de respect des obligations fiscales, les technologies fiscales sont devenues une source vitale de données susceptibles d'être converties en informations et en connaissances qui permettent à l'administration fiscale et au gouvernement dans son ensemble de prendre des décisions et de formuler des politiques fondées sur des données.

Les éclairages tirés des données collectées par le biais des EBM en sont une illustration frappante. Plus que de simples enregistrements de transactions, ces informations permettent d'analyser les chaînes d'approvisionnement et ainsi de façonner les politiques commerciales et industrielles du Rwanda. Les données des EBM sont également utilisées par les agences gouvernementales à différentes fins de formulation de politiques. Un autre exemple spécifique est l'utilisation de ces données pour effectuer des analyses économiques qui assureront la coordination des politiques fiscales et monétaires menées par le ministère des Finances et de la Planification économique et par la Banque centrale du Rwanda. Même pendant le tumulte créé par la COVID-19, la collecte quotidienne de données par les EBM a joué un rôle central dans le suivi de l'activité économique, ce qui a permis au gouvernement de formuler des décisions judicieuses tout en mettant en œuvre des mesures vitales de distanciation sociale.

La fusion de la technologie et de la gouvernance a également amélioré le climat des affaires au Rwanda, en favorisant une relation symbiotique entre le gouvernement et le secteur privé, et en ouvrant la voie à des ajustements politiques rapides tout en limitant les possibilités de corruption et en réduisant le coût de la conformité, entre autres avantages.

Figure 21 : Ratio impôts/PIB en pourcentage du PIB

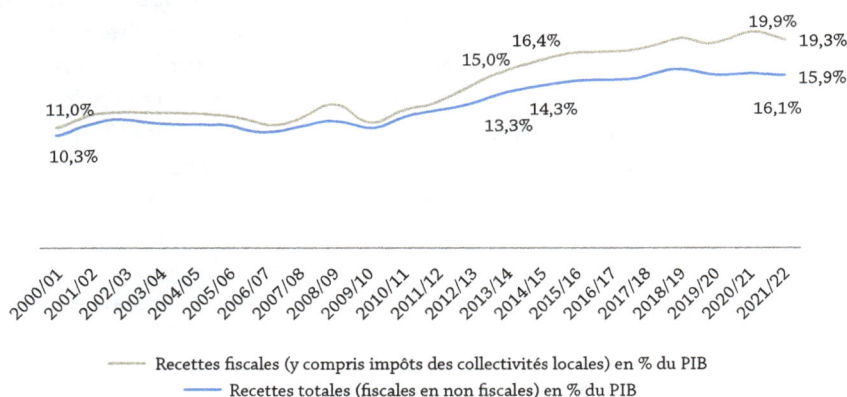

Source : Données de l'Office rwandais des recettes et calculs des auteurs

Encadré 3. Système douanier et fiscal et parcours de numérisation de la RDC

Le système fiscal de la République démocratique du Congo est inefficient et complexe. Le ratio impôts/PIB du pays n'atteignait que 8,1 % en 2021. Cette médiocre performance est liée à des facteurs tels que la dimension importante du secteur informel, la multiplicité des taxes et l'octroi de nombreuses exemptions d'impôt, qui rendent le système fiscal complexe et augmentent la charge pour les agents des administrations fiscales comme les contribuables. Le pays compte plus de 240 taxes et impôts différents au niveau central, et le temps annuel moyen pour se conformer à la législation fiscale y a atteint 346 heures en 2021. La RDC dépend fortement des revenus miniers et forestiers. Malgré les récentes améliorations de la transparence dans le secteur minier grâce à la divulgation des contrats du secteur, d'importants défis de gouvernance subsistent (Banque mondiale, 2023).

La modernisation des administrations fiscales est une priorité phare du Plan stratégique de la réforme des finances publiques 2022–2028 de la RDC. La mise en œuvre de la déclaration électronique est en cours, et le pays a également l'intention d'adopter un système d'identification biométrique des contribuables. La modernisation des douanes, soutenue par les partenaires au développement, est le fer de lance de la numérisation du pays. À ce jour, la RDC poursuit la mise en œuvre du SYDONIA dans tous les points d'entrée douaniers et la numérisation des paiements gouvernementaux par le biais d'ISYS-REGIES. La plateforme REDOFIE (Réseau d'échange de données financières du gouvernement), adoptée par le gouvernement congolais, a créé des synergies entre les différentes autorités fiscales, y compris la Direction générale des impôts (DGI), l'autorité douanière (DGDA – Direction générale des douanes et accises), et la Direction générale des recettes administratives, judiciaires, domaniales et de participations (DGRAD), chargée de la collecte des recettes non fiscales ; ainsi que d'autres agences gouvernementales. Le gouvernement continue d'étendre la plateforme à l'ensemble du pays.

La RDC dispose également d'un espace numérique physique qui sert de référentiel d'informations financières utilisées pour effectuer des analyses de données. En outre, le pays prévoit de déployer des contrôles croisés systématiques des données afin de faciliter la détection des fraudes et la gestion des risques de conformité.

2.5. Principaux enseignements pour des réformes réussies des TIC dans l'administration fiscale

Cette section fournit aux décideurs politiques des enseignements clés pour des réformes réussies des TIC dans l'administration fiscale, tirés de l'expérience de pays africains et de pairs internationaux. Le parcours de numérisation de chaque pays est unique ; il doit être fondé sur les besoins et la maturité de l'autorité fiscale et adapté à l'environnement local. Alors que certains pays, comme le

Rwanda et Maurice, ont adopté rapidement les nouvelles technologies, d'autres, comme les États-Unis et le Royaume-Uni, ont privilégié une transformation numérique progressive et à long terme. Le succès des réformes technologiques réside dans la définition d'une vision claire et élargie et d'une stratégie de numérisation couvrant les aspects réglementaires, financiers et de ressources humaines. En outre, une clé du succès des réformes de TIC dans l'administration fiscale est une approche centrée sur l'utilisateur, qui met l'accent sur les besoins des contribuables pendant la phase de conception de la numérisation.

Comme indiqué dans la section précédente, l'accès à l'électricité et à une connexion Internet fiable est une condition préalable à la déclaration et au paiement électroniques. Ainsi, l'amélioration de l'alimentation en électricité et de la connectivité à Internet est essentielle à l'adoption des technologies numériques. Obert et coll. (2018) ont constaté que les coupures d'électricité et la non-disponibilité de l'Internet étaient à l'origine de la sous-utilisation des systèmes de déclaration fiscale électronique au Zimbabwe. Le gouvernement du Rwanda et les bailleurs de fonds ont massivement investi dans une dorsale (backbone) nationale en fibre optique qui facilite le transfert de données à haut débit dans tout le pays, et l'Office rwandais des recettes a été l'un des premiers organismes à tester cette technologie (Schreiber, 2018). Le succès des réformes technologiques dépend fortement de l'existence d'environnements réglementaires et commerciaux porteurs et favorables. Les réformes des TIC doivent être soutenues par l'introduction de nouveaux cadres juridiques et réglementaires appropriés qui inspirent la confiance des utilisateurs dans l'intégrité et la sécurité des systèmes, notamment en ce qui concerne la confidentialité et la sécurité des données. La nouvelle réglementation doit également aborder le partage des données entre les autorités fiscales.

Un processus approprié de passation des marchés et un investissement dans l'outil technologique adéquat, en choisissant entre le développement de logiciels en interne et des solutions prêtes à l'emploi (ou une combinaison des deux), sont déterminants pour assurer le succès des réformes technologiques. Il est également important de renforcer les capacités internes en matière de TIC susceptibles d'assurer la maintenance, le développement et l'amélioration des systèmes informatiques. Se concentrer sur les besoins des contribuables durant la phase de conception de la numérisation, notamment en proposant des solutions de paiement et des outils numériques appropriés, est un facteur clé de réussite pour la modernisation de l'administration fiscale. Le Kenya a été pionnier de l'utilisation des services de paiement électronique basés sur la téléphonie mobile pour faciliter le paiement électronique par les contribuables, en particulier ceux qui ne possèdent pas de compte bancaire traditionnel. L'introduction d'appareils de facturation électronique obligatoires peut s'avérer difficile, comme l'ont montré les défis rencontrés par le Rwanda lors de leur déploiement. Après l'expérience initiale, le pays est passé à une solution informatisée, qui s'est également heurtée à des obstacles dans la mise en œuvre, car tous les contribuables ne sont pas en mesure d'utiliser des ordinateurs. Cette situation souligne l'importance de l'expérimentation. Les systèmes numériques doivent être testés avant d'être mis en œuvre.

Des réformes institutionnelles et opérationnelles sont nécessaires. Le succès de la modernisation de l'administration fiscale passe par un appui de haut niveau de la part des dirigeants. Les hauts responsables des administrations fiscales doivent soutenir le parcours de numérisation en faisant preuve de flexibilité, d'ouverture au changement et de grandes capacités de motivation. Le personnel peut avoir besoin d'une formation avant de mettre en œuvre la technologie. L'investissement dans les ressources humaines est crucial pour garantir l'utilisation efficace et adéquate des outils numériques par les agents du fisc. Une évaluation des capacités et des compétences du personnel de l'administration fiscale permettra d'identifier les besoins dans ce domaine. Les contribuables sont parfois réticents à utiliser les nouvelles technologies en raison d'un manque d'alphabétisation numérique. Il est essentiel que les gouvernements investissent dans des sessions d'éducation et de formation pour s'assurer que les citoyens adoptent la technologie numérique. Les administrations fiscales doivent également proposer des programmes de formation et de sensibilisation des contribuables qui pourraient aider ces derniers à utiliser la déclaration et le paiement électroniques, sans oublier de prendre en compte la nécessité d'une période de transition et les coûts qui y sont liés.

La culture numérique des femmes étant particulièrement faible en Afrique, des formations ciblées et adaptées doivent leur être proposées. L'engagement des contribuables est la clé du succès de l'adoption des technologies et pourrait être amélioré en facilitant leur accès à l'information sur les lois et procédures fiscales, par le biais de méthodes de communication modernes et traditionnelles. En faisant en sorte que les interactions en ligne et hors ligne des contribuables soient personnalisées, simples, cohérentes, intuitives et fournies en temps réel, les administrations fiscales peuvent obtenir une vue à 360 degrés des contribuables et de leurs besoins. Cela les aiderait à personnaliser les services électroniques et à ouvrir des communications sur différents canaux (Microsoft et PwC, 2018). L'engagement des contribuables est également un élément essentiel de la morale fiscale et de la conformité volontaire, et pourrait limiter le recours aux enregistrements en masse fondés sur la technologie[43] qui ont lieu dans des pays d'Afrique subsaharienne. L'étude d'Alm et coll. (2010) sur le

---

43 L'augmentation agressive du nombre d'enregistrements fiscaux risque fort de se traduire principalement par l'enregistrement de petites entreprises qui, dans la pratique, ne paieront que peu ou pas d'impôts (Moore, 2020).

comportement en matière de conformité fiscale a montré qu'une administration conviviale augmentait la conformité moyenne de 27 %.

La collaboration entre pairs avec d'autres administrations fiscales pour tirer les leçons de leurs expériences, la collaboration avec des partenaires régionaux et internationaux et l'utilisation des boîtes à outils techniques qu'ils ont développées pourraient également soutenir les pays africains dans leur parcours de numérisation. Le *Tax Diamond* de la Banque mondiale et le modèle de maturité de transformation numérique du Forum sur l'Administration Fiscale (FTA – *Forum on Tax Administration*) peuvent aider les administrations fiscales à comprendre et à évaluer leurs lacunes en matière de capacités humaines et institutionnelles. Le *Diamond* permet aux pays d'autoévaluer et de déterminer leurs besoins en matière d'investissement dans les infrastructures, d'analyser le paysage des TIC de leur administration fiscale et douanière, et d'améliorer leurs méthodologies de réorganisation et de cartographie des processus opérationnels (Junquera-Varela et coll., 2022). Le département de recherche du Secrétariat du Forum sur l'administration fiscale africaine (ATAF) a également élaboré un guide pour améliorer l'acquisition, la mise en œuvre et la maintenance des TIC par les pays africains. En outre, l'Inventaire des initiatives de technologie fiscale (ITTI – *Inventory of Tax Technology Initiatives*) lancé par l'OCDE, le FMI et d'autres partenaires comme le CREDAF[44] et l'ATAF fournit des informations sur les pratiques et les initiatives de numérisation mises en œuvre par les administrations des impôts.

2.6. Vers de plus hauts niveaux de numérisation ou de maturité numérique

Pour exploiter le potentiel de la technologie, il est recommandé aux autorités fiscales d'exploiter pleinement la grande quantité de données auxquelles elles peuvent accéder et d'améliorer leurs pratiques. Cela leur permettra d'atteindre de plus hauts niveaux de numérisation ou de maturité numérique en suivant une stratégie de transformation bien définie. La maturité numérique fait référence au niveau de numérisation des procédures de l'administration des impôts (Junquera-Varela et coll., 2022). Investir dans les ressources humaines, la qualité des données, l'analyse et les modèles de gestion des risques de conformité a le potentiel d'augmenter de manière significative les recettes fiscales et d'améliorer la gestion de l'administration et l'efficience de la perception.

---

44 Le CREDAF (Cercle de réflexion et d'échange des dirigeants des administrations fiscales) a été officiellement lancé en 1982 dans le but de faciliter les échanges de bonnes pratiques entre les dirigeants des administrations fiscales de 30 pays francophones, dont 20 pays d'ASS.

La technologie aide largement les autorités fiscales à identifier et à enregistrer les entités imposables (particuliers et propriétés). L'utilisation des outils TIC leur permet de disposer d'un registre complet et exhaustif des contribuables et renforce leur capacité à taxer les revenus et les actifs des particuliers. Toutefois, dans les pays d'Afrique subsaharienne, les contribuables peuvent avoir plusieurs numéros d'identification à des fins différentes, ce qui accroît la charge administrative. Au contraire, l'utilisation d'un identifiant numérique unique permet au contribuable de s'authentifier pour accéder aux informations et aux services en toute sécurité. La solution d'une identité numérique unique pourrait réduire les coûts opérationnels et garantir que toutes les parties de l'organisation accèdent au même niveau d'information sur les contribuables, de façon à faciliter la détection des fraudes. Il est possible de créer cette identité en toute sécurité grâce à la biométrie. En Estonie, le gouvernement a émis les premières cartes d'identité numériques il y a environ 20 ans. À ce jour, tous les Estoniens et les e-résidents possèdent des cartes d'identité numériques développées à l'aide de la technologie de chaîne de blocs.[45] Parmi les objectifs spécifiques de l'Union africaine pour stimuler la transformation numérique et propulser l'industrialisation figure la délivrance d'une identité légale numérique à 99,9 % des Africains d'ici 2030.

En outre, la création de synergies entre les différentes autorités (administrations fiscales, douanières et trésor) par le biais de la technologie facilite l'application de la législation et conduit à une meilleure responsabilisation à l'égard des résultats. L'utilisation de l'identité numérique unique permet de mettre en relation les données fiscales et douanières pertinentes afin d'obtenir des informations complètes sur les obligations des contribuables. La plateforme REDOFIE de la République démocratique du Congo, mise en œuvre il y a trois ans, a créé des synergies entre les différentes autorités fiscales et d'autres agences gouvernementales. La non-conformité peut être repérée grâce à des vérifications croisées automatiques de ces informations avec le contenu des déclarations de revenus et en douane. Il est même possible pour les gouvernements plus ambitieux, avec des niveaux de maturité plus élevés, d'adopter une approche centrale à plateforme unique, en reliant les données des individus détenues par différents organismes publics. La RDC dispose d'un espace numérique physique qui sert de base de données pour les informations financières. MyInfo, disponible à Singapour, est un exemple d'espace numérique unique qui joue le rôle de référentiel unique pour toutes les informations d'un individu, telles que le revenu, le logement et les coordonnées, à partir de données vérifiées par le gouvernement et fournies par l'utilisateur (OCDE, 2019). En outre, les autorités fiscales pourraient collaborer

---

45 L'Estonie est l'un des pays les plus avancés en matière de gestion de l'identité numérique. Le pays dispose également d'un programme de e-résidence permettant à toute personne (indépendamment de sa citoyenneté ou de son lieu de résidence) de devenir un e-résident estonien et d'accéder aux divers services numériques de la juridiction.

avec le secteur privé, en particulier les plateformes numériques, pour accéder à la masse de données sur la consommation et les revenus qu'elles détiennent, ce qui pourrait contribuer à la détection des fraudes. L'utilisation des identités numériques au-delà des frontières est une solution pour détecter les fraudes transnationales. Au niveau des douanes, l'analyse miroir rend possible de réconcilier les données des déclarations d'importation d'une juridiction avec les exportations déclarées par ses partenaires économiques, et les divergences détectées peuvent servir à des fins d'audit après dédouanement.

L'utilisation de l'analyse prédictive et prescriptive dans les administrations fiscales et la construction de modèles de gestion des risques conduisent à une sélection plus transparente et efficiente des cas à auditer. Le système kenyan iTax a permis à l'Autorité fiscale du Kenya de générer facilement des rapports hebdomadaires, mensuels, trimestriels ou annuels sur les recettes et les audits (Ndung'u, 2017). Son utilisation pratique permet également d'identifier les schémas d'évasion et de fraude fiscales. Comme indiqué précédemment, en appliquant une méthodologie novatrice aux données douanières de Madagascar, Chalendard et coll. (2021) ont détecté un système de corruption utilisé par les agents des impôts. Les données désagrégées sur la perception de l'impôt peuvent également servir à évaluer la performance de l'administration des impôts, à effectuer des analyses de l'écart fiscal et à modéliser l'impact des politiques, notamment en collaborant avec des chercheurs. L'essor récent de la littérature sur la fiscalité dans les pays à revenu faible et intermédiaire est largement dû à la disponibilité de données fiscales administratives en format électronique (Okunogbe et Santoro, 2022). Plus généralement, l'accès en temps réel à ces données permet de mieux informer l'élaboration des politiques aux niveaux national et international.

2.7. Conclusion

Il est largement admis que la révolution numérique soulève des défis majeurs pour la conception et l'administration de l'impôt, et que ces défis sont susceptibles de se multiplier. Ce chapitre montre clairement que les résoudre exige des efforts aux niveaux national et multilatéral. Il illustre également les nombreuses opportunités qu'offre la numérisation pour élargir l'assiette fiscale et rendre la collecte des recettes fiscales plus efficiente. Ainsi, la transformation numérique des économies peut améliorer la mobilisation des ressources nationales pour soutenir les objectifs de développement durable.

Le succès des réformes des TIC dépend fortement d'un environnement favorable, et le chapitre fournit des recommandations pertinentes, à la fois pour les pays africains qui veulent se lancer dans un parcours numérique et pour ceux cherchant à atteindre des niveaux plus élevés de maturité numérique et à exploiter pleinement le potentiel de la numérisation. Des études de cas illustratives portant sur le Rwanda, la Guinée et la République démocratique du Congo présentent leurs expériences en matière de modernisation des administrations douanières et fiscales. Les pays qui souhaitent s'engager dans la voie de la numérisation doivent reconnaître l'importance d'un soutien de haut niveau de la part des dirigeants. Les cadres juridiques et réglementaires doivent être mis à jour. Ces pays doivent créer des environnements favorables au déploiement des nouvelles technologies grâce à des investissements inclusifs dans l'électricité, la connectivité Internet, l'infrastructure des TIC et le capital humain, ainsi qu'un environnement législatif et réglementaire favorable. Le parcours vers la numérisation de chaque pays est unique. Cependant, la définition d'une vision claire et élargie et d'une stratégie de transformation numérique à long terme, ainsi que l'adoption de technologies plus favorables pour l'administration fiscale comme pour les contribuables sont décisives pour la réussite de la modernisation de l'administration fiscale.

Dans les pays sur la voie de la numérisation, investir dans les ressources humaines, la qualité des données, l'analyse et les modèles de gestion des risques de conformité pourrait permettre d'exploiter le potentiel des nouvelles technologies et d'améliorer le recouvrement des impôts et la gestion de l'administration fiscale. Le renforcement de la collaboration et de l'échange d'informations entre les administrations fiscales, douanières, et Trésor, les autres organismes publics, le secteur privé et les autorités fiscales étrangères est essentiel pour libérer le potentiel des nouvelles technologies. Dans nos économies numériques florissantes, la sécurité et la confidentialité des données restent des préoccupations majeures, et il est essentiel pour les pays africains de trouver un compromis équitable entre les exigences en ce domaine et l'utilisation des données pour améliorer l'efficacité et l'efficience de la politique fiscale.

Références

Adrian, T. et Pazarbasioglu, C. (2019) " Five facts on fintech ", *IMF Blog*, 27 juin. Disponible à l'adresse : https://www.imf.org/en/Blogs/Articles/2019/06/27/blog-five-facts-on-fintech

Agence suédoise de coopération internationale au développement (Sida) (2023) Power Africa. *Swedish International Development Cooperation Agency*. Disponible à l'adresse : https://www.sida.se/en/for-partners/private-sector/power-africa

Aker, J. C. (2017) 'Using digital technology for public service provision in developing countries', in Gupta, S., et coll. (eds.) *Digital revolutions in public finance.*. Washington, DC : FMI, pp. 201-224. https://doi.org/10.5089/9781484315224.071.

Alm, J. et coll. (2010) 'Taxpayer information assistance services and tax compliance behavior', , *Journal of Economic Psychology*, 31(4), pp. 577-586.

Anyidoho, N. A., et coll. (2022) *Mobile money taxation and informal workers : Evidence from Ghana's E-Levy*. Document de travail de l'ICTD n° 146. Institut d'études du développement. Disponible à l'adresse : https://doi.org/10.1111/dpr.12704

Baer, K. et coll. (2023) « *Oxford Review of Economic Policy* ", *Oxford Review of Economic Policy*, 39(3), pp. 478-497. Disponible à l'adresse : https://doi.org/10.1093/oxrep/grad035

Banque mondiale (2016) *Rapport sur le développement dans le monde 2016 Digital dividends*. Washington, DC : Groupe de la Banque mondiale.

Banque mondiale (2020a) *Doing business database*. Disponible à l'adresse : https://databank.worldbank.org/source/doing-business

Banque mondiale (2020b) 'Human capital index (HCI)', *World development indicators*. Disponible à l'adresse : https://databank.worldbank.org/source/world-development-indicators

Banque mondiale (2021) *Country policy and institutional assessment (CPIA)*. Groupe de la Banque mondiale. Disponible à l'adresse : https://databank.worldbank.org/source/country-policy-and-institutional-assessment#

Banque mondiale (2022) *GovTech maturity index (GTMI)* (Version 15). Disponible à l'adresse : https://datacatalog.worldbank.org/int/search/dataset/0037889/govtech-dataset

Banque mondiale (2023) *The World Bank in DRC – Overview*. Disponible à l'adresse : https://www.worldbank.org/en/country/drc/overview

Bate, A. P. (2021) 'Does digitalisation improve the mobilisation of tax revenues in Africa?', , *African Multidisciplinary Tax Journal*, 2021(1), pp. 94-112. Disponible à l'adresse : https://doi.org/10.47348/AMTJ/2021/i1a6

Beer, S. et Loeprick, J. (2018) *The cost and benefits of tax treaties with investment hubs: Findings from sub-Saharan Africa*. Document de travail de recherche sur les politiques n° 8623. Washington, DC : Banque mondiale. Disponible à l'adresse : https://doi.org/10.1596/1813-9450-8623

Begazo, T., Blimpo, M. et Dutz, M. A. (2023) *Digital Africa : Digital Africa: Technological transformation for jobs*. Washington, DC : Banque mondiale. Disponible à l'adresse : https://www.worldbank.org/en/region/afr/publication/digital-africa

Bellon, M. et coll. (2022) «Digitalization to improve tax compliance: Evidence from VAT e-invoicing in Peru», *Journal of Public Economics*, 210, p. 104661. Disponible à l'adresse: https://doi.org/10.1016/j.jpubeco.2022.104661

Better Than Cash Alliance (2020) *Tax digitalization in Rwanda: Success factors and pathways forward*. New York: Better Than Cash Alliance. Disponible à l'adresse : https://btca-production-site.s3.amazonaws.com/document_files/527/document_files/Tax_Digitalization_in_Rwanda_Success_Factors_and_Pathways_Forward.pdf?1606765795

Bruce-Twum, E. et Schutte, D. (2021) «Tax compliance cost of SMEs in Ghana», *Journal of Accounting, Finance and Auditing Studies*, 7(4), pp. 1-22.

Bruce-Twum, E., Schutte, D. et Asare, N. (2022) 'Determinants of tax compliance costs of small and medium enterprises in emerging economies : Evidence from Ghana', *Social Sciences & Humanities Open*, 6(2022), p. 100343.

Brun, J-F. et coll. (2020) Are ICT's boosting tax revenues ? Evidence from developing countries. Études et Documents, (9), CERDI

Chalendard, C. et coll. (2021). *Corruption in customs*. Document de travail de recherche sur les politiques du Groupe de la Banque mondiale n° 9802. Washington, DC : Groupe de la Banque mondiale.

CIAT, FMI, IOTA, OCDE. (2022) *International survey on revenue administration: 2020 et 2021*. Disponible à l'adresse: https://data.rafit.org/?sk=8b008788-ebde-4d61-bc90-7438d6aa12dc&sId=1637191076670

Colin, N. et coll. (2015) Économie numérique. In *Notes du conseil d'analyse économique*, 2015/7(26), pp. 1-12. Paris : Éditions Conseil d'analyse économique.

Commission économique des Nations unies pour l'Afrique (UNECA) (2019) *Economic report on Africa 2019: Fiscal policy for financing sustainable development in Africa*. Addis-Abeba : CEA.

Commission européenne. (2014) *Commission expert group on taxation of the digital economy numérique*. Bruxelles : Commission européenne. Disponible à l'adresse : https://taxation-customs.ec.europa.eu/document/download/cb640cdf-02f6-42f3-81a2-6db6b256577c_en?filename=report_digital_economy.pdf

Conférence des Nations unies sur le commerce et le développement (CNUCED) (2022) *All that glitters is not gold: The high cost of leaving cryptocurrencies unregulated*. Document d'orientation de la CNUCED n° 100. Genève : CNUCED.

Devereux, M. P. et Vella, J. (2018) 'Implications of digitalization for international corporate tax reform', *Intertax*, 46(6/7), pp. 550-559. Disponible à l'adresse : https://doi.org/10.54648/taxi2018056

Esselaar, S. (2023) 'Impact of Ghana's mobile money levy', *RIS Articles*, 16 mars. Disponible à l'adresse : https://researchictsolutions.com/home/impact-of-ghanas-mobile-money-levy/

Evans, C. (2003) 'Studying the studies : An overview of recent research into taxation operating cost», *eJournal of Tax Research*, 1(1), pp. 64-92. Disponible à l'adresse : http://classic.austlii.edu.au/au/journals/eJlTaxR/2003/4.html

Fonds monétaire international (FMI). Département africain (2022) *Regional economic outlook. Sub-Saharan Africa: Living on the edge*. Washington, DC : Fonds monétaire international.

Gupta, S. et coll. (2017) 'Introduction : Reshaping public finance', in Gupta, S., et coll. (eds.) *Digital revolutions in public finance*. Washington, DC : FMI, pp. 1-21. Disponible à l'adresse : https://doi.org/10.5089/9781484315224.071

International Trade Administration (2021) *The rise of ecommerce in Africa*. Disponible à l'adresse : https://www.trade.gov/rise-ecommerce-africa

Jacobs, B. (2017) 'Digitalization and taxation', in Gupta, S. (eds.) *Digital revolutions in public finance*. Washington, DC : Fonds monétaire international, pp. 25-55. Disponible à l'adresse : https://doi.org/10.5089/9781484315224.071

Jovanovic, Boyan & Rousseau, Peter L., 2005. «General Purpose Technologies», Handbook of Economic Growth, in : Philippe Aghion & Steven Durlauf (ed.), Handbook of Economic Growth, édition 1, volume 1, chapitre 18, pages 1181-1224 Elsevier

Junquera-Varela, R. F. et coll. (2022) *Digital transformation of tax and customs administrations*. EFI Insight – Série Gouvernance. Washington, DC: Banque mondiale.

Kochanova, A., Hasnain, Z. et Larson, B. (2020) 'Does e-government improve government capacity? Evidence from tax compliance costs, tax revenue, and public procurement competitiveness', , *The World Bank Economic Review*, 34(1), pp. 101-120.

Koyuncu, C., Yilmaz, R. et Ünver, M. (2016) 'Does ICT penetration enhance tax revenue? : Panel evidence' *Anadolu Üniversitesi Sosyal Bilimler Dergisi*, 16(Özel Sayı), pp. 71-80.

Le, T. M., Pham, D. M. et De Wulf, L. (2007). *Estimating economic benefits for revenue administration reform projects*. Notes du PREM ; no. 112. Gouvernance du secteur public. Washington, DC : Banque mondiale.

Leduc, S. et Michielse, G. (2021). Are tax treaties worth it for developing economies', in De Mooij, R., Klemm, A. et Perry, V. (eds.) *Corporate income taxes under pressure: Why reform is needed and how it could be designed*. Washington, DC: Fonds monétaire international, pp. 123-173.

Mascagni, G. et Nell, C. (2022) 'Tax compliance in Rwanda : Evidence from a message field experiment', *Economic Development and Cultural Change*, 70(2), pp. 587-623.

Microsoft et PwC. (2018). *Digital transformation of tax administration*. Disponible à l'adresse : http://info.microsoft.com/rs/157-GQE-382/images/Digital%20Transformation%20of%20Tax%20Administration%20White%20Paper.pdf

Millán-Narotzky, L. et coll. (2021). *Tax treaty aggressiveness: Who is undermining taxing rights in Africa?* ICTD Working paper No. 125. Sussex, Royaume-Uni : Institute of Development Studies.

Moore, M. (2020). *What is wrong with African tax administration?* ICTD Working paper No. 111. Sussex, Royaume-Uni: Institute of Development Studies.

Nations Unies (UN) (2021) *COVID-19 and e-commerce a global review*. New York : Nations Unies.

Ndung'u, N. (2017) 'Digitalization in Kenya revolutionizing tax design and revenue administration', in Gupta, S., et coll. (eds.) *Digital revolutions in public finance*. Washington, DC : Fonds monétaire international, pp. 241-257. Disponible à l'adresse : https://doi.org/10.5089/9781484315224.071

Obert, S. et coll. (2018) 'Effect of e-tax filing on tax compliance : A case of clients in Harare, Zimbabwe', *African Journal of Business Management*, 12(11), pp. 338-342. Disponible à l'adresse : https://doi.org/10.5897/AJBM2018.8515

Okunogbe, O. et Santoro, F. (2022). The Promise and Limitations of Information Technology for Tax Mobilization, , *The World Bank Research Observer*, Pages 295-324, https://doi.org/10.1093/wbro/lkac008

Organisation de coopération et de développement économiques (OCDE) (2015) *Addressing the tax challenges of the digital economy, Action 1 – Rapport final 2015*. Projet OCDE/G20 sur l'érosion de la base d'imposition et le transfert de bénéfices. Paris : Éditions OCDE. Disponible à l'adresse : http://dx.doi.org/10.1787/9789264241046-en

Organisation de coopération et de développement économiques (OCDE 2019) *Tax administration 2019: Comparative information on OECD and other advanced and emerging economies*. Paris : Éditions OCDE. Disponible à l'adresse : https://doi.org/10.1787/74d162b6-en

Organisation de coopération et de développement économiques (OCDE 2020) *L'imposition des monnaies virtuelles : Une vue d'ensemble des traitements fiscaux et des questions émergentes de politique fiscale*. Paris : Éditions de l'OCDE. Disponible à l'adresse : https://www.oecd.org/en/publications/taxing-virtual-currencies_e29bb804-en.html

Organisation de coopération et de développement économiques (OCDE 2021a) *Rapport sur la coopération pour le développement 2021 : Shaping a just digital transformation*. Paris : Éditions OCDE. Disponible à l'adresse : https://doi.org/10.1787/ce08832f-en

Organisation de coopération et de développement économiques (OCDE 2021b) *OECD secretary-general tax report to G20 finance ministers and central bank governors*. Paris : Éditions de l'OCDE. Disponible à l'adresse suivante www.oecd.org/tax/tax-policy/tax-and-fiscal-policies-after-the-covid-19-crisis.htm

Organisation de coopération et de développement économiques (OCDE 2021c) *Supporting the digitalisation of developing country tax administrations*. Paris : Éditions OCDE. Disponible à l'adresse suivante : www.oecd.org/tax/forum-on-tax-administration/publications-and-products/supporting-the-digitalisation-of-developing-country-taxadministrations.htm

Organisation de coopération et de développement économiques (OCDE 2022) *Revenue statistics in Africa 2022*. Paris : Éditions OCDE. Disponible à l'adresse : https://www.compareyourcountry.org/tax-revenues-africa

Organisation de coopération et de développement économiques (OCDE/WBG/ATAF. (2023). *VAT digital toolkit for Africa*. Paris : Éditions OCDE. Disponible à l'adresse : https://web-archive.oecd.org/2023-06-27/651045-vat-digital-toolkit-for-africa.pdf

Organisation mondiale des douanes (OMD). (2003). Déclaration d'Arusha révisée. Déclaration du Conseil de coopération douanière concernant la bonne gouvernance et l'intégrité en douane. Bruxelles: OMD.

Santoro, F. et coll. (à paraître) From hand to mouse redux: Data, technology and tax administration in Africa : A review of existing evidence. Série de documents de travail de l'ICTD.

Schreiber, L. (2018 *The foundation for reconstruction : Building the Rwanda Revenue Authority, 2001–2017*. Innovations de l'université de Princeton pour des sociétés prospères, université de Princeton. Disponible à l'adresse : https://successfulsocieties.princeton.edu/sites/g/files/toruqf5601/files/LS_Rwanda_Tax_Formatted_5.29.18jgToU962018_1.pdf

Union africaine (UA) (2019) *The digital transformation strategy for Africa (2020–2030)*.. Addis-Abeba : UA. Disponible à l'adresse https://au.int/sites/default/files/documents/38507-doc-DTS_for_Africa_2020-2030_English.pdf

Le rôle des gouvernements dans l'amélioration de la mobilisation des recettes intérieures

3.1. Introduction

Les pays africains se sont lancés dans une réforme fiscale transformatrice, affichant une détermination renouvelée à renforcer leurs capacités fiscales en déployant des efforts visant à stimuler la mobilisation des recettes intérieures. Pendant des décennies, l'aide a été un pilier essentiel des recettes publiques de l'Afrique subsaharienne. Les années 70 et 80 ont été marquées par une augmentation sans précédent de l'aide totale à l'Afrique subsaharienne, passant de moins de 12 % du PIB de la région en 1980 à près de 19 % en 1994 (Moore, Prichard et Fjeldstad, 2018a ; Segura-Ubiergo et coll., 2018). Depuis les années 2000, on observe une évolution significative avec une proportion de l'aide comprise entre 20 % et 25 % des recettes publiques (Tefera et Odhiambo, 2022). Si l'aide au développement constitue toujours une part importante des ressources gouvernementales malgré une légère baisse des montants transférés aux pays africains,[46] la dernière décennie a révélé un changement notable. Les gouvernements se concentrent désormais fermement sur le renforcement de leurs systèmes de mobilisation des recettes en faisant des efforts considérables pour augmenter leur ratio impôts/PIB et mobiliser des recettes suffisantes pour financer les infrastructures et la fourniture de services publics. Le continent connaît une nouvelle ère fiscale caractérisée par des réformes fiscales et une augmentation significative de la part des recettes fiscales dans les recettes

---

[46] L'aide au développement de l'Afrique a connu un déclin ces dernières années en Afrique subsaharienne. Bien que l'aide publique au développement (APD) ait atteint des niveaux record en 2022, l'aide globale aux pays en développement, y compris l'Afrique, a diminué de 2 % (environ 4 milliards de dollars américains), avec des répercussions dans plus de 70 pays en développement, dont beaucoup en Afrique (CNUCED, 2024). L'aide au développement des pays les moins avancés a également connu une baisse de 4 %, après une diminution de 8 % l'année précédente (CNUCED, 2024). En outre, la part de l'aide expressément dirigée vers les pays africains est à son plus bas niveau depuis plus de deux décennies, avec seulement 25,6 % de l'APD mondiale allant au continent (Harcourt, 2024)). Cette tendance est en partie due à un changement dans les priorités des donateurs, y compris des augmentations significatives de l'aide à l'Ukraine et à d'autres crises émergentes (Harcourt, 2024) .

totales de l'État, associées à l'importance que les élites politiques accordent à la mobilisation des recettes intérieures (Moore, Prichard et Fjeldstad 2018b). Tandis que les impôts directs et indirects constituent l'épine dorsale de la génération de recettes, les recettes non fiscales ne contribuent que faiblement (6,8 % du PIB) aux recettes totales de l'État (OCDE, CUA et ATAF, 2022).

Les progrès récents en matière de mobilisation des recettes pourraient être attribués à plusieurs facteurs – réformes de la politique fiscale, renforcement de l'administration fiscale, numérisation, soutien international et volonté politique – propulsés par la croissance économique dont ont bénéficié plusieurs pays ces dernières années (ATAF, 2021)). Cette évolution a catalysé l'élargissement de l'assiette fiscale et l'augmentation des recettes. Parallèlement, la fraude et l'évasion fiscales ont été réduites par la simplification des codes fiscaux et la modernisation des systèmes fiscaux, associées aux mesures visant à renforcer les capacités des administrations fiscales et à encourager le respect des obligations fiscales (Segura-Ubiergo et coll., 2018 ; Jacquemot et Raffinot, 2018). Malgré ces progrès, les résultats en matière de ratio impôts/PIB restent inférieurs à ceux des pays d'Amérique latine et des pays à revenu élevé, avec une moyenne de 17 % en Afrique en 2019 (OCDE, CUA et ATAF, 2022 ; Segura-Ubiergo et coll., 2018). Le Fonds monétaire international (FMI) estime que le pays médian d'Afrique pourrait augmenter son ratio impôts/PIB d'environ 3 à 5 % (Segura-Ubiergo et coll., 2018). Ce potentiel de recettes inexploité est particulièrement vaste dans des pays comme le Cameroun, le Congo, le Gabon, le Ghana, Madagascar, le Nigeria et le Togo, reflétant ainsi la nécessité pour les gouvernements de mettre en œuvre des mesures visant à réduire ce déficit de recettes (Jacquemot et Raffinot, 2018).

Ce chapitre examine le rôle de la gouvernance dans le renforcement de la mobilisation des recettes intérieures. La mobilisation des recettes intérieures varie considérablement d'un pays à l'autre et comprend, sans toutefois s'y limiter, la mobilisation des recettes fiscales et non fiscales, des redevances provenant des ressources naturelles, des droits de douane, des envois de fonds, de l'aide et des subventions. Cette analyse adopte une approche étroite des efforts déployés par les gouvernements pour générer des recettes fiscales et non fiscales, en excluant celles provenant du secteur extractif, mais en incluant les recettes des entreprises publiques[47]. Bien que l'amélioration des systèmes de recettes nécessite des investissements importants dans les capacités techniques, le succès de ces mesures dépend principalement de l'engagement des acteurs gouvernementaux clés et des élites politiques à concevoir et à soutenir la mise

---

47 L'analyse exclut les mesures de mobilisation des recettes provenant du secteur extractif ainsi que les taxes et droits de douane. Bien qu'il s'agisse de sources de revenus importantes, elles sont confrontées à des défis distincts et complexes qui nécessitent une analyse politique et institutionnelle détaillée.

en œuvre de systèmes fiscaux durables, progressifs et équitables, à promulguer des politiques fiscales efficaces et à renforcer les administrations fiscales.

L'analyse se concentre en particulier sur les efforts récents entrepris par le Cameroun, le Ghana et le Sénégal pour mobiliser des recettes fiscales et non fiscales en examinant le rôle du gouvernement dans les domaines suivants : 1) la conception des infrastructures fiscales, les régimes d'incitation fiscale et leur impact sur la mobilisation des recettes et les efforts pour exploiter le potentiel de recettes des impôts fonciers et des particuliers fortunés ; 2) la conception et la mise en œuvre de politiques et de stratégies nationales visant à élargir l'assiette fiscale et à améliorer la performance des recettes ; 3) les initiatives conçues pour instiller une gouvernance optimale dans les entreprises d'État, afin de leur insuffler le potentiel de contribuer de manière substantielle à la génération de recettes intérieures.

L'analyse montre que les décideurs politiques et les élites gouvernementales reconnaissent l'importance de stimuler la mobilisation des recettes intérieures, comme en témoignent les réformes progressives dans les domaines clés de la fiscalité – comme c'est le cas au Cameroun – ou les réformes globales qui s'inscrivent dans les grandes priorités nationales visant à relancer le développement économique et social – comme l'illustrent le Ghana et le Sénégal. Parallèlement, l'analyse montre que les efforts restent sous-optimaux en ce qui concerne les incitations fiscales trop généreuses, les stratégies visant à exploiter les recettes de l'impôt foncier et l'imposition des personnes fortunées. En outre, malgré la reconnaissance du fait que les entreprises publiques drainent les ressources publiques, les réformes et les stratégies visant à améliorer la gouvernance de ces entreprises ont été mitigées. Le chapitre souligne que si des progrès ont été réalisés, ils ne sont pas uniformes dans les pays étudiés, ce qui nécessite davantage de stratégies pour stimuler des systèmes de mobilisation des recettes intérieures efficients et équitables.

Les sections suivantes de ce chapitre sont structurées comme suit : la section 2 fournit une exploration conceptuelle concise du rôle des élites gouvernementales et politiques clés dans les réformes de mobilisation des recettes intérieures et une vue d'ensemble des performances en matière de mobilisation des recettes intérieures au Cameroun, au Ghana et au Sénégal. Cette section souligne la tendance dominante selon laquelle les gouvernements s'appuient davantage sur les recettes fiscales indirectes, avec des contributions modérées des impôts directs. En outre, la section met en évidence la contribution de la TVA aux recettes fiscales indirectes, décrit les pertes de recettes dues aux exonérations fiscales et souligne le potentiel de l'imposition des biens immobiliers et des personnes fortunées. La section 3 met en lumière les récents programmes de réforme et les efforts mis en œuvre dans les trois pays pour renforcer les systèmes de mobilisation des recettes et identifie les domaines dans lesquels des améliorations sont encore nécessaires. La section 4 analyse la contribution des entreprises publiques des trois pays à la mobilisation des recettes intérieures et les mesures prises par les gouvernements pour rendre ces entreprises plus lucratives. La dernière section présente la conclusion et les principaux enseignements tirés des trois pays, notamment les défis à relever pour équilibrer la génération de recettes et le soutien aux populations vulnérables, ainsi que la nécessité d'assurer une gouvernance et une prestation de services publics efficaces pour favoriser la confiance et le respect des règles.

3.2. La politique de mobilisation des recettes intérieures

La mobilisation des recettes intérieures en Afrique subsaharienne a longtemps été considérée comme le domaine des experts techniques, avec des stratégies fondées sur une approche technocratique et nécessitant des investissements et des ressources considérables pour renforcer les capacités techniques des administrations fiscales (Prichard, 2019). Cette approche était fondée sur la conviction que le principal obstacle à l'amélioration des performances était la mauvaise conception de ces systèmes et la faiblesse des capacités – et qu'une « meilleure » politique et le développement des capacités (c'est-à-dire les ressources humaines, les technologies ou les capacités techniques) pouvaient renforcer les systèmes fiscaux et accroître la mobilisation des recettes intérieures. Cependant, les solutions techniques ont donné des résultats modestes et non durables, comme en témoignent la lenteur des progrès en matière de mobilisation des recettes intérieures dans plusieurs pays d'Afrique subsaharienne, l'omniprésence de l'informalité dans la fiscalité, la faiblesse des administrations fiscales et la prolifération des exonérations fiscales (Moore, Prichard et Fjeldstad 2018b ; Prichard, 2019). On s'accorde de plus en plus à dire que les principaux moteurs d'une mobilisation efficace et renforcée des recettes intérieures relèvent du domaine politique, soulignant le rôle central et l'engagement du gouvernement et des élites politiques dans le lancement des réformes et le soutien aux efforts visant à stimuler la mobilisation des recettes (Prichard, 2019 ; Di John, 2006 ; Nyirakamana, 2021 ; Segura-Ubiergo et coll., 2018). Un engagement solide de la part du gouvernement est indéniablement essentiel, surtout si l'on considère que la mobilisation des recettes intérieures nécessite la collecte de recettes provenant souvent de segments de la société ayant une influence politique importante (Prichard, 2019 ; Nyirakamana, 2021 ; Cheeseman et Burbidge, 2016 ; Slemrod, 1990). En effet, les récents succès des réformes en matière de mobilisation des recettes montrent qu'ils ont été le résultat de processus politiques et qu'ils sont susceptibles de rencontrer la résistance d'intérêts bien établis (Segura-Ubiergo et coll., 2018).

Le rôle du gouvernement se manifeste sous de multiples facettes. Il englobe, sans toutefois s'y limiter, la formulation de politiques adéquates et la conception d'un système fiscal qui favorise l'efficience, la progressivité et l'équité. Il s'agit également d'équilibrer soigneusement les incitations fiscales dans certains secteurs et d'intensifier la fiscalité dans d'autres. La mise en œuvre de stratégies de réforme judicieuses visant à mettre en place des systèmes efficients d'administration des recettes caractérise également le rôle des élites gouvernementales dans la mobilisation des recettes intérieures. Au-delà de leur participation à la conception des politiques, les élites gouvernementales exercent une influence déterminante sur le renforcement des capacités de l'administration des recettes et la mise en œuvre de mesures de lutte contre l'évasion fiscale et la corruption, tout en soutenant la dynamique et la durabilité des réformes (Prichard, 2019 ; Moore, Prichard et Fjeldstad 2018b ; Segura-Ubiergo et coll., 2018). Les réformes risquent d'être vaines si elles ne bénéficient pas d'un soutien politique sans faille. À l'inverse, avec un soutien politique important, les administrations fiscales peuvent réaliser des avancées notables (Moore, Prichard et Fjeldstad, 2018b).

Il ne fait aucun doute que dans plusieurs pays d'Afrique subsaharienne, la conception des systèmes fiscaux a été un processus complexe résultant de l'héritage de la colonisation, des processus historiques qui ont suivi l'indépendance et des réformes qui ont été le produit de la pression exercée par les institutions financières internationales. Cependant, l'évolution de ces systèmes au fil du temps a été le résultat de luttes entre les élites gouvernementales et la capacité d'apporter des innovations ou de soutenir les efforts pour une meilleure administration qui cadre avec les priorités nationales de développement économique et social. Dans le même ordre d'idées, l'évolution des systèmes de mobilisation des recettes au Cameroun, au Ghana et au Sénégal a effectivement été façonnée par les pressions internationales. Cependant, les décisions politiques les ont fortement influencés. Les sections suivantes se penchent sur les principaux efforts gouvernementaux visant à concevoir des systèmes fiscaux et à soutenir les activités de mobilisation des recettes. Toutefois, avant d'analyser les réformes récentes mises en œuvre dans les trois pays, les sections suivantes présentent une vue d'ensemble des performances en matière de mobilisation des recettes fiscales et non fiscales. Cette évaluation est comparée à la moyenne régionale plus large pour des considérations contextuelles.

3.2.1. Performance des recettes au Sénégal, au Cameroun et au Ghana

Au cours de la dernière décennie, plusieurs pays d'Afrique subsaharienne se sont lancés dans la recherche d'une plus grande stabilité budgétaire par l'augmentation des recettes fiscales et non fiscales, mesurées en pourcentage du

PIB. Cette démarche s'inscrit dans leurs stratégies de recettes à moyen terme et cadre avec leurs engagements internationaux[48]. Cette section donne un aperçu de ces performances sur la base des données disponibles les plus récentes de 2020. De même, ces données doivent être interprétées avec prudence, car les performances ont été considérablement affectées par la crise de la COVID-19. Tandis que le ratio impôts/PIB aux Seychelles et en Afrique du Sud, les pays les plus performants en Afrique, dépassait 25 % en 2020 (OCDE, CUA et ATAF, 2022), l'évolution de la mobilisation des recettes fiscales au Sénégal, au Cameroun et au Ghana pose des problèmes pour atteindre des niveaux similaires, comme l'expliquent les paragraphes ci-dessous.

- **Sénégal** : la mobilisation des recettes fiscales au Sénégal a dépassé la moyenne régionale avec un ratio impôts/PIB de 18,1 % en 2020 (OCDE, CUA et ATAF, 2022). Cependant, la part des recettes non fiscales dans le PIB s'élève à 3,4 %, ce qui est inférieur à la moyenne régionale de 6,8 % (OCDE, ATAF et CUA, 2022b). En 2020, la mobilisation des recettes fiscales et non fiscales s'élève à 2 518,9 milliards de francs CFA (environ 6 millions de dollars) contre 2 546,4 milliards de francs CFA (environ 5,8 millions de dollars) en 2019, soit une baisse marginale de 1 % (République du Sénégal, 2021). Cette performance peut être attribuée à l'augmentation de la TVA, de l'impôt sur le revenu, des bénéfices, des gains en capital et d'autres flux de recettes fiscales. En particulier, la contribution de la TVA (32 % de toutes les recettes fiscales) est supérieure à la moyenne régionale de 28 % de la contribution aux recettes fiscales totales (OCDE, CUA et ATAF, 2022).

- **Cameroun** : en revanche, la performance en matière de mobilisation des recettes fiscales au Cameroun s'est établie en moyenne à un ratio impôts/PIB de 12,8 % en 2020, un niveau inférieur à celui du Sénégal et à la moyenne régionale. On observe une baisse de 1,1 % par rapport à 2019 (OCDE, CUA et ATAF, 2022). Les recettes non fiscales représentaient environ 2,3 % du PIB, soit un peu moins que le Sénégal et moins que la moyenne africaine (OCDE, CUA et ATAF, 2022). À l'instar du Sénégal, la TVA est la principale source de recettes, représentant 31 % des recettes fiscales, suivie par les taxes sur les biens et services autres que la TVA, qui représentent 27 %, et les autres taxes (y compris les impôts sur le revenu), qui représentent une part de 18 % (OCDE, ATAF et CUA, 2022b). Les recettes fiscales représentent 61,7 % des ressources propres de l'État et contribuent à hauteur de 39,2 % au budget de l'État en 2020 (République du Cameroun, 2020). Ces recettes sont passées de 2 932 milliards de francs CFA en 2019 (environ 4,98 millions de

---

48 Ces informations sont mentionnées dans les différents rapports financiers des trois pays, y compris la Stratégie de mobilisation des recettes à moyen terme dans le cas du Sénégal et le Plan de développement à moyen terme pour le Ghana.

dollars) à 2 749,3 milliards de francs CFA (environ 4,94 millions de dollars)[49] en 2020[50]. Cette légère baisse pourrait également s'expliquer par l'effet de la crise liée à la pandémie de COVID-19 sur l'économie[51].

- **Ghana** : la performance en matière de mobilisation des recettes fiscales s'est améliorée de 1,5 % par rapport à 2019 pour atteindre 13,4 % du PIB en 2020 (OCDE, CUA et ATAF, 2022a). Si cette progression dépasse la performance du Cameroun, elle est inférieure à celle du Sénégal. Comme pour le Sénégal et le Cameroun, cette performance est inférieure à la moyenne africaine de 16 %. En outre, les recettes fiscales perçues par le Ghana sont relativement faibles si l'on considère les pays du monde entier ayant un niveau de revenu équivalent. Notamment, les taxes sur les biens et les services représentent 26 %, tandis que la TVA constitue 25 % des recettes totales. Les recettes non fiscales représentent 2,8 % du PIB, ce qui est également inférieur à la moyenne africaine. En 2019, la mobilisation des recettes fiscales a atteint 40 595 millions de GHC (environ 7,8 millions de dollars), contre un objectif de 44 986 millions de GHC, ce qui représente un résultat d'environ 90 % par rapport aux objectifs de recettes (République du Ghana, 2021). En 2020, la performance était de 42 405 millions de GHC (environ 7,36 millions de dollars), ce qui représente une légère augmentation de 5 pour cent par rapport à 2019[52].

Cette analyse comparative souligne que l'amélioration de la performance des recettes intérieures poursuivie au Sénégal, au Cameroun et au Ghana a connu des trajectoires différentes. Elle montre également que la mobilisation des recettes fiscales est comparativement plus forte au Sénégal qu'au Ghana et au Cameroun. La Figure 22 montre que les recettes du Sénégal ont augmenté à partir de 2017, mais qu'elles ont légèrement diminué en 2020. De même, la part des recettes collectées en pourcentage du PIB a augmenté, notamment entre 2016 et 2018 au Cameroun et au Ghana. Dans le même temps, les modèles de performance de la mobilisation fiscale au fil du temps sont similaires au Ghana et au Cameroun, avec une augmentation marginale de la performance entre 2017 et 2018, suivie d'une diminution entre 2019 et 2020.

Cet écart peut être attribué à toute une série de facteurs, notamment les fluctuations économiques, les perturbations du commerce international et de l'investissement, la baisse des prix des produits de base et la pandémie de COVID-19 (Segura-Ubiergo et coll., 2018). Les perturbations dues à la pandémie

---

49 Conversion effectuée à l'aide de ce site Web pour les taux de 2019 et 2020 :
50 République du Cameroun, p. 7 du *Rapport d'exécution du budget de l'État pour l'Exercice 2020*.
51 En 2022, les recettes fiscales ont dépassé les 2 000 milliards de FCFA pour la première fois au Cameroun (Mbodiam, 2022).
52 La conversion se fait à l'aide de ce site Web pour les taux de 2019 et 2020 : https://www.xe.com/currencycharts/?from=GHS&to=USD&view=10Y

et aux crises qui ont suivi ont été ressenties dans les impôts sur les biens et les services, qui ont diminué davantage que les impôts sur le revenu ou d'autres impôts, telles que les cotisations de sécurité sociale et les impôts fonciers (OCDE, CUA et ATAF, 2022). Pendant la pandémie, la baisse la plus significative des recettes fiscales en pourcentage du PIB a été celle de la TVA, qui a diminué de 0,3 % en moyenne (OCDE, ATAF et CUA, 2022b). Ainsi, au moment où ces pays élaborent leurs stratégies en matière de recettes et s'efforcent d'atteindre les normes internationales, leur parcours est marqué par des défis distincts.

Figure 22 : Évolution de la mobilisation des recettes au Sénégal, au Cameroun et au Ghana en 2015–2020, en pourcentage du PIB

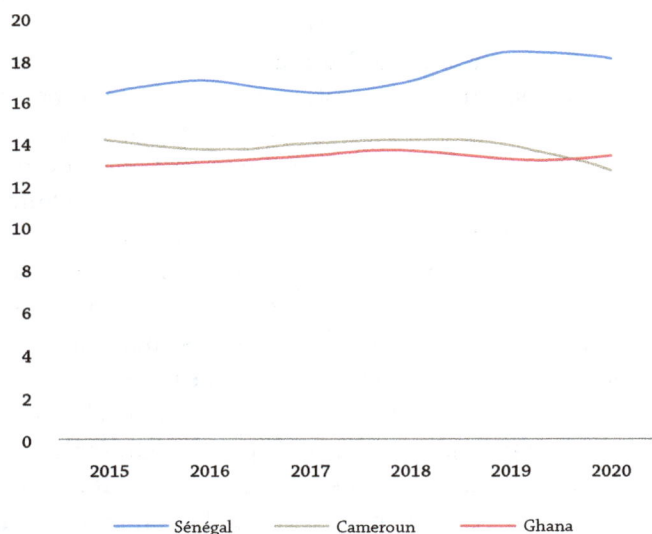

Source : Statistiques des revenus en Afrique (OCDE et ATAF, 2022)

3.2.2. La structure fiscale au Sénégal, au Cameroun et au Ghana

Tandis que les pays d'Afrique subsaharienne s'efforcent de se doter d'une forte capacité fiscale, la mobilisation des recettes fiscales et non fiscales apparaît comme un moyen essentiel d'atteindre cet objectif. Un système de recettes efficace et efficient exige non seulement la simplicité, l'efficience et l'équité, mais s'aligne également sur les principes d'équité dans la distribution des richesses et des revenus et de progressivité. Dans ce contexte, la structure fiscale revêt une importance essentielle, car elle détermine les méthodes de collecte des recettes. Cette section examine les systèmes fiscaux du Sénégal, du Cameroun et du Ghana, en évaluant dans quelle mesure les recettes sont collectées de manière plus progressive ou régressive.

Le concept de progressivité d'un système fiscal repose sur le principe fondamental selon lequel les personnes ayant des revenus plus élevés devraient supporter une charge fiscale proportionnellement plus importante que celles ayant des revenus plus faibles (Suits, 1977). Si l'évaluation du degré de progressivité nécessite une évaluation approfondie de l'ensemble des impôts dans chaque pays, ce chapitre adopte une approche étroite, en se concentrant sur une analyse simplifiée qui consiste à comparer les contributions relatives des impôts directs et indirects aux recettes intérieures totales.

Le consensus parmi les experts fiscaux souligne que l'accent mis sur la fiscalité indirecte peut potentiellement faire pencher un système fiscal vers la régressivité (OCDE, 2018). Cette hypothèse découle du fait que les impôts indirects sont généralement prélevés à un taux de pourcentage fixe sur les prix des biens et des services. Par conséquent, cette structure fait peser une charge fiscale disproportionnée sur les personnes à faible revenu (Moore, 2015 ; Decoster et coll., 2010). Et comme les personnes à faible revenu consacrent généralement une part plus importante de leur revenu aux produits de première nécessité, comme la nourriture et le logement, elles consacrent une part plus importante de leur revenu aux impôts indirects que les personnes à revenu élevé (Moore, Prichard et Fjeldstad, 2018a ; Timore, 2021). En revanche, le recours à la fiscalité directe, comme l'impôt sur le revenu, est porteur de progressivité. Ces impôts peuvent être intentionnellement conçus pour suivre une trajectoire progressive, dans laquelle les individus aux revenus plus élevés contribuent à l'impôt dans une plus grande proportion. Cela permet non seulement d'atténuer les inégalités de revenus, mais aussi de répartir plus équitablement la charge fiscale entre les différentes catégories de revenus. La combinaison de la fiscalité directe et indirecte reflète l'équilibre minutieux que les gouvernements tentent de trouver dans la recherche d'un système fiscal juste et efficace.

Les systèmes d'impôt sur le revenu du Sénégal, du Cameroun et du Ghana illustrent la progressivité, car l'impôt augmente en fonction du niveau de revenu. Au Sénégal, le système d'impôt sur le revenu est divisé en six tranches d'imposition, la tranche la plus élevée étant imposée à un taux de 40 %. Au Cameroun et au Ghana, l'impôt sur le revenu des personnes physiques est réparti sur quatre tranches d'imposition allant de 0 à 35 %. Parmi les trois pays, l'impôt sur les sociétés (IS) est le plus élevé au Cameroun, atteignant 33 %. L'impôt sur les sociétés du Sénégal est calculé à 30 %, tandis que le Ghana n'impose que 25 %, ce qui est inférieur aux deux autres pays (Trading Economics, s.d.) .

Bien que l'évaluation de l'équité de l'impôt sur les sociétés nécessite également de comprendre l'incidence de ces impôts, on peut supposer que ces différents taux dans les trois pays soulignent certaines mesures de progressivité et d'équité sur la base de principes fondamentaux, les différents taux visant à assurer une équité à la fois horizontale et verticale. En ce qui concerne l'équité horizontale, si des sociétés similaires dans chaque pays sont imposées à ces taux, cela suggère une tentative de créer des conditions de concurrence équitables dans chaque contexte national. En outre, des taux d'IS plus élevés peuvent être considérés comme un moyen d'imposer les entités les plus rentables à un taux plus élevé, en supposant que les bénéfices sont corrélés à la capacité de payer.

Néanmoins, les impôts indirects représentent un pourcentage plus élevé des recettes fiscales que les impôts directs dans les trois pays, ce qui accroît le degré de régressivité des systèmes fiscaux[53]. Au Ghana, par exemple, 57 % des recettes fiscales provenaient des impôts indirects au cours des dix dernières années[54]. Cette situation contraste avec des pays comme l'Afrique du Sud, qui bénéficient d'un système plus progressif en raison de leur dépendance à l'égard des revenus, des bénéfices et des gains en capital pour générer plus de 60 % de leurs recettes fiscales[55].

Figure 23 : Répartition des recettes fiscales au Sénégal, au Cameroun et au Ghana en 2020

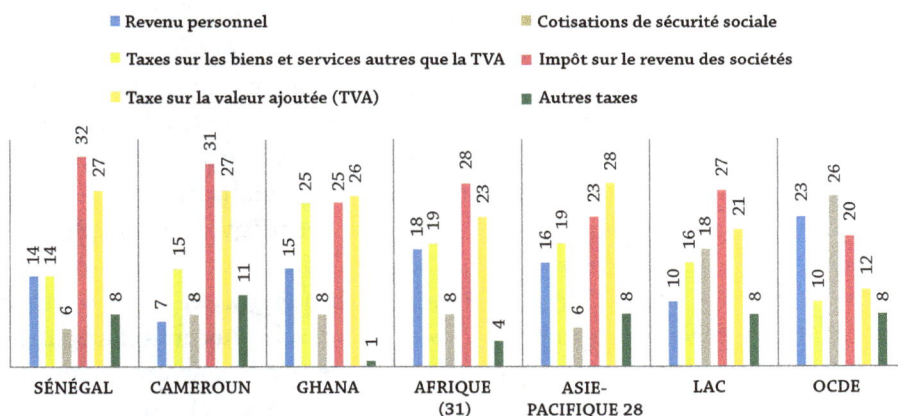

Source : OCDE, CCA, ATAF (2022)

L'élément central de la domination des impôts indirects est la TVA, qui a fourni la contribution la plus élevée en 2020. Au Sénégal et au Cameroun, la TVA a

---

53 Moore, Prichard et Fjeldstad b (2018) *Taxing Africa: Coercion, Reform and Development*. Outre la TVA, les impôts indirects les plus importants au Ghana sont 1) la taxe sur les services de communication (5 %), 2) la taxe GETFUND (2,5 %), 3) la taxe sur l'assurance maladie nationale (2,5 %), 4) les droits d'accise (47,5 %) sur la bière, 5) la taxe COVID-19 (1 %) et 6) les droits d'importation (différents taux).

54 Awal (2021) ; Andoh et Nkrumah. (2022)

55 OCDE, CUA et ATAF. (2022)

contribué de manière significative à l'ensemble des recettes fiscales, avec des parts respectives de 32 % et 31 %. Au Ghana, cependant, les recettes de la TVA représentaient 25 % de l'ensemble des recettes fiscales, juste après les taxes sur les biens et services autres que la TVA. Pour éclairer cette tendance, la Figure 23 donne un aperçu de la répartition des recettes fiscales dans les trois pays en 2020.

3.2.2.1 *L'importance de la taxe sur la valeur ajoutée*

L'introduction de la TVA est l'une des principales réformes fiscales mises en œuvre par de nombreux pays d'Afrique subsaharienne. Cette réforme a été encouragée, en partie, par la recommandation du FMI de remplacer les taxes sur les ventes et le chiffre d'affaires par le cadre de la TVA (Moore, Prichard et Fjeldstad, 2018b). L'idée directrice était que les recettes supplémentaires provenant de la TVA constitueraient un substitut viable à la baisse des recettes résultant de la réduction des taxes sur le commerce. Au-delà des considérations de recettes, la mise en place de la TVA s'est accompagnée d'un plan visant à réduire le phénomène de l'« imposition en cascade » – un scénario dans lequel les taxes sont prélevées sur les paiements de taxes antérieurs au sein de la chaîne d'approvisionnement (Segura-Ubiergo et coll., 2018). Cependant, malgré le succès initial de la TVA, qui a favorisé un changement transitoire des paradigmes fiscaux, les experts s'accordent à dire que certaines lacunes persistent. Il s'agit notamment d'une assiette fiscale réduite, de l'existence de taux d'imposition multiples et d'un taux normal élevé. Cela souligne le fait que les systèmes de TVA, bien qu'efficaces à certains égards, sont confrontés au défi de parvenir à une plus grande mobilisation des recettes.

Le Sénégal et le Cameroun ont introduit la TVA respectivement en 1980 et en 1999. Le taux au Cameroun est de 19,5 %, et au Sénégal de 18 % – tous deux considérés comme parmi les plus élevés d'Afrique (MINFI, 2020). Il est intéressant de noter que le régime de TVA au Ghana a subi plusieurs changements dans le cadre des mesures discrétionnaires prises par le gouvernement pour, entre autres, stimuler la mobilisation des recettes. Le pays a adopté cette taxe en 1995, mais l'a abrogée principalement en raison de son taux élevé (17,5 %), de la pression exercée par les entreprises pour obtenir des exonérations et des problèmes liés à la mauvaise tenue des registres des entreprises. La taxe a ensuite été réintroduite en 1998 à un taux de 12,5 % (Assibey-Mensah, 1999). En 2022, elle a de nouveau été augmentée à 15 % dans le cadre des mesures prises par le pays pour augmenter ses recettes dans le contexte de la crise économique qu'il traverse (GRA, s.d.)[56].

---

56 Le gouvernement prévoit d'utiliser ces recettes supplémentaires pour les infrastructures routières et la numérisation.

Malgré son importance et plusieurs réformes discrétionnaires dans le but de générer le plus de recettes possibles au Ghana, les tendances montrent que la contribution de la TVA aux recettes fiscales totales est toujours restée inférieure à 30 % au cours des quinze dernières années (Andoh, 2017). Ainsi, selon Andoh (2017), « la TVA tant célébrée peut soit atteindre la limite de sa capacité imposable, soit l'effort de collecte pour convertir la capacité disponible en recettes réelles est faible » (Andoh, 2017, p.258). Si la TVA a incontestablement contribué à remodeler les systèmes fiscaux, elle rappelle en même temps les défis inhérents à l'adoption de nouveaux régimes fiscaux qui peuvent être modérément adaptés aux contextes dans lesquels ils sont mis en œuvre. De même, la tendance croissante à une fiscalité plus régressive en Afrique, au Sénégal, au Cameroun et au Ghana, est mise en évidence par l'histoire des réformes de la TVA, qui découle principalement, entre autres facteurs, des pressions internationales en faveur d'une réforme des systèmes fiscaux. En outre, malgré le potentiel limité de recettes provenant d'impôts régressifs, y compris la TVA, la plupart des régimes fiscaux tendent à être régressifs. Comment cette tendance peut-elle s'expliquer ?

Bien qu'une réponse exhaustive soit le fruit d'entretiens et de discussions approfondies avec les dirigeants politiques et les décideurs, une notion prédominante souligne la prédominance des impôts indirects. Ces impôts sont perçus comme des moyens conventionnels et pratiques de générer des recettes, en particulier dans les périodes où les gouvernements ont un besoin urgent de recettes supplémentaires (FMI, 2011). En outre, leur mise en œuvre relativement facile s'accompagne d'une résistance réduite de la part des contribuables, ce qui en fait un choix apparemment pragmatique pour les gouvernements. Par conséquent, le recours excessif à ces taxes devient principalement une question de stratégie politique. La tendance croissante à une fiscalité de plus en plus régressive en Afrique, en particulier au Sénégal, au Cameroun et au Ghana, peut être observée à travers le prisme des réformes historiques de la TVA et de l'adoption d'impôts régressifs ou de l'augmentation des taux d'imposition existants.

Néanmoins, les chercheurs, les décideurs politiques et les experts s'accordent de plus en plus à dire qu'il faut essayer de se tourner vers d'autres sources de recettes. La révision des régimes d'exonération fiscale, en raison de leurs effets pervers sur la génération de recettes, afin de générer davantage de recettes provenant des impôts directs, y compris les impôts fonciers et l'extension de l'impôt sur le revenu des personnes physiques aux particuliers fortunés, apparaît comme une approche potentielle de la mobilisation des recettes intérieures (Segura-Ubiergo et coll., 2018 ; Moore, Prichard et Fjeldstad, 2018a ; Baafi, 2022 ; Jacquemot et Raffinot, 2018). Ce changement de stratégie pourrait générer des recettes substantielles de manière progressive, équitable et juste. Dans ce contexte, la section suivante examine les impacts des systèmes d'exonération fiscale tout en étudiant les gains potentiels de recettes provenant des taxes foncières et des personnes fortunées.

3.2.2.2. *Les effets pervers des exonérations fiscales sur la mobilisation des recettes intérieures*

L'une des principales caractéristiques des différents systèmes fiscaux est l'incorporation de régimes d'exonération fiscale englobant « des mesures destinées aux investisseurs qui offrent un traitement fiscal plus favorable à certaines activités ou certains secteurs par rapport à ce qui est disponible pour l'industrie en général » (Moore, Prichard et Fjeldstad, 2018 a, p. 134) . Il s'agit notamment des exonérations fiscales, des zones économiques spéciales, des crédits d'investissement, etc. Fondamentalement, ces exonérations peuvent servir d'incitations essentielles pour stimuler l'investissement dans des secteurs spécifiques. Cependant, ces exonérations peuvent servir d'incitations essentielles pour stimuler l'investissement dans des secteurs spécifiques. Toutefois, ces exonérations, comme le suggèrent de nombreux experts, peuvent entraîner une diminution des recettes (Zeng, 2015 ; Moore, 2015 ; Jacquemot et Raffinot, 2018) . En outre, il est largement reconnu que les exonérations sont multiples et généralement accordées dans des conditions peu transparentes, ce qui contribue à éroder la crédibilité du système fiscal (Moore, Prichard et Fjeldstad, 2018b ; Jacquemot et Raffinot, 2018 ; Cheeseman et Burbidge, 2016). Les exonérations sont souvent attribuées de manière disproportionnée pour des raisons politiques, notamment pour récompenser les alliés politiques afin d'obtenir leur soutien, de financer les campagnes électorales et d'atteindre des objectifs politiques similaires. Les hommes politiques peuvent également trouver intéressant d'introduire de nouvelles incitations fiscales pour montrer leur attitude proactive face à la faiblesse des performances économiques ou pour favoriser certaines régions. Une fois établies, ces exonérations sont souvent difficiles à éliminer, car elles créent des intérêts acquis parmi les entreprises et au sein du gouvernement, même lorsqu'elles sont inefficaces (Moe, 2005).

Bien qu'il soit difficile d'évaluer avec précision le coût des exonérations dans les pays d'Afrique subsaharienne en raison du manque de données publiques, plusieurs gouvernements ont récemment commencé à publier des rapports sur les dépenses fiscales qui répertorient les montants des exonérations accordées et leur impact sur la mobilisation des recettes intérieures. Ces rapports répondent à leurs obligations régionales et internationales et constituent des outils efficaces pour promouvoir les pratiques de bonne gouvernance[57]. Les données disponibles pour le Sénégal, le Cameroun et le Ghana donnent une idée raisonnable du montant des recettes perdues en raison des exonérations fiscales. Les rapports existants évaluent ces dépenses fiscales en utilisant une méthode simplifiée recommandée par l'Union économique et monétaire ouest-africaine (UEMOA). Cette méthode consiste à estimer le manque à gagner qui aurait été évité si les exonérations fiscales ou les réductions de taux n'avaient pas été mises en œuvre.

- Le **Sénégal** estime les dépenses fiscales en deux catégories : le *régime de droit commun* et les régimes d'exonération pour les exonérations fiscales accordées aux entreprises et dans le cadre d'accords internationaux spéciaux. Le rapport sur les dépenses fiscales souligne qu'en 2020, le pays a perdu 846 milliards de francs CFA (environ 1,5 milliard de dollars) à cause des exonérations, principalement en raison d'une augmentation des dépenses fiscales liées aux régimes d'exonération qui ont atteint 128 milliards de francs CFA en 2020 (ministère des Finances et du Budget, 2020). Ce montant représente une augmentation de 30 % en cinq ans. Le rapport souligne que les ménages ont été les principaux bénéficiaires de ces exonérations fiscales, représentant 45,8 % des avantages, suivis par les entreprises avec 24,27 %. Bien que le rapport n'identifie pas explicitement les entreprises spécifiques qui bénéficient le plus de ces exonérations, un communiqué antérieur du ministre de l'Industrie et des Mines a révélé que le pays a subi une perte de 400 milliards de francs CFA de recettes du secteur minier au début des années 2000 en raison des exonérations fiscales et douanières. Le manque à gagner au cours de ces années met en lumière l'impact négatif prolongé de ces exonérations sur la mobilisation des recettes intérieures.

- Comme au Sénégal, les exonérations au **Cameroun** sont divisées en deux catégories – *régime de droit commun* et les régimes d'exonération, qui restent tous deux une préoccupation budgétaire importante. Le rapport sur les dépenses fiscales de 2019 souligne un contraste par rapport au Sénégal, avec une divergence notable dans la répartition des principaux bénéficiaires de ces exonérations. Si les ménages sont les principaux bénéficiaires au Sénégal, les entreprises bénéficient d'une part substantielle de 73,9 % des exonérations au Cameroun, tandis que 26,1 % sont alloués aux ménages. Le rapport souligne qu'en 2019, c'est le secteur agroalimentaire qui a le plus bénéficié de ces exonérations, suivi de près par le secteur minier, représentant

---

57 La publication de ces rapports marque une étape importante vers une estimation plus précise des coûts d'exonération. Cependant, le processus d'évaluation de ces dépenses fiscales varie considérablement d'un pays à l'autre, ce qui pose un problème pour parvenir à une évaluation précise. La difficulté réside dans les différentes méthodologies adoptées et dans les complexités inhérentes à l'obtention de données complètes à l'intérieur d'un même pays, d'un pays à l'autre et d'un secteur à l'autre.

respectivement 18,2 % et 17,9 % des dépenses fiscales (ministère des Finances, 2019)[58]. Dans une évaluation parallèle menée en 2015, une analyse complète a révélé une baisse substantielle de 850 milliards de francs CFA des recettes du Cameroun, directement attribuée aux exonérations fiscales dans les secteurs extractif et pétrolier (Publish What you Pay, 2018). En 2020, ces exonérations ont été estimées à 452,272 milliards de francs CFA (» 768 millions de dollars américains) (Cameroun Actuel, 2023) . Ce montant représente une diminution par rapport aux coûts des exonérations en 2019 qui ont atteint 584,7 milliards de francs CFA (environ 993 millions de dollars). L'explication potentielle de cette réduction peut être attribuée à une directive présidentielle émise et visant à réduire les dépenses fiscales à environ 445 milliards de francs CFA en 2020. Bien que cet objectif n'ait pas été entièrement atteint, une diminution de 22 % de ces dépenses a été réalisée au cours de cette année.

- À l'instar des scénarios rencontrés par le Sénégal et le Cameroun, le **Ghana** a été confronté à des défis notables en matière de recettes, puisque le pays a vu ses dépenses fiscales atteindre environ 514 millions GHS en 2020 (environ 87 millions de dollars). Une analyse rapide de la tendance au Ghana montre que ce montant est inférieur au coût des exonérations en 2021 qui était de 4,85 milliards GHS (environ 921 millions de dollars) en 2019, ou une augmentation notable de 7,43 milliards GHS (environ 1,3 milliard de dollars) en 2021 (GTED, 2021). En outre, en 2022, le ministre ghanéen des finances a révélé une perte d'environ 27 milliards de GHS (environ 4 milliards de dollars) due aux exonérations fiscales accordées à certaines entreprises entre 2008 et 2020 (Agyeman, 2022). Une part considérable de ces dépenses a été engagée dans le cadre du programme des zones franches du Ghana (Ghana Free Zones Scheme), lancé en 1995 dans le but premier de favoriser les activités de transformation et de fabrication par la création de zones franches d'exportation (EPZ). Ce régime a ouvert l'ensemble du territoire national aux investisseurs potentiels, qui ont ainsi la possibilité d'utiliser les zones franches comme plate-forme pour produire des biens et des services destinés à l'exportation. Le régime offre des avantages, accompagnés d'une liste d'exonérations fiscales, aux entreprises participantes.

---

58 Il n'est pas possible de savoir qui a bénéficié le plus de ces exonérations en 2020.

Tableau 4 : Résumé des exonérations fiscales, des secteurs clés et des pertes de recettes

Pays	Année	Exonérations fiscales (monnaie)	Exonérations fiscales (US$)	Principaux bénéficiaires	Principaux secteurs bénéficiaires	Pertes de recettes notables (monnaie)	Pertes de recettes notables (US$)
Sénégal	2020	846 milliards de francs CFA	~1,5 milliard de dollars	Ménages (45,8 %), Entreprises (24,27 %)	Non spécifié	400 milliards de francs CFA (début des années 2000)	–
Cameroun	2019	584,7 milliards de francs CFA	~993 millions de dollars	Entreprises (73,9 %), Ménages (26,1 %)	Agroalimentaire (18,2 %), Mines (17,9 %)	850 milliards de francs CFA (2015)	–
Cameroun	2020	452,272 milliards de francs CFA	~768 millions de dollars	–	–	–	–
Ghana	2020	514 millions de GHS	~87 millions de dollars	–	–	27 milliards GHS (2008–2020)	~4 milliards de dollars
Ghana	2021	4,85 milliards de GHS	~921 millions de dollars	–	–	–	–
Ghana	2021	7,43 milliards de GHS	~1,3 milliard de dollars	–	–	–	–

Sources : Sénégal : Rapport d'évaluation des dépenses fiscales, Sénégal (ministère des Finances et du Budget, 2020). Cameroun : Rapports du ministère des Finances et autres rapports d'autres sources (ministère des Finances, 2019 ; Publish What you Pay, 2018 ; Cameroun Actuel, 2023). Ghana : Global Tax Expenditure Data – Ghana, et article de presse (GTED, 2021 ; Agyeman, 2022)
Notes : Les chiffres pour le Sénégal et le Cameroun incluent à la fois les régimes ordinaires et dérogatoires d'exonérations fiscales. Pour le Ghana, les chiffres pour 2021 reflètent différents points de données de la même année. Les données sur les pertes de recettes notables au Ghana couvrent une période plus longue (2008–2020) et ne sont pas directement comparables aux chiffres annuels pour d'autres pays.

L'examen des exonérations dans les trois pays et, plus largement, dans toute l'Afrique, fait apparaître un fil conducteur. Tout d'abord, les gouvernements de l'Afrique subsaharienne ont étendu les exonérations et les incitations fiscales dans le but de stimuler la croissance économique, d'attirer les investissements étrangers et de soutenir des industries spécifiques. Néanmoins, trouver le juste équilibre entre l'octroi d'incitations fiscales et la garantie de recettes substantielles reste un défi complexe. Les rapports font état d'une préoccupation dominante selon laquelle ces exonérations ont atteint des niveaux excessifs, perpétuant des déficits de recettes qui, en fin de compte, éclipsent les avantages retirés par les gouvernements. C'est notamment le cas du programme de zone franche du Ghana, dont les avantages, notamment en termes de création d'emplois, sont inférieurs au niveau d'exportation escompté ou même aux avantages en termes d'exonérations accordées aux entreprises (Nyarko Otoo, 2020)

Deuxièmement, la tendance à fournir des incitations fiscales et autres substantielles a déclenché une course déconcertante vers le bas parmi les pays qui cherchent à attirer l'investissement direct étranger (IDE). Pour illustrer cette tendance, une étude de Coulibaly et Camara (2021), portant sur le secteur minier, montre que les fluctuations des taux de l'impôt sur les sociétés n'ont pas d'impact statistiquement significatif sur les entrées d'IDE dans les secteurs de l'extraction de l'or et de l'argent dans les économies africaines. De même, une étude menée par Ali-Nakyea et Amoh (2018) au Ghana remet en question l'efficacité des incitations fiscales dans le secteur des ressources naturelles, suscitant le scepticisme quant au lien direct entre ces incitations et les flux d'IDE.

Les experts s'accordent aujourd'hui à dire que la capacité à attirer les investissements n'est pas invariablement corrélée à des gains tangibles. Au contraire, l'attrait du climat d'investissement, y compris des facteurs tels que la stabilité macroéconomique, la qualité des infrastructures et la bonne gouvernance, est souvent pris en compte dans le processus de sélection des investisseurs (Ali-Nakyea et Amoh, 2018 ; Nyarko Otoo, 2020 ; Tanzi et coll., 1981 ; Abille et Mumuni, 2023) the country's economy is characterised by high budget deficits, rising debt-to-gross domestic product (GDP. Ainsi, un consensus de plus en plus large se dégage sur le fait que, pour les pays qui continuent à offrir davantage d'incitations de ce type malgré leurs avantages limités, la force motrice de cette concurrence fiscale semble être principalement ancrée dans des motifs politiques plutôt que dans la rationalité économique (Nyarko Otoo 2020 ; Moore, Prichard et Fjeldstad, 2018a).

Remédier au manque à gagner des exonérations fiscales

Confrontés à un manque à gagner important, le Sénégal, le Cameroun et le Ghana ont pris une série de mesures pour remédier à la situation. Ces mesures comprennent des amendements à leurs codes fiscaux visant à améliorer la réglementation et la surveillance des systèmes d'exonération et d'autres dispositions fiscales. En outre, le Sénégal et le Cameroun publient des rapports sur les dépenses fiscales afin de promouvoir la bonne gouvernance dans ce domaine. Ces réformes sont conçues pour éliminer des exonérations spécifiques ou pour améliorer les processus de suivi et d'attribution régissant ces exonérations.

Au Ghana, une étape importante a été franchie avec la promulgation de la loi sur les exonérations fiscales en 2022, qui a introduit des critères d'éligibilité transparents pour les exonérations fiscales, établissant un cadre pour un suivi, une évaluation et une mise en œuvre solides de ces exonérations. En particulier, le projet de loi a établi un mécanisme de régulation pour s'assurer que les exonérations accordées servent les objectifs prévus, tout en limitant les abus de la structure d'exonération existante. En outre, il a renforcé le rôle de surveillance du ministère des Finances dans la gestion des exonérations et la prévention des abus (Asiedu, 2022)[59].

De même, le Cameroun a fait preuve d'un engagement proactif en 2019 en supprimant certaines exonérations. Il s'agit notamment de l'arrêt des incitations fiscales à l'importation de farine et de riz, ainsi que de la suppression de l'exonération de TVA pour les primes d'assurance-vie (Barma, 2019). Ces changements étaient des éléments essentiels de la réforme de la politique fiscale 2022–2024, stratégiquement alignés sur les objectifs d'élargissement de l'assiette fiscale et de promotion du développement économique.

Tableau 5 : Résumé des mesures visant à limiter les effets négatifs des exonérations fiscales

Pays	Année	Mesures prises	Détails
Sénégal	En cours	Rapports et réformes réglementaires	Publie des rapports sur les dépenses fiscales afin d'améliorer la transparence et la gouvernance, dans le but d'éliminer les exonérations spécifiques et d'améliorer la surveillance.
Cameroun	2019	Suppression de certaines exonérations	Suppression des incitations fiscales à l'importation de farine et de riz et de l'exonération de TVA pour les primes d'assurance-vie dans le cadre de la réforme de la politique fiscale 2022–2024.
Ghana	2022	Adoption du projet de loi sur l'exonération fiscale	Introduction de critères d'éligibilité transparents, d'un cadre de suivi et d'application, et renforcement de la surveillance par le ministère des Finances.

Bien que ces efforts de réforme soient louables, leur impact réel reste à déterminer. Cependant, il est essentiel de souligner que le succès de la réforme des systèmes d'exonération fiscale dépend de la mise en œuvre de mesures de contrôle solides et efficaces soutenues par les acteurs politiques. Un soutien politique solide est essentiel pour vaincre la résistance à ces réformes et mesures, et pour garantir que les contribuables remplissent leurs obligations grâce à des méthodes d'application efficaces, une transparence soutenue et un engagement solide.

3.2.2.3. *Explorer d'autres sources de recettes*

i. Imposition des particuliers très fortunés

Dans le cadre de la diversification des sources de revenus et de l'exploration d'autres moyens de générer des recettes, l'imposition des particuliers disposant

---

59 Ce projet de loi fait partie de plusieurs mesures prises en 2016, lorsque le ministère des Finances a intensifié sa surveillance dans le but de limiter l'utilisation des permis spéciaux qui exonèrent les importations des droits de douane et de la TVA et la modification du processus d'approbation des exonérations pour inclure le dédouanement obligatoire par le ministère. Toutefois, ces mesures antérieures n'ont pas eu un impact suffisamment important.

d'une valeur nette élevée (HNWI) ou fortunés apparaît comme une stratégie prometteuse permettant aux gouvernements d'engranger des recettes substantielles. Le principe sous-jacent est que les HNWI possèdent plus de ressources et peuvent payer une plus grande part de leurs revenus en impôts sans rencontrer une charge financière similaire à celle des personnes à faible revenu (Kangave et coll., 2016)despite various amendments to tax laws and reforms in tax administration. Part of the low revenue contribution can be attributed to factors external to the Uganda Revenue Authority (URA).

Dans de nombreux pays africains, l'inégalité des revenus et des richesses reste un problème important ; un faible pourcentage de la population possédant une part disproportionnée des richesses. Il est prouvé que les Africains fortunés ne paient que peu ou pas d'impôt sur le revenu, et bien que le nombre de milliardaires africains soit peu élevé, mais en augmentation rapide, de nombreux pays n'ont pas réussi à mettre en place des systèmes efficaces pour taxer les grosses fortunes (Dietz, 2023 ; Moore, Prichard et Fjeldstad, 2018a ; Kangave et coll., 2016). En Ouganda, par exemple, une étude a révélé que bien que les HNWI soient enregistrés auprès de l'Uganda Revenue Authority (URA), seul un nombre limité d'entre eux payaient leurs impôts sur le revenu (Kangave et coll., 2016). Cet écart s'explique en grande partie par les difficultés d'application de la loi au sein de cette catégorie spécifique de contribuables. De même, le Nigeria est le troisième pays d'Afrique en termes de nombre d'individus disposant d'une fortune d'au moins 1 million de dollars, et leur richesse privée est évaluée à plus de la moitié du PIB du Nigeria (Kamer, s.d.). Néanmoins, le pays ne perçoit qu'une petite partie des recettes fiscales potentielles provenant de ces personnes (Ademola, Dada et Akintoye, 2019).

Les approches adoptées par le Ghana, le Sénégal et le Cameroun pour générer des recettes à partir des fortunes privées présentent à la fois des similitudes et des différences. Tout d'abord, ces trois pays ont introduit le système du numéro d'identification fiscal (TIN) pour identifier et suivre les contribuables, dans le but d'enregistrer un plus grand nombre de fortunés. Deuxièmement, ces pays se sont engagés dans des révisions et des mises à jour de leur législation fiscale afin d'en assurer la pertinence et l'efficacité dans le cadre de l'imposition des HNWI. Par exemple, les efforts des trois pays ont été orientés vers la réforme de leurs régimes d'impôt sur le revenu des personnes physiques afin de capter les revenus des particuliers fortunés qui auraient pu auparavant éviter ou se soustraire à leurs responsabilités fiscales. Plus précisément, en 2021, la Ghana Revenue Authority (GRA) a proposé de modifier le régime de l'impôt sur le revenu des personnes physiques afin de prendre en compte les revenus des HNWI (personnes disposant d'environ 1 million de dollars US d'actifs financiers liquides) qui ont pu auparavant éviter les impôts ou s'y soustraire (Segbefia,

2021). Ces changements visent à résoudre le problème de l'évasion ou de la fraude fiscale potentielle au sein de ce segment. La GRA a également indiqué qu'elle imposerait les paiements des HNWI, dont les actifs et la richesse ne correspondent pas à l'impôt qu'ils paient. Pour ce faire, l'agence a configuré et synchronisé ses données avec 14 autres institutions gouvernementales, dont la Driver and Vehicle Licensing Authority (DVLA) et la Social Security and National Insurance Trust (SSNIT), afin d'identifier facilement les HNWI et de rationaliser le processus d'application de la conformité fiscale (Segbefia, 2021). Enfin, le Sénégal a adopté une position proactive en introduisant des taxes de luxe ciblant spécifiquement les véhicules de luxe. Parallèlement, le Cameroun a choisi de mettre en œuvre une taxe sur les revenus locatifs élevés afin de générer davantage de recettes auprès de cette catégorie de contribuables.

En bref, si les approches de l'imposition des HNWI partagent certaines stratégies fondamentales, elles présentent également des distinctions nuancées qui reflètent les priorités politiques et législatives des pays. Comme le soulignent les résultats et études limités mais convaincants, il est possible de générer des recettes substantielles grâce à l'imposition des HNWI. En mettant en œuvre des stratégies fiscales efficaces, les gouvernements peuvent contribuer à la redistribution d'une partie de cette richesse, contribuant ainsi à réduire les inégalités économiques. Cependant, il est important de reconnaître que si les impôts peuvent réduire les inégalités, ils n'augmentent pas nécessairement à eux seuls les revenus ou les stocks d'actifs des pauvres. L'impact des impôts sur les inégalités dépend en fin de compte de la manière dont les recettes sont dépensées. Une redistribution efficace dépend de l'affectation des recettes fiscales de manière à soutenir une croissance équitable et le bien-être social, ce qui n'est pas automatiquement garanti. Cependant, comme les recettes sont de plus en plus nécessaires pour une redistribution équitable, la priorité devrait être donnée à la poursuite urgente d'initiatives visant à renforcer les infrastructures administratives et les mécanismes d'application et à améliorer la capacité requise pour gérer efficacement cette catégorie particulière de contribuables.

ii. Exploiter le potentiel de l'impôt foncier

Les impôts fonciers (impôts sur les bâtiments, revenus locatifs, droits de timbre, taxes foncières, etc.) sont également considérés comme une source importante de revenus, en particulier pour les gouvernements en Afrique. En outre, l'urbanisation croissante et le boom de l'immobilier dans plusieurs villes africaines soulignent l'immense potentiel de génération de recettes fiscales liées à la propriété. Bien qu'il soit admis qu'il s'agit d'impôts *faciles* et progressifs à collecter, ils sont connus pour être le principal impôt le moins performant en Afrique, avec un rendement compris entre 0,1 et environ 1 % du PIB (Slack et Bird, 2014 ; Fjeldstad, Ali et Goodfellow, 2017 ; Franzsen et McCluskey 2017). Les raisons de cette sous-performance sont principalement d'ordre technique. Néanmoins, des travaux de recherche ont récemment mis en évidence la résistance politique à une fiscalité foncière efficace (Jibao et Prichard, 2013 ; Moore, Prichard et Fjeldstad, 2018a). Selon Slack et Bird (2014), l'impôt foncier est peut-être l'impôt le plus sensible politiquement en raison de sa nature directe.

Les initiatives de réforme principalement axées sur l'identification complète des propriétés imposables et la révision des systèmes d'évaluation des propriétés se heurtent fréquemment à la résistance des contribuables qui ont des liens étroits avec les milieux politiques, des riches propriétaires et des élites économiques influentes, qui ont tendance à se soustraire à leurs obligations fiscales ou à résister aux réformes progressives susceptibles d'accroître leurs obligations fiscales (Collier et coll., 2018 ; Jibao et Prichard, 2013). Notamment, des exemples récents de réformes réussies, comme à Freetown, ont été facilités par le soutien proactif des dirigeants politiques (Prichard, Kamara et Meriggi, 2020). La section suivante présente les efforts entrepris par les trois pays pour exploiter le potentiel de l'impôt foncier.

3.3. Programmes de réforme récents mis en œuvre pour augmenter les recettes fiscales et non fiscales

Les efforts du gouvernement, soutenus par un engagement fort des dirigeants politiques, sont le pilier fondamental de l'amélioration de la mobilisation des recettes intérieures pour faire progresser le développement économique et améliorer les conditions de vie des citoyens. Dans ce contexte, le Sénégal, le Cameroun et le Ghana ont mis en œuvre des programmes de réforme sous l'égide des dirigeants politiques. Ces réformes diffèrent par leur ampleur et leur stratégie de mise en œuvre.

Le Sénégal et le Ghana ont conçu des programmes de réforme complets qui s'alignent sur les priorités de développement de leurs gouvernements respectifs. Au Sénégal, la priorité accordée à la mobilisation des recettes intérieures est intégrée à un vaste programme appelé *Plan Sénégal Émergent (PSE)*, un plan stratégique visant à réaliser les aspirations du pays en matière de développement d'ici 2035. Parallèlement, la stratégie de mobilisation des recettes intérieures du Ghana s'inscrit dans le programme national Ghana Beyond Aid, une vision globale dont l'objectif principal est de réduire la dépendance du pays à l'égard de l'assistance et de l'aide extérieures. À l'inverse, le Cameroun a plutôt adopté des initiatives ciblées pour réformer des domaines spécifiques de la fiscalité dans le cadre des priorités gouvernementales et des engagements envers le FMI. Contrairement au Sénégal et au Ghana, où les réformes en matière de mobilisation des recettes s'inscrivent dans leurs agendas nationaux respectifs, les réformes au Cameroun sont avant tout une réponse au contexte économique actuel et à la recherche d'un soutien de la part des partenaires financiers.

Cette section donne un aperçu général de ces efforts de réforme. Bien qu'une analyse complète du processus de ces réformes et de leur impact dans le temps fournirait une évaluation plus nuancée des rôles joués par les personnalités politiques clés dans la conduite du changement malgré les résistances potentielles, l'espace et la portée limités de ce chapitre ne permettent qu'un examen de haut niveau de la dynamique des réformes récentes pour souligner le rôle clé des élites gouvernementales dans la mise en œuvre et le soutien des réformes en matière de mobilisation des recettes. Par conséquent, l'analyse se limite aux aspects clés indiquant les efforts de réforme, y compris dans le domaine de l'impôt foncier, à différentes périodes dans chaque pays.

3.3.1. Stratégie gouvernementale pour stimuler la mobilisation des recettes nationales au Sénégal, au Ghana et Cameroun

3.3.1.1. Plan pour un Sénégal émergent (PSE)

Bien que la mobilisation des recettes ait toujours été une priorité du gouvernement, elle a été définie comme un élément central du *Plan Sénégal Émergent* (PSE) adopté en 2014. Ce vaste programme de développement met l'accent sur le rôle des acteurs politiques dans les réformes fiscales, compte tenu des investissements et des ressources déployés pour soutenir les activités de collecte de recettes. Le PSE est un plan stratégique de développement sur 15 ans qui vise à transformer le Sénégal en une économie émergente. Le PSE met l'accent sur les réformes structurelles, le développement des infrastructures et la croissance du secteur privé afin de stimuler la diversification économique et de réduire la pauvreté. Sa formulation s'est accompagnée du lancement d'un vaste projet de réformes fiscales visant à moderniser et à rendre plus efficace le code général des impôts. Les principaux objectifs sont 1) l'augmentation de la performance fiscale ; et 2) l'élargissement de l'assiette fiscale pour atteindre un ratio impôts/PIB de 20% en 2023 et permettre au gouvernement de réaliser ses projets de développement et de remplir ses engagements internationaux en matière de transition fiscale (Gouvernement du Sénégal, 2014). Ces réformes fiscales ont été menées avec des objectifs de transparence qui se sont traduits par l'adoption, en 2012, du Code de transparence dans la gestion des finances publiques. Celui-ci invite le gouvernement à publier toutes les informations concernant les niveaux de prélèvements fiscaux et les montants des recettes. En outre, le pays est devenu membre du Forum mondial sur la transparence et l'échange de renseignements à des fins fiscales, ce qui témoigne d'un engagement fort en faveur de l'adoption de normes internationales et de bonnes pratiques. En adhérant à ce forum, le pays est soumis à un examen par les pairs[60].

Les objectifs et les plans de mobilisation des recettes sont formulés dans la Stratégie de mobilisation des recettes à moyen terme (SRMT) 2020–2025, dirigée par le ministère des Finances et mise en œuvre à travers le *Plan Yaatal*, sous la direction de la Direction générale des impôts et des domaines (DGID). *Yaatal* vise à élargir l'assiette fiscale et à promouvoir le civisme fiscal par un système législatif simplifié, d'investissements dans la technologie pour une mobilisation optimale des recettes, d'une utilisation maximale de l'information et de l'utilisation des terres comme source clé de mobilisation des recettes nationales (DGID, 2020). La force motrice pour atteindre ces objectifs du programme *Yaatal* provient de hauts fonctionnaires du gouvernement, y compris l'ancien directeur général de la DGID, qui, à la suite des conclusions d'un rapport d'enquête produit par l'Agence nationale pour les statistiques et la démographie (ANSD), ont reconnu l'énorme potentiel de l'élargissement de l'assiette des recettes. Ce rapport statistique a révélé que le pays comptait environ un demi-million d'unités/entités économiques. Cependant, seulement 85 000 d'entre elles étaient enregistrées dans les bases de données de la DGID, et seulement 30 % (25 000 contribuables) respectaient les obligations fiscales (ANSD, 2014).

L'exploitation des revenus fonciers occupe une place de choix dans cet agenda. Elle converge avec la quasi-totalité des grandes priorités de l'agenda du gouvernement actuel, notamment le développement, la décentralisation, la réforme foncière et la modernisation et la numérisation de l'administration (République du Sénégal, 2018 ; OCDE, 2019). Comme dans de nombreux pays, les taxes foncières au Sénégal sont peu performantes, malgré leur potentiel de recettes. Les estimations montrent que le rendement représente 0,4 % du PIB. Dans des villes comme Dakar, qui connaissent une urbanisation croissante et une expansion immobilière, seuls 20 % des contribuables éligibles sont inclus dans la base de données. Parmi eux, seuls 12 % des propriétaires ont payé l'impôt foncier en 2018 (Knebelmann, 2019). L'exploitation des recettes de l'impôt foncier se fait à travers un vaste programme de recensement des propriétés dans tout le pays, qui s'appuie sur les réformes précédentes mises en œuvre au début des années

---

60 De plus amples informations sont nécessaires pour évaluer l'impact de ces engagements. Le Ghana et le Cameroun ont rejoint le forum respectivement en 2011 et 2012.

2000[61]. Les récentes réformes ont débuté en 2019 sous le financement de plusieurs acteurs, principalement le gouvernement du Sénégal, la Banque mondiale et l'Agence française de développement. Il est attendu que les données collectées permettent également à la DGID de capter un grand nombre de contribuables potentiels, en plus d'estimer les caractéristiques et les catégories de contribuables afin d'adopter les mesures et stratégies nécessaires pour s'engager auprès d'eux. Plusieurs résultats ont été obtenus, notamment l'augmentation du nombre de contribuables dans les bases de données de la DGID. Jusqu'à présent, le ratio impôt/PIB a augmenté d'environ 14 % en dix ans, passant de 15,9 % en 2010 à 18,1 % en 2020 (OCDE, CUA et ATAF, 2022). Bien que ces réformes rencontrent certaines difficultés (ressources limitées, traitement d'un grand volume de données, etc.), elles soulignent comment les élites gouvernementales peuvent initier des réformes de mobilisation des recettes nationales lorsque celles-ci s'alignent sur leurs priorités politiques.

3.3.1.2. Stratégie « Ghana Beyond Aid »

Au Ghana, les principales mesures visant à améliorer la mobilisation des recettes fiscales et non fiscales remontent aux années 2000, avec la création en 2009 de la GRA sous le contrôle d'un conseil d'administration. Ces efforts se sont poursuivis en 2019 dans le cadre du programme Ghana Beyond Aid. Avant la création de la GRA, « les différentes catégories de taxes étaient administrées par trois agences fiscales semi-autonomes indépendantes : l'agence des Douanes, accises et services préventifs (CEPS – *Customs, Excise and Preventive Service*) , l'agence des services de TVA (VATS – VAT Service) et l'agence de recettes intérieures (IRS – *Internal Revenue Service*) (Moore, Prichard et Fjeldstad, 2018b). L'harmonisation de ces activités au sein de la GRA devait permettre d'aligner de manière plus cohérente les stratégies de mobilisation des recettes et de moderniser l'administration fiscale. Depuis sa création, la GRA s'est lancée dans une série de réformes administratives, concrétisées par trois plans stratégiques couvrant les périodes 2012–2014, 2015–2017 et 2018–2021. Ces stratégies sont « conçues pour intégrer et moderniser pleinement l'Autorité afin de lui permettre de remplir son mandat, de renforcer les mécanismes d'application, d'élargir l'assiette fiscale, d'améliorer les processus et les procédures, et de mettre en œuvre des mesures innovantes pour accroître la collecte des recettes fiscales » (Moore, Prichard et Fjeldstad, 2018a, p. 34).

À l'instar du Sénégal, où les stratégies de mobilisation des recettes sont intégrées aux objectifs plus larges du PSE, les récentes réformes du Ghana se

---

61 En 2009, sur financement de la Banque Africaine de Développement, l'État du Sénégal a mis en œuvre le Programme d'Appui à la Modernisation du Cadastre (PAMOCA). Cependant, malgré des investissements importants, ceux-ci se sont traduits par une augmentation marginale des revenus fonciers et un élargissement limité de l'assiette des recettes.

reflètent dans les plans de développement à moyen terme adoptés tous les trois ans. L'engagement du gouvernement à améliorer la mobilisation des recettes intérieures a abouti à une progression positive avec le lancement en 2019 du programme « Ghana Beyond Aid ». Ce programme est axé sur les principes d'autosuffisance, de transformation économique et de développement durable. Son principal objectif est de réduire la dépendance à l'égard de l'aide extérieure au développement et de parvenir à un financement autonome des secteurs fondamentaux tels que l'éducation, les soins de santé, l'assainissement et les ressources en eau (République du Ghana, 2019). Ce programme met l'accent sur une gouvernance responsable, la transparence et une gestion prudente des ressources, dans le but de forger un Ghana autonome et prospère.

Les objectifs et les mesures de mobilisation des recettes s'articulent autour d'une série de réformes qui s'appuient sur les initiatives de mobilisation des recettes lancées dans les années 2000. Il s'agit notamment d'améliorer l'efficience des agences de collecte des recettes, en particulier la GRA, de faciliter l'identification efficiente des contribuables potentiels, d'assurer une application rigoureuse du paiement des impôts (en particulier dans le secteur minier), de lutter contre la corruption, de favoriser l'efficience des entreprises publiques et d'optimiser les dépenses et les investissements publics. Une priorité notable du programme « Ghana Beyond Aid » est l'élargissement de l'assiette des recettes, avec l'ambition ultime de porter le ratio impôts/PIB à 18 % d'ici 2023 et, à terme, à 23 % d'ici 2028 (République du Ghana, 2019). Comme le souligne le document de réforme, alors que le registre officiel des électeurs du pays compte 15,7 millions d'individus, seulement 1,2 million d'entre eux est effectivement enregistré à des fins fiscales. Cette divergence entre les électeurs et les contribuables met en évidence le potentiel d'intégration d'individus et d'entreprises supplémentaires dans le filet fiscal par le biais de mécanismes tels que le système national d'adresses numériques et le système national d'identification.

D'autres initiatives de mobilisation des recettes ont été mises en œuvre en réponse à la crise économique post-COVID. D'une part, le pays a adopté de nouvelles taxes, telles que l'e-levy, une taxe de 1,5 % sur les transferts de fonds électroniques dépassant 100 GHS Ghana (environ 6,50 USD) par jour, introduite en mai 2022.

On estime que l'e-levy « pourrait rapporter plus de recettes si davantage d'entreprises passaient du secteur informel au secteur formel, ce qui permettrait d'atteindre certains des objectifs de la taxe, à savoir l'élargissement de l'assiette fiscale »[62]. Bien que de plus amples informations soient nécessaires pour évaluer son impact, l'e-levy est considéré comme injuste pour les pauvres, régressif, et

---

62 Santoro et Diouf (2022), « Ghana's new e-levy ».

moins efficace pour générer des revenus de la part des contribuables à fort potentiel[63].

D'autre part, la GRA a relancé le système d'impôt sur les revenus locatifs (également appelé impôt sur les loyers), un impôt payé sur les revenus à un taux de 8 % pour les propriétés résidentielles et de 15 % pour les propriétés commerciales. L'impôt sur les loyers a été instauré en 1973, mais a nécessité, dans la pratique, un niveau de conformité plus élevé et une forte capacité de l'administration à collecter davantage d'informations sur les biens loués et les contribuables potentiels. Depuis 2021, plusieurs efforts de sensibilisation et la mise en œuvre de systèmes de paiement numérique ont été mis en place pour encourager le respect de la loi (Effah, 2021). Le gouvernement envisage de mettre en place un système de géolocalisation et d'identification pour toutes les propriétés afin d'augmenter le nombre de contribuables.

Dans l'ensemble, des progrès ont été enregistrés ; on constate tout particulièrement l'augmentation du ratio impôts/PIB au fil du temps, passant de plus de 10 % du PIB en 2010 à 13,4 % en 2020 (Iddrisu et coll., 2021, p. 31). Cependant, ces progrès pour le Ghana restent modestes par rapport à des pays pairs et peuvent présenter des défis pour atteindre l'objectif de 18 % de ratio impôt/PIB d'ici 2023 (OCDE, AUC et ATAF, 2022).

3.3.1.3 *Stratégies fragmentées de mobilisation des recettes intérieures au Cameroun*

Au Cameroun, le gouvernement reconnaît que la mobilisation des recettes intérieures est un instrument indispensable au développement économique. De nombreuses initiatives ont été prises pour moderniser les systèmes de mobilisation, à la fois dans le cadre de l'agenda du gouvernement et en réponse à la pression exercée par les bailleurs de fonds. Cette situation contraste avec celle du Sénégal et du Ghana, où une stratégie globale et à long terme de mobilisation des recettes a été formulée par les élites, s'alignant sur les objectifs de développement et d'avancement économiques à long terme du gouvernement.

Les efforts centraux visent à relever trois défis critiques : 1) le poids élevé des dépenses fiscales ; 2) l'importance du secteur informel qui, comme on l'observe dans plusieurs pays africains, contribue de manière significative à l'activité économique, mais dont le potentiel de recettes n'a pas encore été pleinement exploité ; 3) l'insuffisance de la contribution individuelle à la mobilisation des recettes, et la nécessité de stratégies et de mesures visant à accroître les contributions individuelles. Ces efforts ont été mis en œuvre parallèlement à la modification du Code des impôts, dont la dernière mise à jour remonte à 2023.

---

63 Pour en savoir plus, voir Rogan et coll. (2023) ; Santoro et Diouf (2022).

Dans le domaine du secteur informel, le gouvernement a pris des mesures pour, entre autres stratégies, renforcer le mécanisme de retenue à la source, qui facilite les déductions fiscales sur les transactions effectuées par les entreprises du secteur informel avec les grandes entreprises. Ce mécanisme a permis au gouvernement de mobiliser plus de 50 milliards de francs CFA par an auprès du secteur informel. En outre, la traçabilité des transactions en espèces a été renforcée – les déductions de l'impôt sur les sociétés pour les dépenses supérieures à 500 000 de francs CFA et les déductions de la TVA pour les factures supérieures à 100 000 de francs CFA payées en espèces ont été interdites. Toutes ces actions ont permis d'augmenter la population imposable de 58 %, passant de 89 741 en 2015 à plus de 140 000 contribuables professionnels à ce jour. Cependant, d'autres mesures complémentaires restent à envisager, compte tenu de la capacité du secteur informel à se réinventer.

En outre, à l'instar d'autres pays, la direction générale des impôts du Cameroun envisage des réformes supplémentaires liées à l'enregistrement d'un plus grand nombre de contribuables, en ciblant particulièrement ceux qui sont susceptibles de contribuer par le biais de l'impôt foncier. Actuellement, les contribuables, y compris ceux qui paient des impôts fonciers, doivent déclarer leurs biens pour recevoir des avis d'imposition. Néanmoins, le processus est complexe, ce qui décourage un grand nombre de citoyens de le faire. En réponse à ce défi, la Direction générale des Impôts (DGI) a mis en place des centres divisionnaires pour rationaliser le processus, permettant la mise en œuvre numérique de la déclaration annuelle de patrimoine des contribuables non professionnels. Cependant, les efforts pour taxer les propriétaires immobiliers sont relativement mineurs par rapport à ceux de l'administration fiscale sénégalaise.

Enfin, la DGI a élaboré un plan triennal 2023–2025 pour moderniser le système fiscal camerounais, en s'appuyant sur les conclusions de l'outil d'évaluation diagnostique de l'administration fiscale (TADAT) et sur les recommandations du FMI. Ces réformes sont largement orientées vers quatre dimensions principales : 1) l'augmentation de la mobilisation des recettes fiscales ; 2) l'amélioration de la qualité des services fiscaux ; 3) la mise en place d'un système d'information moderne à la DGI ; 4) la gestion et la coordination des services fiscaux (Djotié, 2022)). Ce plan étant en cours d'élaboration, il est encore tôt pour en évaluer l'impact. Parmi les trois pays étudiés, le Cameroun est celui qui présente une légère augmentation de son ratio impôts/PIB. Celui-ci a augmenté de 10,8 %, passant de 11,5 % en 2010 à 12,8 % en 2020.

Tableau 6 : Résumé des réformes fiscales récentes au Sénégal, au Ghana et au Cameroun

Pays	Initiative de réforme	Year	Mesures clés et détails
Sénégal	Plan Sénégal Émergent (PSE)	2014 (adoptée)	Plan stratégique sur 15 ans axé sur les réformes structurelles, les infrastructures et la croissance du secteur privé. Il vise un ratio impôts/PIB de 20 % d'ici à 2023. Comprend des réformes en matière de transparence et l'adhésion au Forum mondial sur la transparence et l'échange d'informations.
	Stratégie de mobilisation des recettes à moyen terme (SRMT) 2020–2025	2020	Dirigé par le ministère des Finances, le plan Yaatal vise à élargir l'assiette fiscale, à améliorer la technologie et à utiliser les revenus fonciers. Principale caractéristique de la réforme : l'amélioration du rendement de l'impôt foncier par le biais d'un recensement national des propriétés.
Ghana	Ghana Beyond Aid Program (en anglais)	2019 (Lancé)	Vise l'autosuffisance et la réduction de la dépendance à l'égard de l'aide. Se concentre sur l'élargissement de la base de revenus, en augmentant le ratio impôts/PIB à 18 % d'ici 2023 et à 23 % d'ici 2028. Il inclut de nouvelles taxes comme l'e-levy et la relance du système d'impôt sur les loyers.
	Projet de loi sur l'exonération fiscale	2022	Introduction de critères transparents pour les exonérations fiscales, amélioration du suivi et de l'application, et renforcement du rôle de surveillance du ministère des Finances.
Cameroun	Modifications du code fiscal	2023	Mise à jour pour tenir compte des dépenses fiscales élevées et des problèmes liés au secteur informel. Renforcement des mécanismes de retenue à la source et de la traçabilité des transactions en espèces.
	Taxation du secteur informel	En cours	Amélioration du mécanisme de retenue à la source, interdiction des déductions en espèces au-delà de certains seuils et augmentation de la population imposable de 58 %.
	Plan de modernisation de l'administration fiscale	2023–2025	Plan triennal axé sur l'augmentation des recettes fiscales, l'amélioration des services fiscaux, la mise en place d'un système d'information moderne et la coordination des services fiscaux.

3.3.2. Aperçu des programmes de réforme du Sénégal, du Ghana et du Cameroun

Il est possible de tirer des enseignements essentiels de ces efforts de réforme. Tout d'abord, il est évident que des progrès ont été réalisés dans l'avancement des réformes, conduisant à une augmentation des gains de revenus au cours des deux dernières décennies. Notamment, la numérisation a eu un impact significatif sur les efforts visant à renforcer les systèmes de mobilisation des recettes dans les trois pays. Cela n'est pas surprenant, étant donné l'élan croissant des technologies de l'information dans diverses nations africaines depuis les années 2000 en raison de leur potentiel de transformation. Étant donné que le chapitre 2 fournit une exploration approfondie des systèmes informatiques, nous présentons ici une vue d'ensemble concise de ces initiatives. Au Sénégal, au Cameroun et au Ghana, la numérisation joue un rôle clé dans les initiatives de réforme. Les technologies adoptées permettent de rationaliser les processus d'administration des recettes, de gérer les données fiscales, de faciliter le partage des données entre les différentes unités des administrations fiscales et de simplifier les processus de paiement. En outre, les solutions numériques ont contribué au suivi des recettes, à la réduction des fuites de recettes et à l'efficacité de l'application de la loi. Dans le cadre de l'harmonisation des données relatives aux contribuables, les trois pays ont mis en place des systèmes de numéros d'identification des contribuables afin d'améliorer l'identification fiscale des contribuables, de maintenir des bases de données précises et d'éviter la duplication des identités des contribuables.

Deuxièmement, la tendance en matière de mobilisation des recettes montre que les trois pays s'appuient davantage sur des impôts régressifs, qui sont pratiques et faciles à adopter. Les progrès réalisés en matière de recettes n'ont pas permis d'atteindre les ratios impôts/PIB élevés envisagés dans leurs programmes de réforme. En outre, il apparaît clairement que les gouvernements peuvent augmenter leurs recettes en réduisant les incitations fiscales et en exploitant le potentiel de recettes des impôts progressifs. Si les défis liés aux capacités techniques et aux conditions économiques ont contribué à cette performance mitigée en matière de recettes, les défis les plus importants sont d'ordre politique et soulignent l'importance du soutien des élites politiques et gouvernementales dans l'avancement des réformes.

Troisièmement, étant donné que la mobilisation des recettes peut potentiellement se heurter à une résistance, en particulier de la part des groupes influents, il est impératif que les pays envisagent des stratégies pour garantir la coopération de ces groupes influents au sein du régime fiscal tout en préservant leurs privilèges et leurs intérêts des menaces perçues comme étant posées par les réformes. Tous ces efforts nécessitent un engagement politique fort, des promesses et des actions visant à informer les contribuables qu'une mobilisation accrue des recettes leur serait plus profitable. Ceci, entre autres éléments, implique des engagements fermes pour revoir les dépenses publiques et développer des stratégies pour établir des liens plus forts entre la mobilisation des recettes et la fourniture de services, une meilleure gouvernance grâce à la transparence des dépenses, et une plus grande responsabilité.

La dernière section donne un aperçu du rôle des entreprises d'État dans la génération de recettes intérieures, des difficultés rencontrées, de l'impact de leurs faibles performances sur les dépenses publiques et des mesures prises par les gouvernements pour améliorer leurs normes de gouvernance.

3.4. Les défis liés à la contribution à la mobilisation des recettes nationales pour les entreprises publiques

Les entreprises publiques sont appelées à jouer un rôle important dans la génération de recettes intérieures en Afrique en fournissant, à un certain coût, des biens et des services essentiels aux citoyens pour le compte du gouvernement. Dans de nombreux pays africains, les entreprises publiques sont les principaux fournisseurs d'infrastructures essentielles telles que l'énergie, l'eau et les services de transport. En outre, ces entreprises bénéficient du soutien financier du gouvernement, car les administrations accordent fréquemment des subventions, des dons, des prêts ou des garanties pour renforcer leurs capacités opérationnelles et assurer la continuité des services. Parmi les nombreuses entreprises publiques des pays d'Afrique subsaharienne, la compagnie Ethiopian Airlines est considérée comme un exemple de réussite en termes d'expansion et de génération de revenus[64]. Cependant, les exemples supplémentaires d'entreprises publiques performantes sont rares et la tendance générale dans plusieurs pays africains est que, malgré des investissements publics importants, les entreprises publiques continuent à faire face à plusieurs défis, notamment l'inefficience, la corruption et la mauvaise gestion. On suppose que les investissements publics tendent à créer une plus grande dépendance et à réduire les incitations à améliorer leurs performances financières. Tous ces défis ont affecté la capacité des entreprises publiques à générer des revenus et à remplir leur mandat de manière efficace. De plus, tandis que ces entreprises d'État sont généralement perçues comme drainant des fonds publics, et nécessitant donc des réformes pour améliorer leur rapport coût-efficacité, cela s'est avéré difficile en raison principalement de l'ingérence politique[65]. Cette ingérence a souvent conduit à la nomination de personnes non qualifiées et inexpérimentées à des postes de direction ou à l'absence de sanctions en cas de mauvaise gestion.

Plusieurs réformes ont été mises en œuvre pour améliorer les recettes des entreprises publiques, la plus importante étant la privatisation, qui consiste à transférer la propriété et le contrôle de l'État à des investisseurs privés. Bien que l'impact de la privatisation sur la rentabilité des entreprises publiques soit mitigé, elle est toujours considérée comme l'une des stratégies pour améliorer l'efficience, promouvoir l'innovation et réduire l'ingérence politique dans la gestion des entreprises publiques. D'autres réformes ont inclus la restructuration et la réduction des effectifs des entreprises publiques afin de réduire les coûts opérationnels et d'améliorer les performances financières en améliorant la gouvernance d'entreprise et en renforçant la transparence et l'obligation de

---

64 Andoh et coll. . (2019)
65 Appiah-Kubi (2001) ; Blunt (1970) ; Qhobosheane (2018)

rendre des comptes[66]. En outre, les gouvernements ont introduit des mesures visant à améliorer l'environnement réglementaire et à promouvoir la concurrence dans les secteurs où ils opèrent (Olugbade et coll., 2021). En effet, avec une gouvernance, une gestion et des investissements adéquats, les entreprises publiques peuvent jouer un rôle essentiel dans le développement et la croissance des économies africaines. Comme dans la plupart des pays africains, la capacité des entreprises publiques à générer des revenus suffisants au Sénégal, au Cameroun et au Ghana a été limitée, car elles sont souvent confrontées à des problèmes de gouvernance, d'efficience et de performance financière.

Sénégal : le Sénégal compte plus de 20 entreprises publiques intervenant dans divers secteurs, notamment les transports (Air Sénégal), l'eau et l'énergie (Société nationale d'électricité du Sénégal – Senelec), la construction et les infrastructures (SN-HLM), ainsi que le secteur minier. Les performances de ces entreprises varient d'une société à l'autre, mais la tendance générale souligne leur rentabilité limitée et leur dépendance permanente à l'égard des subventions publiques pour maintenir leurs activités.

Plus précisément, Air Sénégal, lancée en 2016 pour remplacer Sénégal Airlines et dans le cadre du Plan Sénégal Emergent pour redynamiser le secteur du tourisme, a bénéficié d'un apport financier de 40 milliards de francs CFA de la part du gouvernement (République du Sénégal, 2018, p. 52). Cependant, après plus de cinq ans de service, la société peine à rentabiliser ses investissements. Un rapport publié en 2023 indiquait que Air Sénégal avait contracté environ 22 milliards de francs CFA de dettes en 2022, cinq ans après sa mise en service (Fualdes, 2023). Les facteurs explicites contribuant à cette mauvaise performance ne sont pas disponibles. Cependant, il est plausible que l'environnement commercial difficile inhérent à l'industrie de l'aviation, caractérisé par une concurrence intense, nécessite une excellence opérationnelle et un service à la clientèle de niveau exceptionnel pour assurer la rentabilité. En réponse à cette mauvaise performance, un changement de direction a été entrepris, accompagné de réformes axées sur la performance, ce qui a permis de réduire les pertes de revenus de plus de 50 % au début de 2023 (Diallo, 2019). Cela témoigne d'un effort concerté pour remédier aux déficiences opérationnelles et aux défis financiers qui ont pesé sur l'entreprise.

À l'inverse, la Senelec, qui a connu des difficultés financières et des pertes de plusieurs milliards de francs CFA au cours de la dernière décennie, est en train de se transformer progressivement, générant désormais des revenus qui contribuent aux recettes de l'État suite à sa restructuration complète (BBC News Afrique, s.d.). Il y a tout lieu de croire que les initiatives du gouvernement ont permis à la Senelec

---

66 Mutize et Tefera (2020) ; Ackers et Adebayo (2022)

d'étendre ses services grâce à l'installation de nouvelles centrales électriques et à l'augmentation de son taux de pénétration, qui atteint 64 % dans tout le pays (Ba, 2023). En outre, tout indique qu'il existe un engagement politique en faveur de l'amélioration de la productivité des entreprises publiques de la part des dirigeants politiques, en particulier de l'actuel président. La présence d'organismes de régulation tels que la Commission de régulation du secteur de l'énergie (CRSE) (qui supervise les opérations de la Senelec) joue également un rôle essentiel dans la supervision de la gouvernance et des opérations de ces entités. Cette supervision favorise en retour une gouvernance d'entreprise efficace et la modernisation des activités, y compris la mise en œuvre de systèmes de technologie de l'information afin de rationaliser les opérations et de les adapter aux tendances économiques dominantes. Il convient de noter que si certaines entreprises publiques, comme Air Sénégal, rencontrent des difficultés à atteindre la rentabilité, l'engagement actif du gouvernement dans la réforme et l'amélioration démontre sa volonté de favoriser des résultats plus durables et plus efficaces pour les entreprises publiques au Sénégal.

Cameroun : au Cameroun, environ 44 entreprises publiques sont subventionnées par l'État et, comme dans de nombreux pays d'Afrique subsaharienne, elles continuent de générer des pertes. Un rapport gouvernemental de 2019 indique que ces entreprises publiques ont enregistré des pertes de 14,5 %, soit une réduction de 6,5 points de pourcentage par rapport aux chiffres enregistrés en 2018. 5 % de pertes, ce qui représente une réduction de 6,5 points de pourcentage par rapport aux chiffres enregistrés en 2018[67]. Ces entreprises comprennent la compagnie aérienne Camair, la société nationale de raffinage Sonora et la société de télécommunications Camtel. Conformément à ses engagements vis-à-vis du FMI, le gouvernement camerounais a accepté de mettre ces entreprises sous contrat de performance à partir de 2023. Cependant, une étude publiée par des chercheurs camerounais en 2022 montre que les contrats de performance ne seraient pas en mesure de stimuler la gouvernance des entreprises publiques camerounaises, compte tenu de l'inefficience des conseils d'administration et des organes d'audit externe et de l'interférence politique omniprésente (Nga Nga et Ebele Ombede, 2022). Les auteurs suggèrent plutôt, entre autres recommandations, de renforcer les compétences comptables des auditeurs, de renforcer les capacités humaines, de limiter les mandats et les rôles multiples des dirigeants, et de réduire l'ingérence politique dans la nomination des dirigeants. Il est encore trop tôt pour évaluer l'impact tangible de ces contrats de performance, mais l'amélioration de la gouvernance de ces entreprises et la réduction de l'ingérence politique peuvent certainement être la clé d'une rentabilité et d'une durabilité accrues.

---

67 Informations découlant de la loi de finances 2021.

Ghana : Au Ghana, les 47 entreprises publiques continuent de générer des pertes. Toutefois, dans le cadre du plan « Ghana Beyond Aid », le gouvernement a ajouté la réforme des entreprises publiques à sa liste de priorités. Ces réformes comprennent le maintien et la fixation d'objectifs pour le conseil d'administration de chaque entreprise, un contrôle rigoureux de leurs performances, des récompenses pour les bonnes performances et des sanctions pour les mauvaises. C'est dans ce contexte de réforme que l'agence de gestion des participations de l'État (SIGA – *State Interest and Governance Authority*) a été mise en place en 2019 pour surveiller les performances des entreprises publiques. La SIGA est chargée de superviser les opérations et la gestion des entreprises publiques et de veiller à ce qu'elles fonctionnent dans un environnement financièrement durable et efficient. En plus de surveiller et d'évaluer la performance des entreprises publiques, l'agence fournit également des conseils et un soutien aux conseils d'administration et aux équipes de gestion des entreprises publiques et facilite la privatisation des entreprises publiques non stratégiques. SIGA publie des rapports qui mesurent les progrès de ces entreprises et classent leurs performances afin de les encourager à agir davantage et à adopter des stratégies pour améliorer leurs opérations. On estime que les efforts de la SIGA ont contribué à réduire les pertes des entreprises d'État de 73 % en 2018 à 49 % en 2020. En outre, sur les 47 entreprises d'État, au moins une a versé un dividende à l'État en 2020.

> **Encadré 4. Stratégies visant à améliorer la contribution des entreprises publiques africaines à la mobilisation des recettes intérieures**
>
> Dans les trois pays, malgré des performances variables, la tendance générale est à la rentabilité limitée, ce qui nécessite souvent des subventions publiques pour soutenir les activités des entreprises publiques. Cependant, des points clés exhaustifs peuvent être pris en considération dans la restructuration des stratégies de gouvernance et de rentabilité des entreprises publiques.
> - Une restructuration globale favorisant une meilleure gouvernance d'entreprise et la modernisation des opérations, la mise en place d'agences de contrôle des performances et la promotion d'opérations transparentes, responsables et financièrement viables sont des opérations susceptibles de conduire à une réduction des pertes d'investissement de l'État. En fait, la mise en œuvre d'un système basé sur les performances avec des indicateurs, la comparaison avec les références du secteur et l'ajustement des stratégies sur la base des résultats pourraient favoriser l'amélioration continue et l'adaptabilité des entreprises d'État à l'environnement commercial en constante évolution. En outre, un système d'incitations axé sur les performances peut motiver davantage les

employés et les dirigeants à contribuer aux gains de productivité et au service à la clientèle, des paramètres qui sont essentiels pour accroître la compétitivité de ces entreprises. Un système d'incitations peut également récompenser la performance et l'innovation par des promotions ou la reconnaissance des efforts alignés sur les objectifs de l'organisation.

- Pour améliorer la viabilité financière des entreprises publiques, il est impératif de réduire au minimum l'ingérence politique dans la nomination de leurs dirigeants ou dans la conduite de leurs opérations. En outre, l'amélioration des compétences en matière d'audit et la garantie d'une gestion transparente et de mécanismes de responsabilité peuvent améliorer la gouvernance globale des entreprises publiques.
- Il est essentiel de renforcer les capacités des équipes de direction et du personnel des entreprises publiques. Les gouvernements devraient investir dans des programmes de formation qui dotent les employés des compétences nécessaires pour naviguer dans des industries compétitives et s'adapter aux avancées technologiques, améliorant ainsi l'efficience et la qualité des services.
- Comme cela a été observé au Ghana, avec SIGA, ou avec CRSE au Sénégal, les organismes indépendants de régulation et de contrôle peuvent jouer un rôle crucial en supervisant les activités des entreprises publiques, en promouvant une concurrence loyale et en veillant à ce que les décisions soient motivées par des considérations économiques plutôt que par des intérêts politiques.

3.5. Conclusion

La mobilisation des recettes intérieures devient une priorité pour de nombreux gouvernements africains dans un contexte de crises multiples et de baisse de l'aide au développement. Les efforts concertés et les progrès notables réalisés au cours de la dernière décennie en matière de mobilisation des recettes fiscales et non fiscales soulignent l'importance accordée à la mobilisation des recettes par les gouvernements et les élites politiques. Les cas du Sénégal, du Ghana et du Cameroun nous éclairent sur la manière dont ces efforts sont déployés, notamment dans le cadre d'agendas nationaux ou de stratégies ciblées. Malgré des résultats mitigés, ces réformes ont contribué à une mobilisation accrue des recettes. Il existe donc encore un énorme potentiel de recettes qui peut être exploité.

Si l'élargissement de la base de revenus a principalement impliqué l'intégration d'une fiscalité plus indirecte, cela a en même temps intensifié la nature régressive des systèmes fiscaux. Pour compenser cela, des perspectives considérables existent dans l'augmentation des stratégies pour une taxation plus directe, en particulier, les taxes liées à la propriété, la taxation des HNWI, et une distribution plus rationnelle des exemptions afin d'extraire des revenus plus importants et de limiter les pertes de revenus dues à des exemptions excessives. En outre, il existe des possibilités fiscales inexplorées, telles que le prélèvement d'impôts sur les secteurs agricole et informel.

L'expansion du secteur agricole, en particulier, peut générer des recettes substantielles si les régimes fiscaux sont soigneusement conçus de manière à ne pas affecter la production et la concurrence agricoles. En effet, l'un des défis est que de nombreux petits exploitants agricoles en Afrique vivent de la subsistance et peuvent se retrouver dans l'impossibilité de payer des impôts. En outre, le secteur agricole est souvent vulnérable aux fluctuations des prix et aux problèmes météorologiques, ce qui complique la prévision des recettes. Les paiements et l'application de la loi peuvent également être difficiles parce que de nombreux agriculteurs travaillent dans des régions éloignées, ce qui rend plus difficile pour les fonctionnaires des impôts de surveiller leurs activités et d'assurer le respect de la loi fiscale. Compte tenu de cette complexité, les pays désireux de générer davantage de recettes dans ce secteur doivent trouver un équilibre entre la nécessité de générer des recettes et celle de soutenir les petits exploitants agricoles, de promouvoir la sécurité alimentaire et la capacité à gagner leur vie, et concevoir des politiques appropriées pour atteindre ces objectifs.

L'imposition du secteur informel, qui joue un rôle central dans les économies africaines, pose des problèmes similaires. Alors que la contribution du secteur informel aux recettes reste modeste, l'imposition de ce secteur nécessiterait des politiques contextuelles tenant compte de la nécessité d'augmenter les recettes, de la formalisation, de la croissance économique et de l'équité sociale. Étant donné que de nombreux pays africains sont confrontés à des données économiques incomplètes ou peu fiables en raison de la prévalence des activités informelles, l'imposition du secteur informel peut encourager la tenue de registres précis sur les activités économiques, ce qui permet d'obtenir des indicateurs économiques plus précis et facilite la prise de décisions politiques éclairées.

Néanmoins, les avantages vont de pair avec les inconvénients, tels que des gains de recettes limités à court terme, des coûts de collecte disproportionnés par rapport aux recettes, le non-respect des règles et le risque d'exacerber la pauvreté. La plupart des acteurs de l'économie informelle ont des revenus insuffisants, ce qui fait de l'imposition excessive un fardeau susceptible de marginaliser davantage les populations vulnérables et d'amplifier la pauvreté, en particulier chez les femmes.

Compte tenu de ce potentiel latent, les gouvernements ont encore des efforts à faire. Dans le même temps, l'élargissement de la base des recettes et l'augmentation de la charge fiscale de manière plus progressive et plus équitable doivent être complétés par une gouvernance efficace des fonds publics. Sur l'ensemble du continent, la fourniture de services publics a été inadéquate et insatisfaisante. Cela a contribué à éroder la confiance des citoyens dans le gouvernement et à augmenter le non-respect des obligations fiscales. Les efforts en matière de fiscalité doivent donc aller de pair avec l'amélioration de la prestation de services et des infrastructures, la gestion transparente des dépenses publiques, l'éradication des dépenses publiques inefficientes et le renforcement de l'obligation de rendre des comptes. En particulier, une gestion prudente des fonds peut favoriser la confiance, l'engagement et la redevabilité des citoyens.

Références

Abille, A. B. et Mumuni, S.(2023) 'Tax incentives, ease of doing business and inflows of FDI in Africa : Does governance matter ?", *Cogent Economics & Finance*, (111), 2164555. Disponible à l'adresse : https://doi.org/10.1080/23322039.2022.2164555

Ackers, B. et Adebayo, A. (2022) 'Governance of African state-owned enterprises (SOEs) – Towards Agenda 2063', *Accounting Profession Journal (APAJI)* (42), pp. 125-45. Disponible sur : https://ojsapaji.org/index.php/apaji/article/view/46

Ademola, O. J., Dada, S. O. et Akintoye, I. R. (2019) 'Bridging tax gap In Nigeria through taxing high net worth individuals : Mythe ou réalité ? *Journal of Taxation and Economic Development,* 18(3), pp. 1-11.

Agence de Presse Sénégalaise (APS) (2016) 'A cause d'exonérations fiscales et douanières accordées au secteur minier, Le Sénégal a perdu en 8 ans plus de 400 milliards de francs CFA, selon les autorités', *Centre de Ressources sur les Entreprises et les Droits de l'Homme*, 6 décembre. Disponible à l'adresse : https://www.business-humanrights.org/fr

Agence Nationale de la Statistique et de la Démographie (ANSD) (2014 *Rapport definitif : Recensement général de la population et de l'habitat, de l'agriculture et de l'elevage (RGPHAE) 2013*. Disponible à l'adresse suivante : https://ireda.ceped.org/inventaire/ressources/sen-2013-rec-o1_rapport-definitif.pdf

Agyeman, Nana Konadu. 2022. «L'État perd 27 milliards de GH¢ en raison d'exonérations fiscales – le ministre des finances le confirme au Parlement». Graphic Online. 19 juillet 2022. https://www.graphic.com.gh/news/general-news/state-loses-gh-27bn-to-tax-exemptions-finance-minister-confirms-in-parliament.html.

Ali-Nakyea, A. et Amoh, J. (2018) 'Have the generous tax incentives in the natural resource sector been commensurate with FDI flows ? A critical analysis from an emerging economy *International Journal of Critical Accounting*, (103/4), pp. 257-273.

Andoh, F. K. (2017) «Taxable capacity and effort of Ghana's value-added tax», *African Review of Economics and Finance*, (92), pp. 255-284.

Andoh, F. K. et Nkrumah, R. K.(2022) ' Distributional aspects of Ghana's value-added tax', *Forum for Social Economics*, (514), pp. 394-414. Disponible à l'adresse: https://doi.org/10.1080/07360932.2021.1977970

Andoh, S. K. *et al.*(2019) "Performance of state-owned enterprises : A comparative analysis of Ethiopian Airlines and Ghana Airways", *American Journal of Management*, (195), pp. 141-156.

Appiah-Kubi, K. (2001) «State-owned enterprises and privatisation in Ghana», *The Journal of Modern African Studies*, (392), pp. 197-229.

Asiedu, J.(2022) 'Ghana parliament passes tax exemptions bill, 2022 ', *Ghana Financial Market*,26 July. Disponible à l'adresse : https://ghanafinancialmarket.wordpress.com/2022/07/26/ghana-parliament-passes-tax-exemptions-bill-2022/

Assibey-Mensah, G. O. (1999) «The value-added tax in Ghana», *Public Budgeting & Financ*, (192), pp. 76-89. Disponible sur : https://doi.org/10.1046/j.0275-1100.1999.01164.x

ATAF (2021) «Perspectives fiscales en Afrique 2021 : Renforcer la résilience de l'administration fiscale face aux chocs mondiaux.» Perspectives fiscales en Afrique. Pretoria, Afrique du Sud : Forum africain sur l'administration fiscale (ATAF). https://events.ataftax.org/index.php?page=documents&func=view&document_id=155.

Ba, M.(2023) ' Senelec : un chiffre d'affaires en hausse de 886 milliards FCFA', *Pulse Senegal*,4 août. Disponible à l'adresse : https://www.pulse.sn/business/senelec-un-chiffre-daffaires-en-hausse-de-886-milliards-fcfa/ytckqds

Baafi, A. A. (2022) 'Govt urged to invest more to build strong tax infrastructure', *Graphic*,12 July. Disponible à l'adresse : https://www.graphic.com.gh/business/business-news/govt-urged-to-invest-more-to-build-strong-tax-infrastructure.html

Barma, A. Y.(2019) ' Cameroun : le gouvernement s'attaque à la réduction des dépenses fiscales', *La Tribune Afrique*,14 août. Disponible à l'adresse : https://afrique.latribune.fr/economie/budget-fiscalite/2019-08-14/cameroun-le-gouvernement-s-attaque-a-la-reduction-des-depenses-fiscales-825796.html

BBC News Afrique. (2017) Sénégal : vers une baisse du prix de l'électricité, 1 janvier. Disponible à l'adresse : https://www.bbc.com/afrique/region-38484861

Blunt, M. E. (1970) «State enterprise in Nigeria and Ghana : The end of an era ?» (Entreprises d'État au Nigeria et au Ghana : la fin d'une époque ?) *African Affairs*, (69274), pp. 27-43.

Cameroun Actuel (2023) 'Dépenses fiscales : 439 milliards de FCFA concédés aux entreprises et ménages', 14 mars. Disponible à l'adresse : https://camerounactuel.com/depenses-fiscales-439-milliards-de-fcfa-concedes-aux-entreprises-et-menages/

Cheeseman, Nic, et Dominic Burbidge. 2016. «Are Leaders or Legislation the Silver». Daily Nation. Octobre 2016. http://www.nation.co.ke/oped/Opinion/are-leaders-or-legislation-silver-bullet-for-counties-to-succeed/440808-3402006-fmthhwz/index.html.

Cheeseman, N. et Griffiths, R. (2005) *Increasing tax revenue in sub-Saharan Africa: Le cas du Kenya*. OCGG economy analysis No. 06. Oxford, Royaume-Uni : The Oxford Council of Good Governance

Collier, P. *et al.*(2018 *Land and property taxes for municipal finance*. Document de travail IGC. Londres : International Growth Centre. Disponible à l'adresse : https://www.theigc.org/wp-content/uploads/2017/08/Land-and-Property-Taxes-for-Municipal-Finance-06.07.18.pdf

Conférence des Nations unies sur le commerce et le développement (CNUCED 2024). Development aid hits record-high but falls in developing countries. CNUCED 11 avril 2024. https://www.unctad.org/news/development-aid-hits-record-high-falls-developing-countries.

Coulibaly, S. et Camara, A. (2021) *Taxation, foreign direct investment and spillover effects in the mining sector*. Document de travail n° 354. Abidjan, Côte d'Ivoire : Groupe de la Banque africaine de développement.

Decoster, A. et coll. (2010) 'How regressive are indirect taxes ? A microsimulation analysis for five European countries", *Journal of Policy Analysis and Management* (292), pp.326-350. Disponible à l'adresse : https://doi.org/10.1002/pam.20494

Di John, J. (2006 *The political economy of taxation and tax reform in developing countries*. Document de recherche UNU-WIDER. Disponible à l'adresse : https://www.econstor.eu/handle/10419/63561

Diallo, F. Z.(2023) 'Après des pertes mensuelles de 6 à 7 milliards en 2022 : Air Sénégal sort la tête de l'eau', *EnQuete+*, 18 juillet. Available at: https://www.enqueteplus.com/content/apr%C3%A8s-des-pertes-mensuelles-de-6-%C3%A0-7-milliards-en-2022-air-s%C3%A9n%C3%A9gal-sort-la-t%C3%AAte-de-l%E2%80%99eau

Dietz, C. (2023) 'Number of African millionaires to rise 42% over next decade, says report', *African Business*, 20 April. Disponible à l'adresse : https://african.business/2023/04/quick-reads/number-of-african-millionaires-to-rise-by-42-by-2032-says-report

Direction générale des Impôts (DGI 2022)'Mobilisation des recettes fiscales au 30 novembre 2022 : La trés bonne performance de La DGI,› *DGI News*, 4 décembre.

Direction générale des Impôts et des Domaines (DGID)(2020) ‹Programme Yaatal. Yaatal Natt, Teggi Yokkuté› Direction générale des Impôts et Domaines.

Djotié, J. R. (2022) 'Réformes fiscales : le plan triennal de modernisation du système fiscal camerounais validé', *Eco-Finances*, 29 décembre. Disponible à l'adresse : https://ecofinances.net/2022/12/29/reformes-fiscales-le-plan-triennal-de-modernisation-du-systeme-fiscal-camerounais-valide/

Effah, E.(2021) ' Landlords to start paying taxes on rent soon – GRA' *Pulse Ghana*,14 June. Disponible à l'adresse : https://www.pulse.com.gh/business/gra-to-introduce-rent-tax-soon/klpwcs4

Fjeldstad, O.-H., Ali, M. et Goodfellow, T. (2017) *Taxing the urban boom: Property taxation in Africa*. Bergen, Norvège : Institut Chr. Michelsen. Disponible à l'adresse : https://open.cmi.no/cmi-xmlui/handle/11250/2475392

Franzsen, R. et McCluskey, W. (2017) *Property tax in Africa: Status, challenges, and prospects*. Washington, DC : Lincoln Institute of Land Policy.

Fualdes, N.(2023) ' Moins d'Europe, plus d'Amérique : le nouveau cap d'Air Sénégal,' *jeuneafrique*, 19 juillet. Disponible à l'adresse : https://www.jeuneafrique.com/1464826/economie-entreprises/moins-deurope-plus-damerique-le-nouveau-cap-dair-senegal/

Autorité fiscale du Ghana (GRA). (s.d.) *VAT standard*. Disponible à l'adresse : https://gra.gov.gh/domestic-tax/tax-types/vat-standard/

Base de données mondiale sur les dépenses fiscales (GTED) (2021) *Ghana*. Disponible à l'adresse : https://gted.net/country-profile/ghana/

Gouvernement du Sénégal (2014 *Plan Sénégal Emergent*. Disponible à l'adresse : https://www.finances.gouv.sn/publication/plan-senegal-emergent-pse/

Harcourt, Sarah (2024) «Aide publique au développement». *ONE Data & Analysis* (blog). 2024. https://data.one.org/topics/official-development-assistance/ .

Iddrisu, A. M. *et al.*(2021) *A survey of the Ghanaian tax system*. Accra : Institute of Fiscal Studies et ministère des finances, Ghana. Disponible à l'adresse : https://doi.org/10.3917/ecofi.131.0243

Jacquemot, P. et Raffinot, M. (2018) «La mobilisation fiscale en Afrique», *Revue d'économie financière*, (1313), pp. 243-263. Disponible sur : https://doi.org/10.3917/ecofi.131.0243

Jibao, S. et Prichard, W.(2013) *Rebuilding local government finance after conflict : The political economy of property tax reform in post-conflict Sierra Leone*. International Centre for Tax and Development working paper No. 12. Sussex, UK : Centre international pour la fiscalité et le développement. Disponible à l'adresse : https://doi.org/10.2139/ssrn.2436420

Kamer, L. (s.d.) 'Afrique : Nombre de millionnaires par pays 2022', *Statista*. Disponible à l'adresse : https://www.statista.com/statistics/1182842/number-of-high-net-worth-individuals-in-africa-by-country/

Kangave, J. *et al.*(2016) *Boosting revenue collection through taxing high net worth individuals : The case of Uganda*. Brighton, Royaume-Uni : Institute of Development Studies. Disponible à l'adresse : https://opendocs.ids.ac.uk/opendocs/handle/20.500.12413/11205

Knebelmann, J. (2019 https://opendocs.ids.ac.uk/opendocs/handle/20.500.12413/11205. Policy brief No. 50415. Londres, Royaume-Uni : International Growth Centre. Disponible à l'adresse : https://www.theigc.org/wp-content/uploads/2019/11/50415-policy-brief-2019.pdf

Ministère des Finances du Cameroun (MINFI). (2020) *La Taxe sur la Valeur Ajoutée (TVA) en bref*. Disponible à l'adresse: https://minfi.gov.cm/la-taxe-sur-la-valeur-ajoutee-tva-en-bref/

Ministère des Finances du Cameroun(2019) *Rapport sur les dépenses fiscales de l'exercice 2019*. Cameroun : Ministère des Finances du Cameroun.

Ministère des Finances du Ghana (s.d.) *2020 State ownership report*. Accra : Ministère des finances. Disponible à l'adresse : https://mofep.gov.gh/sites/default/files/news/2020_State_Ownership_Report.pdf

Ministère des Finances et du Budget du Sénégal(2020) *Rapport d'évaluation sur les dépenses fiscales*. Dakar, Sénégal : Ministère des Finances et du Budget du Sénégal.

Moe, T. M.(2005) ' Power and political institutions', *Perspectives on Politics* (32), pp. 215-233. Disponible sur : http://ereserve.library.utah.edu/Annual/POLS/6003/Francis/power.pdf

Mbodiam, Brice R. (2022) *Impôts : les recettes non pétrolières franchissent les 2 000 milliards de FCFA pour la première fois au Cameroun. https://www.investiraucameroun.com/economie/2312-18884-impots-les-recettes-non-petrolieres-franchissent-les-2-000-milliards-de-fcfa-pour-la-premiere-fois-au-cameroun*

Moore, M. (2015) *Tax and the governance dividend*. Document de travail de l'ICTD n°37. Sussex, Royaume-Uni : Institute of Development Studies. Disponible à l'adresse : https://papers.ssrn.com/abstract=2634034

Moore, M., Prichard, W. et Fjeldstad, O.-H. a (2018) *Taxing Africa: Coercion, reform and development*. 1ère éd. New York: Bloomsbury Publishing. Disponible à l'adresse: https://www.bloomsbury.com/ca/taxing-africa-9781783604548/

Moore, M., Prichard, W. et Fjeldstad, O.-H. (2018b *Taxing Africa. Coercion, Reform and Development*. First. The University of Chicago Press, 2018. https://press.uchicago.edu/ucp/books/book/distributed/T/bo28633229.html

Mutize, M. et Tefera, E. (2020) 'The governance of state-owned enterprises in Africa: An analysis of selected cases», *Journal of Economics and Behavioral Studies*, 12(2), pp. 9-16. Disponible à l'adresse : https://doi.org/10.22610/jebs.v12i2(J).2992

Nga Nga, F. et Ebele Ombede, E. T. (2022) 'The governance of Cameroonian public enterprises under the scanner : A reading on the effectiveness of performance contracts», *Revue du Contrôle, de la comptabilité et de l'audit*, (64), pp. 328-349.

Nyarko Otoo, K. (2020) *Tackling tax incentives, Ghana*. Casablanca, Maroc : Internationale des Services Publics. Disponible à l'adresse : https://publicservices.international/resources/publications/tackling-tax-incentives-ghana?id=10560&lang=en

Nyirakamana, C. (2021) *Incentives, rules, power, and discretion: A comparative analysis of local financial autonomy building in the cities of Accra and Nairob*. Thèse de doctorat non publiée. Université McMaster. Disponible à l'adresse : https://macsphere.mcmaster.ca/handle/11375/26337

OCDE (2017) 'Vers une administration publique opérant comme catalyseur du développement social et économique sénégalais', in *Examen multidimensionnel du Sénégal. Volume 2. Analyse approfondie et recommandations*, Les voies de développement. Paris : Éditions OCDE, pp. 125-147. Disponible à l'adresse: https://doi.org/10.1787/9789264287082-9-fr

OCDE (2018) *Politiques fiscales pour une croissance inclusive : Prescription versus pratique*. Document de politique économique de l'OCDE. Disponible à l'adresse : https://www.oecd.org/content/dam/oecd/en/publications/reports/2018/12/tax-policies-for-inclusive-growth_4df639c9/09ba747a-en.pdf

OCDE (2019) «Statistiques des revenus en Afrique : Sénégal (Edition 2019)» https://www-oecd-ilibrary-org.ezp.lib.cam.ac.uk/taxation/data/oecd-tax-statistics/revenue-statistics-in-africa-senegal-edition-2019_30f5f287-en.

OCDE, Commission de l'Union africaine (CUA) et Forum africain sur l'administration fiscale (FAAF)(2022) *Revenue statistics in Africa 2022*. Publications de l'OCDE. Disponible à l'adresse : https://www.oecd.org/en/publications/revenue-statistics-in-africa-2022_ea66fbde-en-fr.html

OCDE, ATAF et CUA (2022) 'Statistiques des recettes publiques en Afrique 2022 – Cameroun'. oe.cd/revstatsafrica

Olugbade, O. A. *et al.*(2021) *State-owned enterprises in Middle East, North Africa, and Central Asia: Size, costs, and challenges*. Departmental Papers No. 019 . Disponible à l'adresse: https://www.elibrary.imf.org/view/journals/087/2021/019/article-A001-en.xml

Prichard, W. (2019) ' Tax, politics, and the social contract in Africa', *Oxford Research Encyclopedia of Politics*. Disponible à l'adresse: https: https://doi.org/10.1093/acrefore/9780190228637.013.853

Prichard, W., Kamara, A. B. et Meriggi, N. (2020) 'Freetown just implemented a new property tax system that could quintuple revenue, *International Centre for Tax and Development (ICTD)*, 22 mai. Disponible à l'adresse : https://www.ictd.ac/blog/freetown-new-property-tax-system-quintuple-revenue/

Publish what you pay (PCQVP) (2018) *Cameroon is losing millions a year due to tax exemptions*, 23 mai. Disponible à l'adresse : https://www.pwyp.org/pwyp-news/cameroon-tax-exemptions/

Qhobosheane, L. A-M. (2018 *The impact of political interference in state-owned companies: A case study on SABC*. Mémoire de maîtrise non publié. Université de l'État libre. Disponible à l'adresse : https://scholar.ufs.ac.za/server/api/core/bitstreams/adb14807-710c-4a0c-a785-f88d29ba6d85/content

République du Cameroun (s.d.) *Rapport d'exécution du budget de l'état pour l'exercice 2020*. Cameroun : Ministère des Finances du Cameroun. Disponible à l'adresse : https://www.minfi.gov.cm/wp-content/uploads/2021/08/RAPPORT_EXECUTION_Budget_2020.pdf

République du Ghana (2019) *Ghana beyond aid charter and strategy document*. Accra : République du Ghana.

République du Ghana (2021 *The budget statement and economic policy of the Government of Ghana for the 2021 financial year*. Accra : Ministry of Finances. Disponible à l'adresse : https://mofep.gov.gh/budget-statements/2021

République du Sénégal (2018) *Plan Sénégal Émergent : Plans d'actions prioritaires 2019–2023*. Dakar, Sénégal : Ministère de l'Économie, des Finances et du Plan.

République du Sénégal (2021) *Rapport trimestriel d'exécution budgétaire : Quatrième trimestre 2020*. Dakar, Sénégal : Ministère des Finances et du Budget du Sénégal.

Rogan, M. et coll. (2023) 'Ghana's e-levy is unfair to the poor and misses its revenue target: A lesson in mobile money tax design ", *The Conversation*, 27 mars. Disponible à l'adresse : http://theconversation.com/ghanas-e-levy-is-unfair-to-the-poor-and-misses-its-revenue-target-a-lesson-in-mobile-money-tax-design-201303.

Santoro, F. et Diouf, A. (2022) 'Ghana's new e-levy : The sour, sweet and switches so far', *ICTD*,4 août. Disponible à l'adresse : https://www.ictd.ac/blog/ghana-e-levy-sour-sweet-switches/

Segbefia, S.(2021) ' GRA taps data scientists to go after tax deviants... especially high-net-worth individuals', *The Business & Financial Times*, 26 January. Disponible à l'adresse : https://thebftonline.com/2021/01/26/gra-taps-data-scientists-to-go-after-tax-deviants-especially-high-net-worth-individuals/

Segura-Ubiergo, A. et coll. 'Domestic revenue mobilization in Africa: Quelles sont les possibilités ?» dans *Regional economic outlook: Sub-Saharan Africa: Domestic revenue mobilization and private investment*. Washington, DC : FMI, pp. 31-58. Disponible à l'adresse : https://www.imf.org/en/Publications/REO/SSA/Issues/2018/04/30/sreo0518

Slack, E. et Bird, R. M. (2014 *The political economy of property tax reform*. Documents de travail de l'OCDE sur le fédéralisme fiscal. Disponible à l'adresse : https://www.oecd-ilibrary.org/taxation/the-political-economy-of-property-tax-reform_5jz5pzvzv6r7-en

Slemrod, J. (1990) ' Optimal taxation and optimal tax systems', *Journal of Economic Perspectives,* (41), pp. -15778. Disponible à l'adresse: https://doi.org/10.1257/jep.4.1.157

Suits, D. B. (1977) ' Measurement of tax progressivity', *The American Economic Review,* (674), pp. 747-752.

Tanzi, V. *et al.*(1981) "Special tax incentives", in *Taxation in Sub-Saharan Africa*. Washington, DC : Fonds monétaire international, pp. 33-36. Disponible à l'adresse : https://www.elibrary.imf.org/display/book/9781557750815/ch007.xml

Tefera, M. G. et Odhiambo, N. M. (2022) ' L'impact de l'aide étrangère sur la croissance économique en Afrique : Empirical evidence from low income countries', *Forum for Development Studies,* (492), pp. 175-210. Disponible à l'adresse : https://doi.org/10.1080/08039410.2022.2080760

Timor, Francis (2021) «The poor and venerable suffers the most : 57% of tax revenue comes from indirect taxes over the past 10 years», *The Business & Financial Times*, 10 novembre. Disponible à l'adresse : https://thebftonline.com/2021/11/10/the-poor-and-venerable-suffers-the-most-57-of-tax-revenue-comes-from-indirect-taxes-over-the-past-10-years/

Trading Economics (s.d.) *Cameroon corporate tax rate – 2022 data – 2023 forecast – 2004–2021 historical – chart* Disponible à l'adresse : https://tradingeconomics.com/cameroon/corporate-tax-rate

Zeng, D. Z. (2015 *Global experiences with special economic zones: Focus on China and Africa*. Policy Research Working Papers. Washington, DC : Banque mondiale. Disponible à l'adresse: https://doi.org/10.1596/1813-9450-7240

CHAPITRE 4

De la concurrence fiscale à la coopération ?

4.1. Introduction

La pandémie de COVID-19 et les crises successives qui l'ont suivie ont provoqué un ralentissement soudain des économies des pays africains. Cette situation a encore aggravé les faibles niveaux de mobilisation des ressources intérieures de l'Afrique et a entravé les efforts déployés par le continent pour mobiliser des ressources. La COVID-19 a eu un impact négatif sur l'Afrique dans des secteurs clés tels que le tourisme, l'éducation, l'industrie manufacturière, l'hébergement et les services de restauration, la construction, l'exploitation minière, les arts et les divertissements. On a assisté à une baisse des recettes fiscales, des investissements directs étrangers (IDE), des envois de fonds et des flux d'aide, et a augmenté le risque d'insoutenabilité de la dette et de défaut de paiement en Afrique. Outre la pandémie de COVID-19, les pays africains étaient déjà confrontés à des défis majeurs en matière de mobilisation et de conservation des ressources, notamment le rétrécissement des assiettes fiscales[68], la dépendance à l'égard d'un petit nombre de postes d'imposition ou la dépendance excessive à l'égard des taxes sur les industries extractives et les matières premières, l'inefficacité des systèmes fiscaux, l'inadéquation des capacités administratives en matière fiscale, l'obsolescence des politiques fiscales, l'érosion des assiettes fiscales due aux dépenses fiscales et les flux financiers illicites (FFI) en provenance de l'Afrique.

---

[68] L'érosion de l'assiette fiscale en Afrique est due à des échecs politiques internes et à des facteurs externes. Sur le plan interne, les gouvernements affaiblissent leur assiette fiscale par des incitations fiscales insuffisantes, des contrats non transparents dans les industries extractives, une imposition inadéquate des personnes fortunées et le recours à une source unique d'imposition. L'absence de systèmes fiscaux automatisés et le décalage entre la politique fiscale et l'administration ne font qu'aggraver le problème. Sur le plan extérieur, les fausses factures, qui consistent à facturer frauduleusement les transactions commerciales, sont à l'origine d'importants flux financiers illicites, qui drainent des ressources nationales cruciales pour le développement. L'importance du secteur informel et le manque de coopération interrégionale en matière d'échange d'informations contribuent également à l'érosion de l'assiette fiscale (ATAF (2014) *Cross-Border Taxation: Implications for Africa: African Priorities on Base Erosion and Profit Shifting*).

En outre, depuis fort longtemps, les économies africaines sont confrontées à la difficulté de capter les investissements des entreprises multinationales pour stimuler la croissance et créer des emplois, tout en prélevant des impôts sur le rendement de ces investissements, compte tenu de leurs énormes besoins de financement

Le continent doit puiser dans ses propres richesses pour financer l'Agenda 2063 de l'Union africaine, qui vise à assurer une transformation socioéconomique positive au cours des 40 prochaines années. Cet agenda met l'accent sur la responsabilité de l'Afrique dans son propre développement. Le financement de l'Agenda 2063 nécessite une combinaison de stratégies et d'efforts de la part des gouvernements africains, des entités du secteur privé et des partenaires internationaux. L'une de ces stratégies consiste à donner la priorité à la mobilisation des ressources intérieures en augmentant les recettes fiscales et en réduisant les flux financiers illicites.

Face aux conséquences de la mondialisation économique, la coopération fiscale internationale entre les gouvernements du monde entier est considérée comme une condition préalable essentielle à la mobilisation nationale des ressources tant dans les pays développés que dans les pays en développement. En outre, la gouvernance fiscale internationale est nécessaire pour garantir l'adoption, l'interprétation et la mise en œuvre cohérentes des normes internationales requises pour contrer l'incidence globale des FFI et renforcer la certitude fiscale afin de favoriser la croissance économique. Il s'agit d'une question qui ne peut être traitée que par une réponse collective des gouvernements. Aucun pays n'est en mesure de s'y attaquer seul et les approches unilatérales peuvent avoir des effets préjudiciables sur le commerce et l'économie.

L'accord fiscal mondial conclu sous les auspices du Cadre inclusif sur le BEPS en octobre 2021 est peut-être la réforme fiscale mondiale la plus importante depuis un siècle. Il vise à introduire un nouveau régime fiscal international qui fait que les impôts sont payés là où l'activité économique a lieu plutôt qu'à l'emplacement physique ou la résidence. Le cadre inclusif a été créé dans le but d'uniformiser les règles du jeu pour toutes les juridictions engagées (intéressées) et concernées et de garantir qu'elles participent sur un pied d'égalité à l'établissement des futures normes relatives aux questions du BEPS, à la mise en œuvre et au suivi des résultats du BEPS, y compris l'adaptation des solutions de mise en œuvre pour les résultats du BEPS qui sont appropriées pour tous les niveaux de capacité.

Plus récemment, de nouvelles propositions visant à renforcer la coopération fiscale internationale de manière plus inclusive et plus efficace ont vu le jour à la suite de l'adoption de la résolution sur la promotion d'une coopération internationale inclusive et efficace en matière fiscale à l'Organisation des Nations Unies (A/RES/77/244).

Encadré 5. Défis et opportunités budgétaires dans les économies africaines dans un contexte d'incertitude mondiale

Dans un système économique mondial complexe, l'imposition des activités est devenue difficile et coûteuse, ce qui affaiblit la capacité de nombreux pays à fournir des services publics ou à redistribuer les richesses (Poitevin, 2018 ; Commission européenne, 2001). Le ralentissement économique mondial et la crise pandémique ont accru l'incertitude fiscale en Afrique, qui connaît une baisse des taux d'imposition et des recettes fiscales depuis 1980 (Keen et Brumby, 2017). Des facteurs tels que des systèmes fiscaux inadaptés, le manque de confiance dans les institutions et la relation négative entre les ressources naturelles et les recettes fiscales contribuent à la faible mobilisation des recettes fiscales (Niang, 2020 ; Belinga, Melou et Nganou, 2017 ; Ajayi et Ndikumana, 2015). En outre, la concurrence fiscale constitue une menace réelle pour les recettes publiques et l'équilibre budgétaire des pays en développement. Il est urgent de mobiliser les ressources internes pour le développement, la Banque mondiale estimant à 93 milliards de dollars par an les besoins en infrastructures en Afrique. La crise de la COVID-19 appelle à l'intégration et à la coopération sous-régionales (CEDEAO, CEMAC, SADC, ZLECAf, etc.) pour renforcer la résilience économique et atteindre les objectifs de développement.

Le chapitre 4 explore les moyens de réduire la concurrence fiscale par une meilleure coopération entre les pays africains et au niveau mondial, ainsi que la contribution potentielle des initiatives fiscales mondiales à la lutte contre l'évasion fiscale et à l'augmentation de la mobilisation des ressources, en particulier dans l'industrie extractive. Le chapitre commence par souligner l'importance des recettes fiscales pour les pays africains, puis l'importance de l'impôt sur les sociétés pour leurs économies, dont une part substantielle est payée par les multinationales. La section suivante du chapitre explore les impacts de la concurrence fiscale en Afrique, en mettant en évidence les avantages à court terme par rapport aux impacts négatifs à long terme sur les recettes publiques et les disparités régionales. Les sections suivantes du chapitre examinent les avantages et les limites des règles fiscales internationales proposées par l'initiative du Cadre inclusif pour les pays africains, ainsi que les opportunités et les risques posés par la promotion d'une coopération internationale inclusive et efficace en matière fiscale à l'Organisation des Nations Unies. Elles examinent le débat actuel sur les règles fiscales internationales et certaines initiatives régionales en vue de formuler des recommandations sur ce que les pays du continent pourraient faire.

4.2. Importance des recettes fiscales pour les pays africains

La fiscalité est le moyen conventionnel utilisé par les gouvernements du monde entier pour collecter des recettes afin de financer les programmes de développement des pays et de payer la prestation de services publics, notamment l'éducation, les soins de santé, la réglementation, la protection sociale et la sécurité. Les recettes fiscales sont également utilisées pour construire des infrastructures publiques telles que des routes, des ponts, des écoles, des hôpitaux, des projets énergétiques, des réseaux à large bande, etc. Les gouvernements utilisent également les ressources dont ils disposent pour les investissements publics, notamment dans les entreprises publiques et les régimes de retraite.

Outre les recettes, les gouvernements utilisent également la fiscalité pour influencer les comportements. Ils prélèvent ainsi des taxes sur des produits tels que les cigarettes, l'alcool et la pollution de l'environnement et subventionnent des produits tels que l'investissement, l'éducation et les pensions. La fiscalité est également liée de manière indissociable à la gouvernance dans la mesure où, dans les systèmes fiscaux solides, les gouvernements s'efforcent de rendre compte de l'utilisation de l'argent des contribuables, tandis que les contribuables eux-mêmes s'intéressent de près au fonctionnement du gouvernement. Un système fiscal équitable et efficace est nécessaire pour instaurer la confiance entre les citoyens et leurs gouvernements, ce qui est un élément crucial du contrat social fiscal et nécessaire au développement des institutions démocratiques (Monkam, 2011). En outre, lorsque les gouvernements sont en mesure de lever des impôts pour faire face à leurs obligations, cela réduit le montant qu'ils doivent emprunter.

La composition des recettes fiscales varie considérablement d'un pays à l'autre et d'une région à l'autre en Afrique, en fonction de facteurs tels que la structure de l'économie, le système fiscal en place et le niveau de l'activité économique informelle. En général, les pays africains ont tendance à s'appuyer fortement sur les impôts indirects tels que la taxe sur la valeur ajoutée (TVA) et les droits de douane, plutôt que sur les impôts directs tels que l'impôt sur le revenu (Figure 24). Cette option s'explique par le fait que les taxes à la consommation sont plus faciles à collecter et à administrer et qu'elles peuvent générer des recettes importantes, même dans les économies où le niveau d'informalité est élevé. Ce choix s'explique aussi en partie par le faible taux d'emploi formel dans de nombreux pays africains, qui fait qu'il est difficile pour les gouvernements de collecter des impôts sur le revenu auprès d'une grande partie de la main-d'œuvre.

Figure 24 : Structures fiscales en Afrique en 2020, pourcentage des recettes fiscales totales

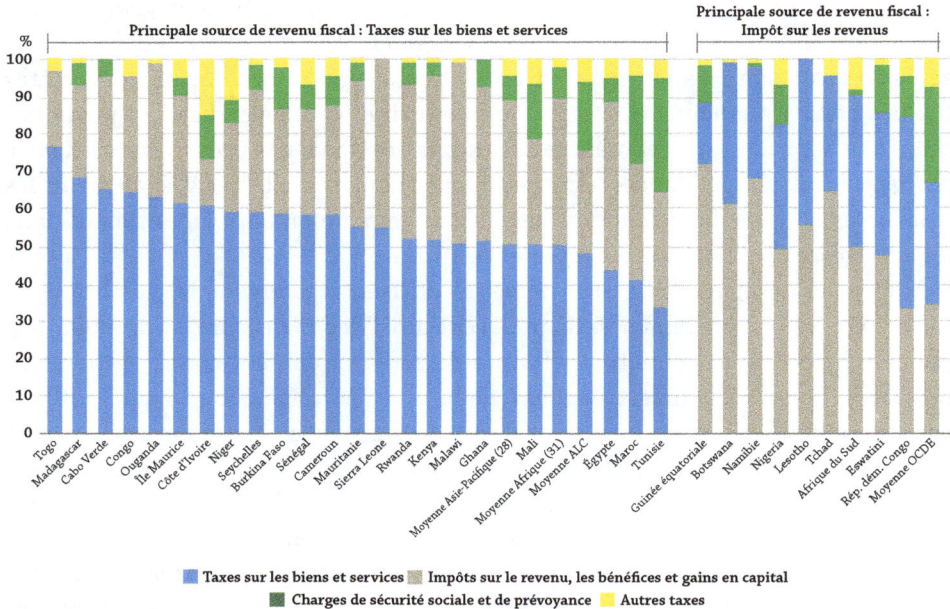

Source : ATAF/AU/Statistiques de l'OCDE sur les revenus en Afrique (2022)

Dans de nombreux pays africains, l'assiette fiscale est relativement étroite, ce qui signifie qu'il y a relativement peu d'individus et d'entreprises qui gagnent suffisamment de revenus pour être soumis à l'impôt sur le revenu. Cette situation s'explique en partie par le fait que de nombreuses économies africaines sont encore en développement et qu'il y a relativement peu de grandes entreprises formelles. En 2015, quelques gros contribuables représentaient une part très importante des recettes publiques dans certains pays africains (Figure 25).

Certains éléments indiquent que les recettes fiscales ont augmenté en Afrique ces dernières années, en partie grâce aux efforts déployés pour améliorer l'administration fiscale et le respect des règles. Cependant, le recouvrement de l'impôt reste un défi majeur dans de nombreux pays africains, et il faut faire davantage pour élargir l'assiette fiscale et s'assurer que chacun paie sa juste part. Il est donc préoccupant de constater que les pays africains ont en moyenne un faible ratio impôt/PIB. En 2020, dans le contexte de la pandémie de COVID-19, le ratio impôt/PIB de 31 pays africains était de 16,0 %, soit une baisse de 0,3 point de pourcentage par rapport à l'année précédente. Le ratio impôts/PIB est une mesure des recettes fiscales totales, y compris les cotisations de sécurité sociale obligatoires, en pourcentage du PIB. Par rapport aux économies de l'Asie et du Pacifique (19,1 %), de l'Amérique latine et des Caraïbes (21,9 %) et de l'OCDE (33,5 %), la moyenne de l'Afrique (31) était inférieure (Figure 26).

Figure 25 : Part des gros contribuables dans les recettes publiques totales en Afrique, 2015

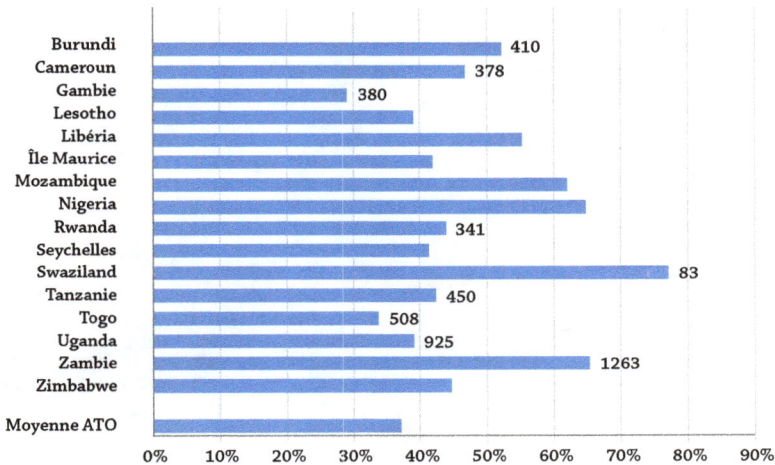

Source : ATAF (2017)

Plusieurs raisons expliquent le faible taux d'imposition par rapport au PIB en Afrique, notamment l'importance de l'économie informelle et la faiblesse de l'administration fiscale. Le secteur informel, qui se compose d'activités ayant une valeur marchande et susceptibles de contribuer aux recettes fiscales et au PIB si elles étaient incluses dans l'économie formelle, représente environ 35 % du PIB dans les pays à faible revenu, contre à peine 15 % dans les économies avancées.

Figure 26 : Recettes fiscales en Afrique, 2020 (pourcentage du PIB)[*]

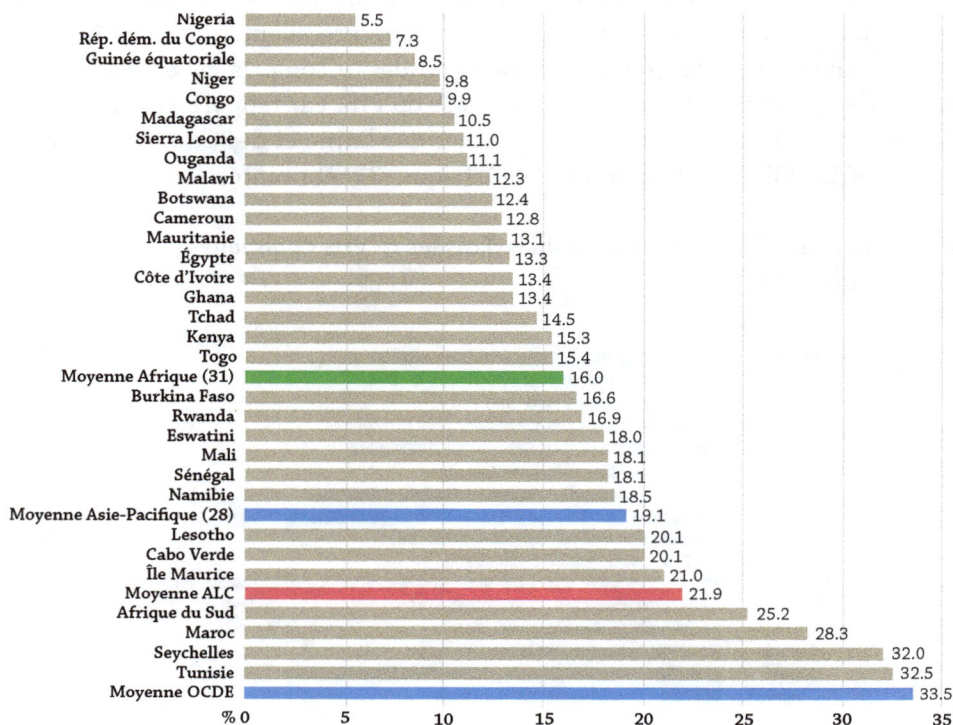

Pays	%
Nigeria	5.5
Rép. dém. du Congo	7.3
Guinée équatoriale	8.5
Niger	9.8
Congo	9.9
Madagascar	10.5
Sierra Leone	11.0
Ouganda	11.1
Malawi	12.3
Botswana	12.4
Cameroun	12.8
Mauritanie	13.1
Égypte	13.3
Côte d'Ivoire	13.4
Ghana	13.4
Tchad	14.5
Kenya	15.3
Togo	15.4
Moyenne Afrique (31)	16.0
Burkina Faso	16.6
Rwanda	16.9
Eswatini	18.0
Mali	18.1
Sénégal	18.1
Namibie	18.5
Moyenne Asie-Pacifique (28)	19.1
Lesotho	20.1
Cabo Verde	20.1
Île Maurice	21.0
Moyenne ALC	21.9
Afrique du Sud	25.2
Maroc	28.3
Seychelles	32.0
Tunisie	32.5
Moyenne OCDE	33.5

Source : ATAF/AU/OCDE ATAF/AU/ Statistiques de l'OCDE sur les revenus en Afrique (2022)
*Note : * La moyenne pour l'Afrique (31) doit être interprétée avec prudence, car les données relatives aux cotisations de sécurité sociale ne sont pas disponibles ou sont partielles dans quelques pays (ATAF/AU/OCDE, 2022).*

4.2.1. Importance de l'impôt sur les sociétés pour les pays africains

L'une des principales caractéristiques du faible ratio impôts/PIB de l'Afrique est le degré de dépendance à l'égard de l'impôt sur les sociétés (IS) sur le continent (Ocampo, 2018). Tandis que les recettes de l'impôt sur le revenu des personnes physiques dans les économies développées sont plus de deux fois supérieures à celles de l'impôt sur les sociétés, la réalité est tout autre en Afrique, où l'impôt sur les sociétés rapporte davantage aux gouvernements (Tableau 7).

En général, les sources suggèrent que les recettes de l'imposition des revenus des sociétés en pourcentage du PIB en Afrique sont généralement plus faibles par rapport à d'autres régions du monde, ce qui indique qu'il existe un potentiel important pour les pays africains d'améliorer leurs efforts de mobilisation des recettes fiscales. Selon la base de données des indicateurs du développement mondial de la Banque mondiale, la moyenne des recettes de l'impôt sur le revenu en pourcentage du PIB en Afrique était de 2,9 % en 2019. À titre de comparaison, la moyenne pour les pays à revenu élevé était de 2,8 % ; la moyenne pour l'Amérique latine et les Caraïbes était de 3,3 % ; et la moyenne pour le Moyen-Orient et l'Afrique du Nord était de 4,2 %. Si l'on compare les recettes de l'imposition des revenus des sociétés en pourcentage du PIB en Afrique en 2019 entre les économies riches en ressources et les économies non riches en ressources, elles s'élèvent respectivement à 4,7 % et à 2,8 %. Cette différence s'explique, entre autres, par la forte rentabilité des industries de ressources.

Tableau 7 : Structures fiscales en Afrique vs économies d'autres régions (2020)

	Ratio impôts/PIB	Impôt sur les sociétés par rapport aux recettes totales	Impôt sur le revenu des personnes physiques par rapport aux recettes totales	TVA par rapport aux recettes totales
OECD	33.5%	9.6%	23.5%	20.3%
Asie	19.1%	18.8%	16.0%	23.1%
Amérique latine et Caraïbes	21.9%	15.6%	9.8%	27.5%
Afrique	16.0%	19.3%	18.5%	27.8%

Source : Statistiques de l'OCDE sur les revenus en Asie et dans le Pacifique (2022)

Malgré la contribution essentielle de l'impôt sur les sociétés, son niveau a diminué à l'échelle mondiale. Par exemple, depuis les années 80, le taux moyen non pondéré de l'impôt sur les sociétés est passé d'environ 40 % à 23,4 % aujourd'hui. La baisse des taux moyens d'imposition des sociétés affecte tout naturellement les pays africains qui dépendent davantage de ces taux pour augmenter leurs recettes. Il convient également de noter que les plus grandes entreprises des pays africains sont principalement des multinationales qui contribuent à hauteur de 23 % à ces impôts. Un taux d'imposition en baisse signifie également que pour augmenter les recettes ou même les maintenir constantes, il faut élargir le filet fiscal. Cela pose un dilemme supplémentaire dans les environnements où le secteur informel est important, où l'administration fiscale est inadéquate et où les effets d'érosion fiscale du transfert de bénéfices et de la concurrence fiscale entraînent un nivellement par le bas.

Plusieurs facteurs peuvent contribuer à la baisse des recettes de l'impôt sur le revenu en pourcentage du PIB en Afrique, au fil du temps. Tout d'abord, les incitations fiscales mises en œuvre pour attirer les investissements étrangers réduisent souvent l'assiette fiscale et diminuent les recettes générées par l'impôt sur le revenu. Les incitations fiscales contribuent largement à la baisse des recettes de l'impôt sur le revenu en Afrique et elles sont souvent mal conçues, ce qui entraîne des fuites de recettes et réduit l'efficacité de l'attraction des investissements (ONU et CIAT, 2018). Deuxièmement, l'importance des économies informelles dans de nombreux pays africains peut limiter les recettes générées par l'imposition des revenus des sociétés, car de nombreuses entreprises informelles exercent leurs activés en dehors du système fiscal. Troisièmement, les multinationales peuvent s'engager dans des pratiques de prix de transfert pour déplacer leurs bénéfices vers des juridictions à fiscalité réduite, réduisant ainsi les recettes générées par l'impôt sur les sociétés dans les pays africains. Par exemple, dans son rapport 2022, la Commission indépendante pour la réforme de l'impôt sur les sociétés (ICRICT) affirme que les insuffisances structurelles du système financier international ont permis de dissimuler jusqu'à 10 % du PIB mondial dans des paradis fiscaux, permettant aux 1 % les plus riches (qui possèdent jusqu'à 40 % de la richesse dans certains pays) de contourner jusqu'à 25 % de leurs obligations en matière d'impôt sur le revenu en utilisant des arrangements offshore (Ocampo, 2018 ; ICRICT, 2022). Enfin, la faiblesse de l'administration fiscale et de l'application de la loi peut également contribuer à la baisse des recettes de l'impôt sur le revenu en Afrique. Selon le rapport *Doing Business* 2020 de la Banque mondiale, les pays africains ont en moyenne des scores plus faibles en matière d'administration et d'application de la législation fiscale que les autres régions. Ce constat indique que les mesures de collecte et de respect de l'impôt ont tendance à être plus faibles en Afrique, ce qui peut se traduire par une baisse des recettes fiscales pour les gouvernements (Banque mondiale, 2020).

Par conséquent, la manière dont les multinationales sont imposées revêt une grande importance pour les économies africaines. D'une part, les pays souhaitent attirer ces sociétés en tant que sources d'investissement et d'avantages économiques. Toutefois, compte tenu de la taille, de la complexité des opérations et des capacités juridiques, financières et comptables supérieures des multinationales, il est difficile pour les pays africains de suivre, de repérer et de contrôler leur comportement, en particulier en matière fiscale. Par exemple, le revenu annuel d'Amazon, qui s'élevait à environ 432 milliards de dollars en 2021, était comparable au PIB du Nigeria (440 milliards de dollars), qui est la plus grande économie d'Afrique.

En conclusion, le continent africain abrite plusieurs nations en développement disposant de ressources limitées pour développer leurs économies, ce qui les oblige à optimiser la collecte de leurs recettes fiscales auprès des multinationales. La coopération fiscale internationale est donc essentielle pour améliorer la fiscalité en Afrique.

4.3. Le paysage de la concurrence fiscale en Afrique

4.3.1. Concurrence et incitations fiscales en Afrique

Les pays africains rencontrent diverses difficultés pour collecter les impôts de manière efficiente dans les différents secteurs d'activité à l'intérieur de leurs frontières. L'imposition du secteur informel, des petites et moyennes entreprises (PME) et des multinationales pose des défis distincts. Il est dès lors essentiel pour ces pays de mettre en place des politiques fiscales cohérentes, fondées sur des données probantes, qui établissent un équilibre entre la génération de recettes, la garantie d'une gouvernance solide et la création d'un environnement propice à l'expansion des entreprises et de l'économie. En conséquence, ils se livrent à une concurrence fiscale en offrant des incitations et des exonérations fiscales pour attirer les investissements étrangers, souvent au détriment d'autres pays. Comme conséquence, on peut assister à un nivellement par le bas, où les pays abaissent continuellement leurs taux d'imposition pour rester compétitifs. En outre, l'assiette fiscale en Afrique est souvent érodée de manière significative par l'octroi d'incitations fiscales inappropriées et inutiles.

> **Encadré 6. Perspectives sur les incitations fiscales**
>
> Tandis que les premières études étaient sceptiques quant à l'influence des incitations fiscales sur l'investissement étranger (Gubian, Guillaumat-Tailliet et Le Cacheux, 1986 ; Muet et Avouyi-Dovi, 1987), des recherches plus récentes reconnaissent des effets positifs dans certaines circonstances (Poitevin, 2018 ; Keen et Brumby, 2017 ; James, 2017 ; OCDE, 2002). Hines (2004) a conclu qu'une réduction de 1 % du taux d'imposition effectif pouvait augmenter l'IDE d'environ 2 %. Kransdorff (2010) souligne que le secteur manufacturier est particulièrement sensible aux incitations fiscales. Les partisans des incitations fiscales affirment qu'elles limitent les dépenses inefficientes de l'État en réduisant le fardeau fiscal (McLure, 1986) et qu'elles ont des effets bénéfiques similaires à ceux de la concurrence par les prix entre les entreprises. En outre, la mondialisation et les progrès technologiques ont accru l'élasticité des capitaux étrangers aux variations fiscales, ce qui permet aux petites économies de rivaliser avec les grandes en attirant les IDE (Kransdorff, 2010 ; Deblock et Rioux, 2008 ; Bolnick, 2004 ; Blomström, Kokko et Mucchielli 2003 ; Altshuler, Grubert et Newlon, 1998).

Les exonérations sont accordées à des catégories spécifiques de contribuables, d'activités ou d'entreprises et de projets individuels. Lorsqu'elles sont accordées aux entreprises, elles sont souvent qualifiées d'« incitations », car elles sont techniquement accordées pour attirer de nouveaux investissements, en particulier de l'étranger. Les exonérations sont particulièrement répandues en Afrique, et des études ont montré que le continent subit des pertes de revenus significatives du fait de l'octroi d'incitations fiscales. Par conséquent, elles sapent les efforts déployés par les gouvernements pour mobiliser des ressources nationales adéquates afin de financer les services publics et la protection sociale, de lutter contre les inégalités et d'atteindre les objectifs de développement durable pour tous. En raison du manque perceptible de transparence dans la manière dont les incitations sont accordées et gérées, les incitations fiscales devraient être liées à l'agenda sur les Flux financiers illicites (FFI) (Padilla et coll., 2020).

Encadré 7. Le paradoxe des exonérations fiscales pour attirer les investissements étrangers en Afrique

La situation actuelle dans de nombreux pays africains est une course aux exonérations fiscales pour attirer les investisseurs étrangers. Cependant, ces exonérations semblent être souvent recherchées par ceux qui ont déjà décidé d'investir, ce qui soulève des questions quant à leur impact réel sur l'augmentation des investissements étrangers (Jacquemot et Raffinot, 2018). Une étude menée par le FMI en 2015 dans sept pays africains a révélé que 84 % des investisseurs ont déclaré que leurs décisions d'investissement n'étaient pas motivées par les exonérations fiscales. En outre, Jacquemot et Raffino (2018) notent que ces exonérations sont nombreuses et souvent accordées dans des conditions opaques, ce qui nuit à la crédibilité du système fiscal. Aussi, ces exonérations deviennent difficiles à contester même lorsqu'elles s'écartent des codes législatifs locaux et sont incompatibles avec les politiques industrielles nationales.

Si des exemptions sont accordées, par exemple pour aider une société minière, il est essentiel de s'assurer qu'elles sont utilisées de manière stratégique et alignées sur des objectifs de politique publique clairement identifiés et d'une grande utilité collective. Cela nécessite des fondements clairs, des procédures transparentes approuvées par plus d'une institution nationale et des délais stricts. Un contrôle régulier et une évaluation transparente de leur impact dans le cadre des processus budgétaires sont également nécessaires (Kransdorff, 2010). L'auteur suggère que si les incitations fiscales peuvent être souhaitables à court terme, il convient de prendre en considération le développement des compétences et la modernisation des infrastructures de transport, de communication et d'énergie. Ces éléments sont identifiés comme les principaux déterminants de l'attraction des capitaux étrangers.

4.3.2. Défis posés par la concurrence et les incitations fiscales en Afrique

Une étude publiée en 2012 par ActionAid et TJNA a mis en évidence la perte substantielle d'argent en Afrique de l'Est résultant des dépenses fiscales offertes pour attirer les IDE. Par exemple, en 2008, la Tanzanie a subi une perte de 1,23 milliard de dollars, soit l'équivalent de 6 % de son PIB, ce qui aurait permis d'augmenter le budget national de l'éducation d'un cinquième et celui de la santé de deux cinquièmes. Le rapport révèle également que le Kenya a subi une perte annuelle de 1,1 milliard de dollars, ce qui représente plus de deux fois le budget total de la santé du Kenya et équivaut à 3,1 % de son PIB. Entre 2009 et 2010, l'Ouganda a subi une perte annuelle de 2 % de son PIB, ce qui équivaut à environ 272 millions de dollars, soit près de deux fois le budget total de l'Ouganda consacré à la santé. Enfin, le Rwanda a perdu 156 millions de dollars (3,6 % du PIB) en 2008 et 234 millions de dollars (4,7 % du PIB) en 2009. Ces pertes de revenus auraient pu être utilisées pour doubler les dépenses d'éducation. Si toutes les dépenses fiscales ne sont pas préjudiciables, une part considérable de ces pertes de recettes résulte des incitations fiscales accordées pour attirer les investissements étrangers, qui ont surtout profité aux grandes entreprises et ont conduit à une concurrence fiscale néfaste et à un nivellement par le bas dans la région (TJN-Africa et ActionAid International, 2012).

Une étude récente visait à évaluer l'efficacité et la prudence des dépenses fiscales du Kenya à la lumière de la situation fiscale actuelle du pays. L'objectif principal de l'étude était de fournir des informations fiables pour soutenir les efforts de plaidoyer en faveur d'un système fiscal plus équitable, plus juste et plus progressif dans le pays. Au Kenya, les dépenses fiscales désignent le manque à gagner total pour le gouvernement en raison des mesures fiscales préférentielles (incitations fiscales). En utilisant l'approche du manque à gagner, l'étude a calculé la différence entre l'impôt effectivement payé (en raison des dépenses fiscales) et le montant théorique de l'impôt, en supposant une conformité totale avec le système fiscal de référence (BTS). L'étude a révélé que les dépenses fiscales en pourcentage du PIB au Kenya s'élevaient en moyenne à 4 % entre 2015 et 2020. En outre, les dépenses fiscales représentaient 20 % des recettes fiscales potentielles (recettes perçues plus dépenses fiscales) en moyenne entre 2017 et 2021, ce qui suggère que la collecte annuelle de recettes dépasserait l'objectif de recettes fiscales de 0,33 trillion Ksh si les dépenses fiscales n'avaient pas été accordées. L'étude propose plusieurs recommandations essentielles pour promouvoir un système de dépenses fiscales plus équitable, plus juste et plus progressif au Kenya (TJN-A, 2022).

Dans la région de la CEDEAO, les incitations fiscales ont donné des résultats mitigés pour ce qui est d'attirer les IDE. Tax Justice Network Africa et ActionAid International (2015) révèlent que ces incitations ont entraîné des pertes importantes de recettes fiscales essentielles, les dépenses fiscales annuelles moyennes au Nigeria, au Ghana et au Sénégal représentant 3,8 % du PIB. Par ailleurs, les recherches du FMI indiquent des pertes allant jusqu'à 730 millions de dollars par an dans les recettes de l'imposition des revenus des sociétés en raison du transfert de bénéfices dans le secteur minier. Malgré ces généreuses incitations fiscales, le climat d'investissement s'avère plus efficace pour attirer les investissements que les incitations fiscales. Cela souligne la preuve irréfutable que l'investissement dans les infrastructures de transport et d'énergie a un impact plus substantiel sur les flux d'IDE, mais ce domaine reste déficient dans les pays de la CEDEAO. La CEDEAO peut financer les déficits d'infrastructure en harmonisant les incitations fiscales entre les pays membres.

En outre, le secteur extractif, en particulier l'exploitation minière en Afrique subsaharienne, suscite une inquiétude générale, car il existe plusieurs incitations à l'investissement de type « nivellement par le bas » qui sont généralement accordées sans analyse coûts-avantages appropriée et lorsque les avantages escomptés ne se sont pas concrétisés. Pour de nombreux pays africains riches en ressources, il est essentiel d'obtenir une part équitable des bénéfices générés par l'exploitation de leurs ressources naturelles, qui sont souvent non renouvelables. La taxation des ressources naturelles se distingue des autres formes d'imposition, car elle consiste à répartir les bénéfices tirés de l'exploitation des ressources entre le pays propriétaire des ressources et l'entreprise, souvent multinationale, qui a la capacité de les extraire, de les raffiner et de les vendre. L'absence de mise en œuvre d'un régime fiscal approprié pourrait se traduire par une perte importante de recettes pour le pays.

Une étude réalisée par la BAD en 2022 sur les IDE et les retombées dans le secteur minier a révélé que les réductions des taux de l'impôt sur les sociétés appliquées aux sociétés minières n'attirent pas nécessairement les IDE vers les projets liés à l'or et à l'argent, mais qu'elles peuvent stimuler les IDE dans les pays voisins. En d'autres termes, une augmentation des entrées d'IDE dans le secteur de l'or et de l'argent dans le pays d'accueil peut stimuler les IDE dans les projets d'or et d'argent dans les pays voisins (Coulibaly et Camara, 2021). Ali-Nakyea et Amoh (2018) ont conclu que les incitations fiscales dans le secteur des ressources naturelles du Ghana n'ont pas eu l'impact souhaité sur les flux d'IDE.

Encadré 8. Fiscalité minière et impact en Guinée

Les bénéfices tirés de l'exploitation des matières premières réduisent parfois l'incitation à percevoir certaines taxes minières, en particulier lorsque les rentes financières et autres retours attendus (y compris les emplois) de ces exploitations sont considérables. C'est ce qui explique, entre autres, les avantages fiscaux multiples, divers et prolongés accordés par certains pays aux investisseurs miniers. En Guinée, par exemple, de nombreuses conventions minières dénaturent les codes miniers et autres cadres juridiques réglementant l'exercice des activités minières. Les mesures discrétionnaires qu'elles contiennent n'ont souvent aucune justification rationnelle, si ce n'est d'un point de vue minier ; entre les volumes de produits miniers exploités et exportés et les retombées correspondantes, la population est frustrée en termes de revenus. Plusieurs générations de Guinéens se retrouvent ainsi privées de leurs droits, auxquels s'ajoutent les conséquences de la dégradation du climat liée à ces exploitations minières.

En outre, la Guinée n'a pas encore adhéré aux principales conventions internationales qui pourraient protéger le pays contre les comportements prédateurs des entreprises multinationales. Selon Kransdorff (2010), si les incitations fiscales peuvent être déterminantes pour attirer les IDE, elles présentent des risques importants pour les recettes budgétaires des juridictions qui les utilisent. La faiblesse des administrations minières et fiscales de la Guinée expose le pays à des risques majeurs d'abus et de stratégies d'évasion fiscale. L'augmentation disproportionnée des exportations minières au cours de la dernière décennie par rapport aux ressources financières qui reviennent à la Guinée en est la preuve.

La Guinée gagnerait à rejoindre les forums mondiaux sur la transparence et l'échange d'informations à des fins fiscales pour compenser son manque de capacité administrative et accéder à des informations fiables sur le marché mondial des matières premières (Zee, Stotsky et Ley, 2002). Deblock et Rioux (2008) identifient trois effets néfastes de la concurrence fiscale : 1) la limitation de l'État-providence et la réduction de ses capacités budgétaires, 2) la distorsion du commerce et de l'investissement, et 3) l'évasion fiscale et l'érosion de l'assiette fiscale. Rejoindre la communauté de l'intelligence fiscale peut fournir des outils de gouvernance importants pour protéger l'assiette fiscale, prévenir les distorsions économiques coûteuses et minimiser la corruption (Flatters, 2005 ; Bolnick, 2004).

En résumé, si les incitations fiscales peuvent attirer les IDE, leur application inappropriée peut avoir des effets néfastes sur l'économie du pays qui les emploie.

En outre, la concurrence fiscale peut conduire à une concentration des investissements dans certains pays ou régions, exacerbant les disparités régionales et réduisant les avantages potentiels des investissements étrangers. Il peut en résulter un manque d'investissement dans d'autres zones du pays ou de la région, ce qui entrave la croissance et le développement économiques globaux. La concurrence fiscale peut également entraîner un manque de transparence et de redevabilité dans les systèmes fiscaux, car les gouvernements peuvent être plus enclins à offrir un traitement favorable aux entreprises et aux investisseurs en échange d'investissements. Cela peut conduire à une perception de corruption et miner davantage la confiance du public dans les institutions gouvernementales.

Les experts fiscaux affirment depuis des décennies que les gouvernements pourraient résoudre leurs problèmes de recettes en réduisant considérablement les exonérations fiscales. Il est probable que de nombreux gouvernements, en particulier dans les pays à faible revenu, soient en mesure d'attirer davantage d'investissements privés en accordant moins d'incitations fiscales et en utilisant les recettes supplémentaires pour remédier aux principales contraintes auxquelles les investisseurs et les entreprises sont confrontés lorsqu'ils mènent des activités dans leur juridiction. Parmi ces contraintes, on peut citer l'insuffisance des infrastructures de transport et de logistique, l'instabilité macroéconomique, la faiblesse des institutions (système judiciaire, presse libre, fonction publique), la faiblesse de la gouvernance et des marchés, la faiblesse de l'état de droit et de l'exécution des contrats, le manque de cohérence du régime fiscal, le manque de transparence des marchés publics, la main-d'œuvre non qualifiée, etc. (IDS, 2014).

Dans l'ensemble, le paysage de la concurrence fiscale en Afrique suggère que, malgré certains avantages, tels que l'augmentation des investissements étrangers, ces avantages sont souvent à court terme et ne compensent pas les impacts négatifs sur les recettes publiques et les disparités régionales. Il est donc nécessaire de renforcer la coordination et la coopération entre les pays africains afin d'éviter un nivellement par le bas des régimes fiscaux et de veiller à ce que les investissements étrangers profitent à toutes les régions du continent.

4.3.3. L'approche du Rwanda pour relever les défis de la concurrence fiscale

Pour s'attaquer efficacement au problème de la concurrence fiscale entre les nations, il est impératif que les pays ou les blocs régionaux élaborent un cadre bien défini visant à attirer les IDE. Ce cadre doit être fondé sur la transparence et servir de mesure de protection contre le phénomène néfaste du « nivellement par le bas » qui menace d'épuiser les recettes fiscales. La mise en place d'un tel système transparent nécessite une collaboration étroite entre les pays. Cet effort de collaboration peut prendre de multiples formes, depuis les protocoles d'échange d'informations jusqu'à l'établissement de taux d'imposition minimaux ou l'introduction d'un code de conduite normalisé en matière de fiscalité.

IEn outre, les pays peuvent atténuer les pressions de la concurrence fiscale en affinant leurs systèmes fiscaux existants, en particulier lorsque ces systèmes eux-mêmes présentent des obstacles qui obligent les pays à recourir à des incitations fiscales comme mesure compensatoire. Le Rwanda est un bon exemple ; il a amélioré son environnement commercial – actuellement classé comme le deuxième pays le plus favorable pour faire des affaires en Afrique et parmi les 50 premiers au niveau mondial – en y incluant un système fiscal réformé, simplifié et modernisé. Ces réformes ont considérablement renforcé l'attrait du Rwanda pour les investisseurs potentiels.

4.3.3.1. *Politiques favorables aux investisseurs*

Le Rwanda a pris des mesures substantielles pour se rendre compétitif en enrichissant son climat des affaires. La simplification de l'enregistrement des entreprises, la solidité des droits de propriété et la facilité accrue de faire des affaires contribuent collectivement à faire du Rwanda une destination attrayante pour les investissements. Le Code des investissements, un cadre bien pensé, vise à attirer des investissements durables et de haute qualité qui contribuent à l'économie et créent des emplois. Élaboré dans le cadre de vastes consultations impliquant diverses parties prenantes, le code englobe des incitations fiscales et non fiscales adaptées à des secteurs clés. Le ministère des Finances supervise ce processus par l'intermédiaire du comité de politique fiscale, en veillant à ce que les incitations ne soient pas discrétionnaires, mais plutôt transparentes et prédéfinies, adoptées au terme d'un processus rigoureux et publiées.

4.3.3.2. *Un cadre incitatif transparent*

Lors des négociations avec les investisseurs potentiels, le code des investissements sert de document de base. Lorsque des incitations spéciales sont nécessaires pour des projets qui ne sont pas initialement couverts par le code, elles sont soumises à l'approbation du conseil des ministres, ce qui garantit la transparence et la rigueur du processus de prise de décision. Le Rwanda étend également son réseau d'accords de prévention de la double imposition, en particulier avec les pays de la Communauté de l'Afrique de l'Est (CAE), afin de prévenir l'évasion fiscale et de promouvoir une concurrence loyale.

4.3.3.3. Mécanismes de suivi et d'évaluation

Le ministère des Finances publie chaque année un rapport sur les dépenses fiscales. Ce rapport fournit une analyse approfondie des impôts non perçus en raison de diverses mesures d'incitation, telles que les exonérations de TVA et les taux d'imposition préférentiels. Il comprend également une analyse coût-bénéfice visant à évaluer l'efficacité de ces incitations. Toute lacune entraîne une révision des politiques afin de les aligner sur des objectifs économiques plus larges. Par conséquent, le rapport sur les dépenses fiscales ne fait pas seulement la lumière sur les implications financières de ces incitations, mais sert également de catalyseur pour des ajustements politiques fondés sur des données probantes, contribuant en fin de compte à un système fiscal plus efficace et plus efficient.

La stratégie d'incitation fiscale du Rwanda s'articule autour de cinq objectifs principaux :

- Améliorer l'accessibilité financière des biens et services essentiels (tels que les soins de santé, l'éducation et l'agriculture).
- Résoudre les problèmes administratifs liés à l'application de la fiscalité (tels que la définition de la valeur ajoutée dans les services financiers ou les jeux d'argent).
- Promouvoir l'intégration et l'harmonisation régionales (telles que les exemptions de droits d'importation à l'échelle de la CAE).
- Favoriser le développement et la compétitivité des secteurs prioritaires (tels que les transports).
- Générer des avantages économiques plus larges, tels que la création d'emplois, la croissance économique, le transfert de connaissances et la production locale.

4.3.3.4. Maintenir un système fiscal équitable et compétitif

Pour éviter la tentation de compter uniquement sur les incitations fiscales comme facteur principal rendant un pays compétitif et attractif pour les investisseurs, il est impératif d'établir un environnement fiscal caractérisé par la simplicité, l'équité, la modernisation et la transparence. Le gouvernement rwandais s'est fermement engagé à améliorer à la fois l'administration fiscale et le cadre juridique, avec l'objectif primordial d'aligner le système fiscal et les politiques du pays sur les principes d'une fiscalité équitable et d'une gestion fiscale responsable.

L'engagement du Rwanda en faveur d'un système fiscal équitable et compétitif se manifeste par des mises à jour constantes de ses politiques fiscales, alignées sur les réformes des entreprises pour stimuler l'investissement. Par exemple :

- Les politiques fiscales ont été révisées parallèlement aux réformes des entreprises afin de promouvoir efficacement les investissements au Rwanda. Le Gouvernement rwandais a progressivement réduit son taux d'imposition sur les sociétés, ce qui en fait l'un des plus bas de la région. Cette réduction vise à encourager l'IDE et à stimuler l'activité économique. En 2023, le taux de l'impôt sur les sociétés a été ramené à 28 % (au lieu de 30 %), et l'objectif est de le réduire encore et de supprimer la plupart des incitations fiscales. Dans ce cas, le taux de l'impôt sur le revenu cessera d'être un traitement fiscal favorable accordé à des investisseurs/activités spécifiques, mais à toutes les activités.
- Renforcement de l'administration fiscale : le Rwanda a investi dans la simplification et la modernisation de son système fiscal et de son administration fiscale, ce qui est essentiel pour la concurrence et l'amélioration du climat des affaires.

4.3.3.5. *Coopération internationale et conformité*

Le Rwanda se conforme de plus en plus aux normes fiscales mondiales, notamment celles établies par l'OCDE. Il promeut les accords multilatéraux pour faciliter l'échange d'informations fiscales, créant ainsi des conditions de concurrence équitables pour les entreprises. La déclaration fiscale obligatoire pour toutes les entreprises, l'engagement dans des initiatives internationales telles que BEPS, et la mise en œuvre de la déclaration pays par pays (CbcR), des règles sur les prix de transfert, et des règles contre les abus de position dominante sont parmi les stratégies clés du Rwanda pour lutter contre l'évasion fiscale.

4.4. De la concurrence fiscale à la coopération ?

Outre la mise en place d'incitations fiscales improductives et inadaptées, l'Afrique est confrontée à d'autres obstacles dans la préservation de son assiette fiscale. Il s'agit notamment de l'imposition inadéquate des ressources naturelles et de la pratique du transfert de bénéfices par des transactions contrôlées. Pour relever ces défis majeurs et réduire la concurrence fiscale entre les pays africains, une meilleure coopération et une meilleure coordination sont nécessaires. Plusieurs mesures pourraient être prises pour créer des conditions plus équitables pour les investissements. Cela permettrait de s'assurer que les entreprises ne sont pas en mesure de se soustraire à leurs obligations fiscales et générerait plus de revenus pour les gouvernements afin qu'ils les investissent dans le développement social et économique. Par exemple, les pays africains devraient continuer à travailler ensemble pour harmoniser leurs politiques fiscales, en particulier en ce qui concerne l'impôt sur les sociétés ; mettre en place des autorités fiscales régionales pour superviser le respect des obligations fiscales au-delà des frontières ; conclure des accords de taxation conjointe pour éviter la double imposition des entreprises qui mènent des activités dans plusieurs pays ; améliorer le partage des informations, en particulier des informations fiscales sur les multinationales ; et améliorer leur capacité à faire appliquer les lois fiscales qui obligent les entreprises à rendre compte de leurs obligations fiscales (CUA, 2019 ; OCDE, 2017).

Outre ces mesures, il est essentiel de mettre en place un système fiscal mondial qui permette de lutter efficacement contre la concurrence fiscale dommageable et l'évasion fiscale des multinationales, en particulier celles qui opèrent à l'ère numérique. Pour améliorer l'efficience globale de la collaboration fiscale internationale, il est essentiel que le cadre inclusif G20/OCDE et d'autres initiatives mondiales accordent la plus grande importance aux défis fondamentaux qui détériorent les bases fiscales des pays en développement. Pour qu'elles soient couronnées de succès, il est impératif que la communauté mondiale procède à une véritable réforme inclusive des politiques fiscales et des réglementations fiscales internationales (ICRICT, 2020 ; ATAF, 2021a).

4.4.1. *Évaluer la pertinence du régime fiscal international actuel pour l'Afrique*

Bien que l'Organisation des Nations Unies et les institutions de Bretton Woods existent depuis plus de 77 ans, il n'existe toujours pas de plateforme ou d'organisation universellement acceptée ou largement inclusive pour la coordination mondiale des questions de fiscalité internationale. Cette situation peut être attribuée à l'après-guerre, car la Société des Nations, l'organisme qui l'a précédée, a joué un rôle important dans la définition de normes fiscales internationales qui continuent à façonner le cadre fiscal international actuel. Entre 1923 et 1928, le Comité financier de la Société des Nations a produit quatre rapports sur la double imposition et l'évasion fiscale. Le rapport de 1923 a énoncé les principes qui ont ensuite été utilisés pour élaborer les conventions fiscales internationales, tandis que les autres rapports ont servi à rédiger les premiers modèles de conventions contre la double imposition. Ces principes continuent d'inspirer le système fiscal international actuel. Depuis la fin de la Seconde Guerre mondiale, le processus d'établissement de normes fiscales internationales a été principalement mené par l'OCDE et, plus récemment, par le G20. Cependant, l'ère de la mondialisation, des sociétés multinationales, de la finance internationale, ainsi que la crise financière et économique de 2008, ont remis en question le cadre fiscal mondial actuel et révélé ses insuffisances.

4.4.1.1. Le régime fiscal international actuel

Le Cadre inclusif, établi en 2016 par l'OCDE et le G20, vise à fournir une plateforme égale pour tous les pays membres, y compris les nations en développement, afin de contribuer à l'élaboration de normes pour lutter contre le BEPS. Le BEPS fait référence aux stratégies de planification fiscale utilisées par les entreprises multinationales pour transférer des bénéfices de juridictions à forte imposition vers des juridictions à faible imposition, érodant ainsi les bases d'imposition des premières. En octobre 2020, l'OCDE a publié un « schéma directeur » pour relever les défis fiscaux résultant de la numérisation de l'économie grâce à une solution reposant sur deux piliers :

- Le pilier I vise à garantir que les sociétés multinationales paient leur juste part d'impôts dans les pays où elles mènent leurs activités, y compris dans les pays africains. Le pilier propose une nouvelle règle de lien qui attribuerait des droits d'imposition aux juridictions du marché où les entreprises ont une présence économique significative, même si elles n'ont pas de présence physique. Cette mesure peut contribuer à augmenter les recettes fiscales et à réduire les incitations pour les entreprises à s'engager dans des pratiques fiscales dommageables telles que le transfert de bénéfices.
- Le pilier II vise à résoudre le problème de l'érosion de la base d'imposition et du transfert de bénéfices par les sociétés multinationales, y compris dans les pays africains. Ce pilier propose un impôt minimum mondial qui établirait un plancher pour les taux d'imposition sur les sociétés dans le monde entier. Cela peut contribuer à empêcher les entreprises de transférer leurs bénéfices vers des juridictions à faible taux d'imposition et d'éroder les bases d'imposition. Ce pilier propose également un mécanisme permettant de soumettre les multinationales à une imposition supplémentaire dans les pays où elles mènent leurs activités si leur taux d'imposition effectif est inférieur à l'impôt minimum mondial (OCDE, 2019).

4.4.1.2. Insuffisances du régime fiscal international actuel pour l'Afrique

En octobre 2021, après plusieurs années de négociations très complexes et difficiles, le Cadre inclusif a publié sa solution à deux piliers pour relever les défis fiscaux découlant de la numérisation de l'économie. Cet accord représente les changements les plus importants apportés aux règles fiscales internationales au cours des 100 dernières années. Cent trente-six pays et juridictions (sur les 140 membres du Cadre), représentant plus de 90 % du PIB mondial, ont adhéré à la Déclaration sur la solution à deux piliers pour relever les défis fiscaux liés à la numérisation de l'économie. Le Kenya, le Nigeria, le Pakistan et le Sri Lanka n'ont pas encore adhéré à l'accord.

Bien que le Forum africain des administrations fiscales (ATAF), une organisation internationale regroupant 40 administrations fiscales africaines, se félicite de cette nouvelle étape, l'organisation s'est inquiétée du fait que les propositions du pilier I n'entraînent pas une réaffectation suffisante des bénéfices des multinationales vers les juridictions du marché et a demandé qu'au moins 35 % des bénéfices résiduels soient réaffectés vers les juridictions du marché. Cela permettra de corriger le déséquilibre actuel dans l'attribution des droits d'imposition entre les juridictions de résidence et les juridictions d'origine, qui favorise les juridictions de résidence au détriment des juridictions d'origine. En ce qui concerne le pilier II, ATAF et l'Union africaine ont fait valoir que le taux d'imposition mondial minimum doit être d'au moins 20 % (et non de 15 % comme c'est le cas actuellement) pour réduire le transfert artificiel des bénéfices hors d'Afrique, étant donné que la plupart des pays africains ont un taux légal d'imposition sur les sociétés compris entre 25 % et 35 %. Si tous les bénéfices d'une multinationale sont imposés au moins à 20 %, quelle que soit la juridiction dans laquelle les bénéfices sont déclarés, cela réduira probablement les possibilités de transfert de bénéfices en Afrique (ATAF, 2021a ; ATAF, 2021b).

4.4.1.3. Autres défis pour l'Afrique

Si les piliers I et II du cadre inclusif sur le BEPS OCDE/G20 peuvent contribuer de manière significative à la lutte contre l'évasion fiscale et à l'augmentation de la mobilisation des ressources dans les pays développés, il subsiste certaines limites pour les pays africains qui doivent être prises en compte lors de leur mise en œuvre. Pour optimiser l'efficacité de la solution des deux piliers, il sera important d'aborder ces limites et de fournir un soutien adéquat à la mise en œuvre des mesures proposées.

- *Difficultés de mise en œuvre* : la mise en œuvre des piliers I et II pourrait se heurter à des difficultés dans les pays africains en raison de la complexité de leurs systèmes fiscaux et de leurs capacités administratives limitées. Les pays africains peuvent manquer de ressources et d'expertise pour mettre en œuvre efficacement les mesures proposées, ce qui pourrait nuire à leur efficacité dans la lutte contre l'évasion fiscale et l'augmentation de la mobilisation des ressources (ATAF, 2019).

- *Résistance politique* : les mesures proposées pourraient se heurter à une résistance politique de la part de certains pays africains qui ont traditionnellement misé sur des taux d'imposition faibles pour attirer les investissements étrangers. Ces pays pourraient être réticents à adopter les mesures proposées, ce qui pourrait réduire leur attrait pour les investisseurs étrangers et potentiellement nuire à leur croissance économique.

- *Champ d'application limité* : les piliers I et II se concentrent principalement sur les défis fiscaux posés par les sociétés multinationales, qui ne sont peut-être pas la principale source d'évasion fiscale et d'érosion de la base d'imposition dans certains pays africains. La fraude fiscale interne et la corruption peuvent également être des problèmes importants dans certains pays africains, ce qui peut nécessiter des mesures supplémentaires au-delà des piliers I et II.

- *Des avantages limités pour certains pays* : les piliers I et II pourraient ne pas offrir d'avantages significatifs à certains pays africains qui ne comptent qu'un petit nombre d'entreprises multinationales qui mènent des activités sur leur territoire. Ces pays pourraient ne pas disposer de droits d'imposition significatifs au titre du premier pilier et ne pas être soumis à l'impôt minimum mondial au titre du pilier II.

- *Le rythme du changement* : de nombreux pays africains sont confrontés à un défi de taille en raison du rythme rapide de l'évolution des normes fiscales internationales. La mise en œuvre des résultats du BEPS nécessite des changements de politique qui doivent être approuvés par les ministères des Finances, ce qui va au-delà de simples décisions opérationnelles. Ces pays craignent que l'écart entre le rythme de l'évolution des normes internationales et leur capacité à relever les défis de la mise en œuvre ne se creuse. Ce décalage entre les normes et la réalité fait qu'il est de plus en plus difficile pour les pays africains de participer aux processus mondiaux, au point qu'ils peuvent refuser de participer malgré la signature d'accords politiques (ATAF, 2019).

Outre le fait que certains pays ont refusé de signer l'accord au motif que le taux minimum d'imposition des sociétés de 15 % proposé par le G20 est trop bas, plusieurs pays africains et d'autres pays en développement ne font pas partie du Cadre inclusif. En outre, certains militants pour la justice fiscale et d'autres pays en développement ont rejeté l'accord, affirmant qu'il profite trop étroitement aux pays riches tout en ignorant les considérations clés soulevées par les membres du G24 (SAIIA, 2021). Par exemple, l'ICRICT, une coalition mondiale composée d'organisations intergouvernementales, d'organisations de la société civile et d'organisations syndicales, a demandé instamment la mise en œuvre d'un taux d'imposition minimum mondial de 25 %. Selon les estimations, ce taux générerait 17 milliards de dollars supplémentaires par an pour les 38 nations les plus pauvres, par rapport au taux actuel de 15 %. De plus, plusieurs pays en développement, bien que signataires de l'accord, ont exprimé leurs appréhensions quant aux nouvelles règles fiscales, car elles dépendent de la suppression de toute taxe unilatérale prélevée sur les entreprises technologiques. Ces pays dépendent fortement des revenus générés par les taxes sur les services numériques, qui couvrent un plus grand nombre d'entreprises et génèrent souvent plus de revenus que ce que l'on pourrait attendre du nouveau système (Mapahatra, 2021).

4.4.1.4. *Le régime fiscal international actuel et le secteur extractif en Afrique*

En moyenne, l'industrie minière a contribué à hauteur d'environ 10 % au PIB des 15 pays d'Afrique subsaharienne (ASS) qui dépendent fortement des ressources naturelles au cours de la dernière décennie. Dans ces pays, les exportations minières représentent environ 50 % des exportations totales, en moyenne. Le secteur minier est également la principale source d'IDE dans la région, représentant environ un tiers du total des entrées en 2017, bien qu'il y ait eu d'importantes fluctuations au fil du temps et entre les différents pays en raison du développement et de la mise en œuvre de divers projets. Les activités minières dans les pays d'Afrique subsaharienne sont largement dominées par les multinationales, car les gouvernements africains et les investisseurs locaux manquent souvent de l'expertise nécessaire pour extraire les ressources minérales. Dans les pays qui dépendent fortement de l'extraction des ressources, les multinationales étrangères représentent plus de 80 % des entités qui effectuent des paiements aux gouvernements. Il s'agit de groupes d'entreprises qui mènent des activités dans plusieurs pays (Albertin et coll., 2021).

En ce qui concerne le régime fiscal, le secteur minier en Afrique est généralement régi par un cadre fiscal qui comprend des redevances, l'impôt sur les sociétés et, dans de nombreux cas, la participation de l'État aux projets par une participation sans contrôle, qui donne au gouvernement le droit de percevoir des dividendes sur les bénéfices générés par les sociétés. Les impôts minimums de remplacement (AMT) sont couramment utilisés pour compléter l'impôt sur les sociétés lorsque le paiement de l'impôt est inférieur à un seuil minimum spécifique. Toutefois, les impôts conçus pour cibler les rentes économiques ne sont pas utilisés aussi fréquemment. En outre, les pays d'Afrique subsaharienne à forte intensité de ressources s'appuient principalement sur des contrats spécifiques aux projets pour établir les conditions fiscales applicables aux projets miniers, qui supplantent les lois nationales sur les recettes. Ces contrats sont généralement négociés en amont et intègrent des conditions fiscales personnalisées, qui s'écartent souvent du régime fiscal généralement applicable. En outre, ils comprennent des dispositions visant à stabiliser les conditions dans le temps (Albertin et coll., 2021).

En ce qui concerne la performance des recettes, les recettes minières dans les 15 économies à forte intensité de ressources de la région s'élèvent en moyenne à 2 %

du PIB, la majorité d'entre eux se situant dans une fourchette de 1 à 3 %. Cette situation fait craindre que la répartition des bénéfices des activités minières ne soit pas équitable, les principaux bénéficiaires étant les multinationales plutôt que les économies et les communautés locales. Cette situation exacerbe le paradoxe de la coexistence d'une richesse minérale considérable et d'une pauvreté généralisée. Le Botswana fait figure d'exception, avec des recettes minières qui dépassent régulièrement 12 % du PIB (UA, 2010). Des recherches récentes indiquent que le transfert des bénéfices des multinationales dans le secteur minier constitue un risque important pour la collecte des recettes en Afrique subsaharienne. L'évasion fiscale des multinationales minières en Afrique se traduit par une perte annuelle estimée entre 450 et 730 millions de dollars de recettes fiscales. Sur la base des disparités de taux d'imposition observées entre les pays africains et les filiales offshore des multinationales, la perte est estimée à environ 600 millions de dollars par an. Il existe donc des risques évidents de transfert de bénéfices associés à l'impôt sur les sociétés, et ces risques sont plus fréquents dans le secteur minier que dans les autres industries. En outre, le manque de capacités locales en matière d'administration fiscale, de formulation de politiques et de coordination interagences au sein du gouvernement amplifie ces risques.

Le cadre fiscal mondial actuel pourrait avoir une incidence sur la manière dont les pays producteurs taxent leurs ressources naturelles. Le premier pilier exclut les ressources naturelles de l'imposition, car les rentes spécifiques à un lieu doivent être imposées dans les pays où elles sont générées. Le pilier I, l'impôt minimum effectif sur les sociétés, pourrait constituer un nouveau mécanisme permettant aux pays producteurs de s'assurer que les multinationales minières paient une partie de l'impôt sur les sociétés et de réduire la concurrence fiscale (Albertin et coll., 2021). Toutefois, les propositions relevant des piliers I et II risquent de ne pas s'attaquer à des problèmes plus vastes tels que la corruption et la faible application des réglementations dans les industries extractives africaines. En outre, la transparence des revenus et la divulgation de la propriété effective sont essentielles pour lutter contre la corruption et les flux financiers illicites dans l'industrie extractive en Afrique. Toutefois, le deuxième pilier n'aborde pas directement ces questions.

4.4.2. *Équilibrer les opportunités et les risques de la résolution de l'ONU sur la coopération fiscale pour la mobilisation des ressources intérieures de l'Afrique*

Comme évoqué dans les sections précédentes, les réglementations fiscales internationales actuelles ne répondent pas de manière adéquate aux besoins des pays africains. En outre, l'absence de participation égale, efficace et opportune des pays en développement à la gouvernance mondiale suscite des inquiétudes. L'établissement de normes internationales légitimes nécessite un espace multilatéral démocratique et, pour cette raison, la responsabilité principale de la question de la coopération fiscale internationale doit incomber à l'ONU. D'ici là, les membres du Cadre inclusif devraient continuer à exiger une représentation réelle et égale et demander des comptes à l'OCDE (Ocampo, 2018 ; ICRICT, 2020).

Le 30 décembre 2022, l'Assemblée générale a adopté une résolution sur la promotion d'une coopération internationale inclusive et efficace en matière fiscale à l'Organisation des Nations Unies (A/RES/77/244) (ci-après la résolution de l'ONU) qui réitère les engagements internationaux antérieurs visant à accroître la coopération fiscale internationale, à s'attaquer aux flux financiers illicites et à lutter contre l'évasion et la fraude fiscales agressives. Par la suite, le 22 novembre 2023, les membres de l'ONU ont approuvé à une écrasante majorité une résolution historique, dont le Nigeria et le Groupe africain se sont portés coauteurs, pour commencer à créer une convention-cadre sur la fiscalité. Cette initiative importante propose de transférer la prise de décision en matière de règles fiscales mondiales de l'OCDE, où elle se trouve depuis plus de 60 ans, à l'ONU. Malgré l'opposition de grandes économies comme les États-Unis, le Royaume-Uni et l'Union européenne, la résolution a été adoptée avec un fort soutien, ce qui témoigne d'un consensus mondial en faveur d'une gouvernance fiscale plus inclusive. Un amendement britannique visant à supprimer la mention de la convention a été rejeté de manière décisive, avec 107 pays contre et 55 pour. Lors du vote final sur la résolution non amendée, près des deux tiers des pays de l'ONU (125) ont soutenu la résolution, tandis que 48 s'y sont opposés et 9 se sont abstenus.

Dans le contexte de la résolution de l'ONU, la coopération fiscale internationale devrait promouvoir le développement d'un système fiscal international juste et efficace pour le développement durable, qui tienne compte des préoccupations et des capacités des pays dans les cadres fiscaux internationaux actuels et futurs. Néanmoins, pour que la mise en œuvre de la résolution apporte des avantages réels à l'Afrique, il est impératif que les pays naviguent efficacement dans ce paysage complexe et prennent des mesures qui soutiennent leurs propres objectifs de développement.

Par exemple, il y aura des risques liés à la perte potentielle de souveraineté et à la possibilité que les intérêts des nations développées continuent à dominer l'agenda fiscal mondial. Il y a également le risque d'une perte potentielle d'espace politique et la nécessité pour les pays africains d'équilibrer leurs propres intérêts par rapport à ceux des nations plus puissantes. Il sera également essentiel de s'attaquer à l'asymétrie de l'information, car les pays africains ne disposent souvent pas des informations nécessaires pour participer efficacement à la coopération fiscale internationale. Des efforts doivent être faits pour améliorer l'échange d'informations entre les pays et pour s'assurer que les pays africains ont accès aux informations dont ils ont besoin. Il est également primordial de s'attaquer de front aux déséquilibres de pouvoir. Les pays africains sont souvent désavantagés dans le système fiscal international en raison des déséquilibres de pouvoir. Des efforts doivent être faits pour garantir que tous les pays aient une voix égale dans l'élaboration des règles fiscales internationales au sein de l'ONU. En outre, les pays africains doivent être soutenus dans le développement des capacités humaines et institutionnelles nécessaires pour participer efficacement au processus de coopération fiscale internationale. Pour ce faire, il faut la formation et le soutien des fonctionnaires des impôts, ainsi que le renforcement des administrations fiscales. En outre, des efforts doivent continuer à être déployés pour s'attaquer aux causes profondes des flux financiers illicites, notamment la corruption et la gouvernance inadéquate.

Les autres risques à prendre en considération sont les suivants :

- *Ressources limitées* : Le cadre de l'ONU pourrait manquer de ressources et de capacités pour mettre en œuvre efficacement les mesures qu'il propose, ce qui pourrait limiter son impact sur la perception des impôts dans les pays africains.
- *Des progrès lents* : le cadre de l'ONU pourrait également être plus lent à élaborer et à mettre en œuvre des mesures que le cadre inclusif OCDE/G20 sur le BEPS, ce qui pourrait retarder les avantages de la coopération fiscale internationale pour les pays africains.
- *Absence d'application effective* : le cadre de l'ONU pourrait ne pas disposer des mêmes mécanismes d'application que le cadre inclusif OCDE/G20 sur le BEPS, ce qui pourrait limiter sa capacité à garantir le respect des normes fiscales internationales.

D'une manière générale, pour que les pays africains puissent proposer et défendre des normes adaptées à leurs besoins spécifiques dans le cadre de la résolution de l'ONU, il est essentiel de leur offrir une flexibilité et un soutien suffisants. Il faut également respecter la souveraineté des pays africains et la diversité des points de vue sur les questions de politique fiscale et éviter d'imposer des programmes externes qui ne correspondent pas à leurs priorités. L'engagement d'un dialogue constructif avec les pays africains pour comprendre leurs besoins et défis spécifiques peut faciliter l'élaboration de politiques sur mesure qui favorisent une coopération fiscale inclusive et efficace. Enfin, encourager le partage d'informations et la transparence dans les discussions internationales sur la politique fiscale peut permettre aux pays africains de proposer et de défendre des normes adaptées à leurs besoins spécifiques.

4.4.3. Le rôle de la stratégie fiscale de la Commission de l'Union africaine pour l'Afrique

Les initiatives régionales peuvent compléter la réforme fiscale mondiale destinée à promouvoir la coopération internationale en poursuivant une coopération plus ambitieuse là où le consensus mondial fait défaut. La coordination fiscale régionale est facilitée par des similitudes dans les structures économiques, les capacités administratives et la culture, ce qui rend l'accord potentiellement plus facile. En outre, les retombées fiscales régionales sont souvent importantes, ce qui accroît les gains en matière de coordination régionale. Il existe donc une possibilité de coopération régionale au-delà du processus de réforme mondial, qui peut répondre aux pressions régionales en matière de transfert de bénéfices et de concurrence fiscale en convenant, par exemple, d'un taux d'imposition minimum régional (FMI, 2023).

Encadré 9. Coopération fiscale : une meilleure alternative pour les pays africains ?

Attirer les investissements par la fiscalité s'avère moins bénéfique pour les pays que d'adhérer à une politique régionale d'harmonisation des incitations fiscales, comme le confirment Moore et Prichard (2017). Selon Edwards et Keen (1996), la coordination des politiques fiscales entre les pays n'est bénéfique que si l'augmentation de l'assiette fiscale résultant de la coordination est supérieure au montant des recettes fiscales que les décideurs politiques sont susceptibles de gaspiller ou d'utiliser à mauvais escient. Les petits pays sont plus sensibles à la fuite des capitaux et de nombreux États sont tentés d'abaisser les taux d'imposition pour attirer les investisseurs multinationaux. La coordination des systèmes fiscaux profiterait également aux multinationales en simplifiant les règles fiscales et en levant les obstacles aux fusions transfrontalières, comme l'a fait remarquer Sørensen (2002). En ce qui concerne les stratégies de coordination, Bretin, Guimbert et Madiès (2002) suggèrent de fixer un taux d'imposition minimum, tandis que Baldwin et Krugman (2004) préconisent un taux inférieur à celui adopté en dehors de l'union. La mise en œuvre d'une politique d'harmonisation doit s'accompagner de mesures compensatoires telles que la taxe de coopération régionale (TCR) dans la CEDEAO, qui a permis de compenser les pertes de recettes fiscales liées aux échanges intracommunautaires, avec des effets variables selon les pays.

Dans ce contexte, la Stratégie fiscale pour l'Afrique de la Commission de l'Union africaine (CUA) (ci-après la Stratégie fiscale), publiée en juin 2022, peut s'avérer utile. La Stratégie fiscale de la CUA pour l'Afrique vise à améliorer de manière significative la MRI et à mettre un frein aux pratiques fiscales illicites tout en favorisant la croissance des entreprises. L'UE, la Finlande et l'Allemagne cofinancent l'initiative, qui sera dirigée par le département du développement économique, du commerce, de l'industrie et du développement minier de la CUA (CUA-ETIM) avec l'assistance technique de la GIZ. La stratégie fiscale donnera la priorité à la fiscalité internationale, à la coordination continentale et à la gestion des risques de catastrophes, la CUA jouant un rôle de chef de file sur les questions fiscales et aidant les États membres à résoudre les problèmes cruciaux de perception des impôts. La volonté politique étant essentielle à la mise en œuvre de cette stratégie dans les pays africains, la CUA dirigera la coordination de la mise en œuvre de la stratégie fiscale, en étroite collaboration avec les principales parties prenantes, en particulier les commissions économiques régionales. Le sous-comité sur les questions fiscales et les FFI pilotera le programme, par l'intermédiaire du comité technique spécialisé sur les finances, les affaires monétaires, la planification économique et l'intégration. La CUA-ETIM dirigera l'opérationnalisation de la stratégie fiscale, assurera la liaison avec les différents acteurs fiscaux du continent et veillera à ce que les questions de politique fiscale soient abordées au plus haut niveau politique. La stratégie fiscale globale sera mise en œuvre à travers quatre piliers : 1) accroître la mobilisation des ressources intérieures ; 2) lutter contre les flux financiers illicites ; 3) améliorer l'efficacité des administrations fiscales africaines et 4) renforcer la voix de l'Afrique dans l'arène fiscale mondiale (CUA, 2022).

Dans le contexte de la résolution de l'ONU, la stratégie fiscale de la CUA pour l'Afrique peut fournir un cadre permettant aux pays africains d'élaborer des normes fiscales adaptées à leur objectif et conformes aux principes énoncés dans la résolution de l'ONU. Elle pourrait faciliter une plus grande coopération et coordination entre les nations africaines sur les questions fiscales. Il pourrait s'agir de partager les meilleures pratiques, d'échanger des informations et de collaborer à des initiatives de renforcement des capacités. Un autre rôle de la stratégie fiscale pour l'Afrique pourrait être de défendre les intérêts africains dans les forums fiscaux mondiaux, tels que le Comité fiscal des Nations Unies et l'OCDE. La stratégie pourrait contribuer à faire en sorte que les points de vue africains soient pris en considération dans les discussions sur les normes et réglementations fiscales internationales et que les voix des pays africains soient entendues dans ces forums importants.

4.4.4. Autres initiatives régionales visant à aider les pays africains à réduire la concurrence fiscale grâce à une meilleure coopération

La Zone de libre-échange continentale africaine (ZLECAf) a officiellement entamé sa phase opérationnelle le 7 juillet 2019, lors de la 12e session extraordinaire de l'Union africaine (UA) à Niamey, au Niger. L'accord était déjà entré en vigueur le 30 mai 2019, marquant le début d'un voyage ambitieux vers la création d'un marché unique de plus de 1,2 milliard de personnes et d'un PIB dépassant les 3 000 milliards de dollars, provenant de 55 pays africains. La ZLECAf est désormais le plus grand accord de libre-échange au monde, dépassant même la création de l'Organisation mondiale du commerce (OMC). Bien que certains pays puissent craindre une réduction des recettes provenant des taxes sur le commerce international résultant de la libéralisation du commerce, ainsi que des préoccupations telles que la perte de souveraineté et de base manufacturière, la suppression ou la réduction des droits de douane devrait conduire à une augmentation des importations et à une assiette fiscale plus large, générant en fin de compte davantage de recettes fiscales. En outre, la ZLECAf a le potentiel de stimuler la création d'échanges, ce qui élargira la base imposable et améliorera le bien-être de la population. Par conséquent, à moyen et long terme, l'intégration régionale plus poussée de la ZLECAf peut stimuler la production locale et améliorer la MRI en Afrique (Karuhanga, 2018).

Dans la région de la CEDEAO, il existe un besoin important de coopération en matière d'incitations fiscales afin d'éviter un nivellement concurrentiel vers le bas et de financer le développement d'infrastructures dans les domaines du transport et de l'énergie. Malgré les incitations fiscales telles que les exonérations, les déductions et les crédits couramment utilisés dans la région, les pays sont confrontés à des défis dans la création d'un climat d'investissement adapté pour favoriser le développement économique. La CEDEAO a lancé le Fonds pour le développement et le financement des secteurs des transports et de l'énergie (FODETE), qui devrait générer plus de 300 millions de dollars par an. Le fonds doit être financé par des taxes sur les exportations agricoles, la production d'hydrocarbures et les prélèvements miniers. Cependant, il est avancé que l'harmonisation des régimes d'incitation serait plus bénéfique que le système FODETE ; comme preuve qu'une telle coordination est réalisable, on cite le succès du régime du tarif extérieur commun (TEC) de la CEDEAO. L'approche proposée comprend la fixation d'un IS minimum de 15 % à partir de 2023, ce qui pourrait générer plus de recettes que le prélèvement de 0,5 % proposé sur les exportations minières. Une telle harmonisation offre des perspectives substantielles de gains de revenus, en particulier dans le secteur minier.

La Plateforme de co-garantie pour l'Afrique (CGP) a été créée en 2018 en tant que mécanisme fondé sur les transactions pour combler le déficit de perception des risques en Afrique et améliorer le financement des projets d'investissement et de commerce à l'aide d'assurances et de garanties. La plateforme, gérée par la Banque africaine de développement, dispose actuellement d'une réserve de projets dans les domaines de l'énergie, de l'agriculture, de la santé et des infrastructures à travers l'Afrique.

Les six partenaires de la plateforme de co-garantie peuvent aider les pays africains à réduire la concurrence fiscale grâce à une meilleure coopération en fournissant des garanties financières et une assistance technique qui peuvent aider à promouvoir l'investissement et à réduire la dépendance à l'égard des incitations fiscales. L'un de ces moyens consiste à fournir des garanties financières pour soutenir l'investissement et le commerce. En offrant des garanties financières, les partenaires peuvent contribuer à réduire les risques d'investissement dans les pays africains, permettant ainsi une entrée plus facile sur le marché sans dépendre d'incitations fiscales potentiellement non durables. En outre, les partenaires de la CGP peuvent fournir une assistance technique aux pays africains, en améliorant leur climat d'investissement grâce à la réforme de la politique fiscale, au renforcement des capacités de l'administration fiscale et à la promotion de l'investissement. Le besoin d'incitations fiscales est ainsi réduit et une concurrence loyale s'instaure entre les pays africains. En plus du soutien financier et technique, les partenaires de la CGP peuvent plaider en faveur de l'amélioration des politiques fiscales et de la coordination entre les pays africains, en impliquant les décideurs politiques et en promouvant les meilleures pratiques afin de réduire la concurrence fiscale et de favoriser une concurrence loyale. Ils peuvent encourager la collaboration et l'harmonisation des politiques fiscales afin de décourager les pratiques fiscales dommageables des multinationales et de soutenir une croissance économique durable dans les pays africains (BAD, 2022).

4.5. Conclusion

Il a été démontré dans ce chapitre que le recouvrement de l'impôt demeure un défi majeur en Afrique, et qu'il est nécessaire d'élargir l'assiette fiscale et de prendre toutes les dispositions utiles pour que chacun s'acquitte de sa juste part. En moyenne, les pays africains ont un ratio impôt/PIB faible par rapport à d'autres régions, avec une forte dépendance à l'égard de l'imposition des revenus des sociétés auprès des multinationales. Cependant, les recettes de l'impôt sur les sociétés en pourcentage du PIB sont généralement plus faibles en Afrique que dans d'autres parties du monde, ce qui souligne le potentiel d'amélioration des efforts de mobilisation des recettes fiscales. Le chapitre identifie également plusieurs facteurs contribuant à la baisse des recettes de l'impôt sur les sociétés, tels que des incitations fiscales mal conçues, une économie informelle importante, des pratiques de prix de transfert par les sociétés multinationales, et une administration fiscale déficiente et la non-application de la loi. Par conséquent, une taxation efficiente des sociétés multinationales est une question cruciale pour le développement économique des pays africains.

Le chapitre indique également que les pays africains rivalisent pour attirer les investissements étrangers en offrant des incitations fiscales et des exonérations, ce qui conduit souvent à un nivellement vers le bas où les taux d'imposition sont continuellement abaissés. On assiste dès lors à une érosion de l'assiette fiscale et à une concentration des investissements dans certaines régions, ce qui exacerbe les disparités régionales. Des incitations fiscales inappropriées et inutiles, en particulier dans le secteur minier, sont accordées sans analyse coûts/bénéfices appropriée. Une coordination et une coopération accrues sont donc nécessaires pour éviter un nivellement par le bas, pour permettre une meilleure imposition des sociétés multinationales et pour garantir que les investissements étrangers profitent à toutes les régions du continent.

Les piliers I et II du cadre inclusif sur le BEPS de l'OCDE/G20 peuvent contribuer à lutter contre l'évasion fiscale et à accroître la mobilisation des ressources dans les pays développés, mais il existe des limites pour les pays africains. Par exemple, la mise en œuvre doit prendre en considération des questions telles que la corruption et la faible application des réglementations dans les industries extractives. Bien que la transparence des revenus et la divulgation de la propriété effective soient essentielles pour lutter contre la corruption et les flux financiers illicites, le pilier II n'aborde pas directement ces questions.

Enfin, pour que les pays africains puissent bénéficier de la résolution de l'ONU, il est essentiel de leur offrir la flexibilité et le soutien nécessaires pour proposer et défendre des normes fiscales adaptées. Pour ce faire, il faut respecter leur souveraineté et la diversité de leurs points de vue en matière de politique fiscale et éviter d'imposer des programmes externes. La stratégie fiscale de la CUA pour l'Afrique peut servir de cadre à l'élaboration de normes fiscales adaptées. Un dialogue sérieux avec les pays africains peut faciliter l'élaboration de politiques adaptées qui favorisent une coopération fiscale inclusive et efficace. Encourager le partage d'informations et la transparence peut permettre aux pays africains de proposer et de défendre des normes qui répondent à leurs besoins spécifiques dans les discussions internationales sur la politique fiscale.

Références

Ajayi, S. et Ndikumana, L. (ed.) (2015) *Capital flight from Africa: Causes, effects, and policy issues.* Oxford : Oxford University Press.

Albertin, G. et coll. (2021) *L'évasion fiscale dans le secteur minier de l'Afrique subsaharienne.* Departmental paper No. 22. Washington, DC: FMI.

Ali-Nakyea, A., & Amoh, J. K. (2018) 'Have the generous tax incentives in the natural resource sector been commensurate with FDI flows? A critical analysis from an emerging economy', *International Journal of Critical Accounting,* 10(3/4), pp. 257-273.

Altshuler, R., Grubert, H. et Newlon, T. S. (1998) *Has U.S. investment abroad become more sensitive to tax rates?* Document de travail n° 6383. Cambridge, Massachusetts : National Bureau of Economic Research. Disponible à l'adresse : https://www.nber.org/papers/w6383

Baldwin, R. et Krugman, P. (2004) «Agglomération, intégration et harmonisation fiscale», *European Economic Review,* 48(1), pp. 1-23

Banque africaine de développement (BAD) (2022) *Africa investment forum: Harnessing guarantees and insurance to close the continental financing gap – The Africa co-guarantee platform leads the way,* 27 octobre. Disponible à l'adresse : https://www.afdb.org/en/news-and-events/africa-investment-forum-harnessing-guarantees -and-insurance-close-continental-financing-gap-africa-co-guarantee-platform-leads-way-55839

Banque mondiale (2020) *Comparing business regulation in 190 economies.* Washington, DC : Groupe de la Banque mondiale. Disponible à l'adresse : https://documents1.worldbank.org/curated/en/688761571934946384/ pdf/Doing-Business-2020-Comparing-Business-Regulation-in-190-Economies.pdf

Belinga, V., Melou, M. K. et Nganou, J.-P. (2017) *Les recettes pétrolières évincent-elles les autres recettes fiscales ? Leçons politiques pour l'Ouganda.* Document de travail de recherche sur les politiques n° 8048. Washington, DC : Banque mondiale. Disponible à l'adresse : https://documents.worldbank.org/en/publication/ documents-reports/documentdetail/245571493644820505/does-oil-revenue-crowd-out-other-tax -revenues-policy-lessons-for-uganda

Blomström, M., Kokko, A. et Mucchielli, J. (2003) 'The economics of foreign direct investment incentives', in Hermann, H. et Lipsey, R. (ed.) *Foreign direct investment in the real and financial sector of industrial countries.* Allemagne : Springer, Berlin, Heidelberg, pp. 37-60. Disponible à l'adresse https://doi.org/10.1007/978-3 -540-24736-4_3

Bolnick, B. (2004) *Effectiveness and economic impact of tax incentives in the SADC region.* Gabarone, Botswana: SADC Tax Subcommittee, SADC Trade, Industry, Finance and Investment Directorate.

Bretin, E., Guimbert, S. et Madiès, T. (2002) 'Tax competition and the taxation of company profits: Theory and practice», *Economie & Prévision,* 156(5), pp. 15-42.

Coalition pour le dialogue sur l'Afrique (CoDA) (2020) *Endiguer les flux financiers illicites (FFI) en provenance d'Afrique : Le chemin parcouru.* Addis-Abeba : CoDA. Disponible à l'adresse :

Commission européenne (2001) *La fiscalité des entreprises dans le marché intérieur.* Rapport des services de la Commission. Bruxelles : Commission européenne, Direction générale Fiscalité et Union Douanière. Disponible à l'adresse https://taxation-customs.ec.europa.eu/system/files/2016-09/company_tax_ study_fr.pdf

Coulibaly, S. et Camara, A. (2021) *Taxation, foreign direct investment and spillover effects in the mining sector.* Série de documents de travail n° 354. Abidjan, Côte d'Ivoire : Banque africaine de développement.

Commission de l'Union africaine (CUA) (2019) *2019 African regional integration report: Towards an integrated, prosperous and peaceful Africa.* Addis-Abeba : Union africaine. Disponible à l'adresse : https://au.int/sites/ default/files/documents/38176-doc-african_integration_report-eng_final.pdf

Commission de l'Union africaine CUA (2022) *Tax strategy for Africa – A future of financial independence.* Commission de l'Union africaine.

Deblock, C. et Rioux, M. (2008) «L'impossible coopération fiscale internationale», *Éthique publique,* 10(1).

Edwards, J. et Keen, M. (1996) «Tax competition and Leviathan», *European Economic Review,* 40(1), pp. 113-134.

Flatters, F. (2005) *International perspectives on tax incentives in Malaysia*. Malaysian Institute of Taxation National Tax Conference 2005 "An effective tax regime, a joint responsibility", Putrajaya, Malaisie, 9-10 août. Disponible à l'adresse : http://qed.econ.queensu.ca/faculty/flatters/writings/ff_mit_presentation.pdf

Fonds monétaire international (FMI) (2023) *Réforme internationale de l'impôt sur les sociétés*. Policy paper No. 2023/001. Disponible à l'adresse : https://www.imf.org/en/Publications/Policy-Papers/Issues/2023/02/06/International-Corporate-Tax-Reform-529240

Forum africain sur l'administration fiscale (ATAF *2017 African tax outlook 2017*. Pretoria : ATAF. Disponible à l'adresse : https://events.ataftax.org/index.php?page=documents&func=view&document_id=16

Forum africain sur l'administration fiscale (ATAF 2019) *The place of Africa in the shift towards global tax governance: Can the taxation of the digitalised economy be an opportunity for more inclusiveness?* Pretoria : ATAF. Disponible à l'adresse : https://events.ataftax.org/index.php?page=documents&func=view&document_id=35

Forum africain sur l'administration fiscale (ATAF 2021a) *130 inclusive framework countries and jurisdictions join a new two-pillar plan to reform international taxation rules – What does this mean for Africa?* ATAF. Disponible à l'adresse : https://www.ataftax.org/130-inclusive-framework-countries-and-jurisdictions-join-a-new-two-pillar-plan-to-reform-international-taxation-rules-what-does-this-mean-for-africa

Forum africain sur l'administration fiscale (ATAF 2021b) *A new era of international taxation rules – What does this mean for Africa?* 8 octobre. Disponible à l'adresse : https://www.ataftax.org/a-new-era-of-international-taxation-rules-what-does-this-mean-for-africa (

Global Alliance for Tax Justice (GATJ), Public Services International (PSI) et Tax Justice Network (TJN). (2021) *The state of tax justice 2021*. Disponible à l'adresse : https://taxjustice.net/wp-content/uploads/2021/11/State_of_Tax_Justice_Report_2021_ENGLISH.pdf

Gubian, A., Guillaumat-Tailliet, F. et Le Cacheux, J. (1986) 'Fiscalité des entreprises et décision d'investissement. Eléments de comparaison internationale France, RFA, Etats-Unis', *Revue de l'OFCE*, (16), pp. 181-216.

Hines, J. R. (2004) Do tax havens flourish ? NBER Working Paper No. w10936. Cambridge, Massachusetts : National Bureau of Economic Research.

Independent Commission for the Reform of International Corporate Taxation (ICRICT 2020). *). ICRICT response to the OECD consultation on the Pillar One and Pillar Two Blueprints,* 16 Décembre. Disponible à l'adresse : https://www.icrict.com/presse/2020-12-16-oecd-response-to-the-oecd-consultation-on-the-review-of-country-by-country-reporting-beps-action-13/

Independent Commission for the Reform of International Corporate Taxation (ICRICT 2022) *It is time for a global asset registry to tackle hidden wealth.* Disponible à l'adresse : https://www.icrict.com/wp-content/uploads/2022/04/ICRICTGARreportEN.pdf

Institute of Development Studies (IDS) (2014) *Will changes to the international tax system benefit low-income countries?* IDS rapid response briefing No. 06. Disponible à l'adresse : https://opendocs.ids.ac.uk/articles/report/Will_Changes_to_the_international_Tax_System_Benefit_Low-income_Countries_/26476909?file=48228646

Jacquemot, P. et Raffinot, M. (2018) « La mobilisation de ressources en Afrique «, *Revue d'économie financière*, 131(3), pp. 243-263.

James, S. (2017) *Incentives and investments: Evidence and policy implications.* Banque mondiale. Disponible à l'adresse : https://documents1.worldbank.org/curated/en/945061468326374478/pdf/588160WP0Incen10BOX353820B01PUBLIC1.pdf

Karuhanga, J. (2018) 'Continental Free Trade Area to boost domestic tax collections – AU official', *The New Times*, 15 janvier. Disponible à l'adresse : https://www.newtimes.co.rw/article/147916/News/continental-free-trade-area-to-boost-domestic-tax-collections-a-au-official

Keen, M. et Brumby, J. (2017) 'Effet d'émulation : la concurrence fiscale et les pays en développement', *Fonds Monétaires International*, 11 juillet. Disponible à l'adresse : https://www.imf.org/external/french/np/blog/2017/071117f.htm

Kransdorff, M. (2010) 'Tax incentives and foreign direct investment in South Africa', *Consilience* (3). Disponible à l'adresse : : https://doi.org/10.7916/consilience.v0i3.4497 .

Mahapatra, R. (2021) «Global corporate taxation : The new bare minimum', *ICRICT*, 2 décembre. Disponible à l'adresse : https://www.icrict.com/icrict-in-thenews/2021/12/2/global-corporate-taxation-the-new -bare-minimum

McLure, C. (1986) 'Tax competition : Is what's good for the private goose also good for the public gander ?» (La concurrence fiscale : ce qui est bon pour l'oie privée est-il également bon pour le jars public ?) *National Tax Journal*, 39(3), pp. 341-348.

Monkam, N. F. (2011) *Building democracy in Africa through taxation*. Nairobi : Réseau pour la justice fiscale - Afrique.

Moore, M. et Prichard, W. (2017) *Comment les gouvernements de pays à faible revenu peuvent-ils augmenter leurs recettes fiscales ?* Document de travail ICTD 70. Disponible sur : https://www.ictd.ac/fr/publication/ comment-les-gouvernements-de-pays-a-faible-revenu-peuvent-ils-augmenter-leurs-recettes-fiscales/

Muet, P.-A. et Avouyi-Dovi, S. (1987) L'effet des incitations fiscales sur l'investissement', *Revue de l'OFCE*, 18(1), pp. 149-174.

Mureithi, C. (2021) «Why Kenya and Nigeria haven't agreed to a historic global corporate tax deal ?», *Quartz*, 2 novembre. Disponible à l'adresse : https://qz.com/africa/2082754/why-kenya-and-nigeria-havent -agreed-to-global-corporate-tax-deal

Niang, F. (2020) 'Le rôle de la fiscalité dans le financement du développement en Afrique', *Afrique et Développement*, 45(1), pp. 133-148. Disponible à l'adresse : https://www.jstor.org/stable/26936567

Nations Unies (UN) et Inter-American Center of Tax Administration (CIAT) (2018) *Design and assessment of tax incentives in developing countries: Selected issues and a country experience*. New York : Nations unies. Disponible à l'adresse : https://www.un.org/esa/ffd/wp-content/uploads/2018/02/tax-incentives_eng.pdf

Ocampo, J. A. (2018) 'The world needs to revamp international tax cooperation', in *Spotlight on sustainable development 2018*. Disponible à l'adresse : https://www.2030spotlight.org/en/book/1730/chapter/ box-world-needs-revamp-international-tax-cooperation

Organisation de coopération et de développement économiques (OCDE 2002) *Impôt sur les sociétés et investissement direct étranger : L'utilisation d'incitations fiscales*. Études de politique fiscale de l'OCDE, n° 4. Paris : Éditions OCDE. Disponible à l'adresse suivante : https://doi.org/10.1787/9789264288409-fr

Organisation de coopération et de développement économiques (OCDE 2017) La Déclaration de Yaoundé : Un appel à l'action pour lutter contre les flux financiers illicites au moyen de la coopération fiscale internationale. Disponible à l'adresse : https://www.oecd.org/tax/transparency/what-we-do/technical- assistance/Yaounde-Declaration-with-Signatories.pdf

Organisation de coopération et de développement économiques (OCDE 2019) *Addressing the tax challenges of the digitalisation of the economy: Public consultation document*. Projet OCDE/G20 sur l'érosion de la base d'imposition et le transfert de bénéfices. Disponible à l'adresse : https://web-archive.oecd.org/2019-02- 19/507498-public-consultation-document-addressing-the-tax-challenges-of-the-digitalisation-of-the- economy.pdf

Padilla, A. et coll. (2020) *Use and abuse of tax breaks : Comment les incitations fiscales deviennent nuisibles*. Washington, DC : Coalition pour la transparence financière (FTC). Disponible à l'adresse : https://www. christianaid.org.uk/sites/default/files/2022-09/use-and-abuse-of-tax-breaks.pdf

Poitevin, M. (2018) *Concurrence fiscale et biens publics*. Montréal : Centre interuniversitaire de recherche en analyse des organisations. Disponible à l'adresse : https://www.cirano.qc.ca/files/publications/2018RP- 09.pdf

Sørensen, P. B. (2002) *The future of company taxation in the European Union*. Economic Policy Research Unit, Université de Copenhague. Disponible à l'adresse : https://web.econ.ku.dk/pbs/diversefiler/Bolkestein.pdf

South African Institute of International Affairs (SAIIA) (2021) *Renforcer la coopération fiscale avec l'Afrique pour une mobilisation durable des recettes*. Policy Briefings, Global Economic Governance No 256. Disponible à l'adresse : https://saiia.org.za/research/strengthening-tax-cooperation-with-africa-for-sustainable -revenue-mobilisation/

Tax Justice Network (TJN) (2019) *Vulnerability and exposure to illicit financial flows risk in Africa*. Buckinghamshire : Tax Justice Network.

Tax Justice Network-Africa (TJN-A) (2022) *Revenue waivers and national economic pressures: The hidden cost of tax expenditures in Kenya*. Nairobi: Tax Justice Network-Africa (TJN-A), East African Tax Governance Network (EATGN) et Africa Centre for People Institutions and Society (ACEPIS).

TJN-A et ActionAid International (2015) *The West African giveaway: Use & abuse of corporate tax incentives in ECOWAS*. Tax Justice Network-Africa ActionAid International. Disponible à l'adresse : https:// resourcecentre.savethechildren.net/pdf/full_report_-_the_west_african_giveaway.pdf/

TJN-A et ActionAid International (2012) *Tax competition in East Africa: A race to the bottom?* Nairobi : Tax Justice Network-Africa et ActionAid International. Disponible à l'adresse : https://www.policyforum-tz. org/sites/default/files/2021-03/East%20Africa%20Tax%20Incentives%20Report.pdf

Union africaine (2009). *Africa mining vision*. Addis-Abeba : Union africaine. Disponible à l'adresse : https:// au.int/en/documents/20100212/africa-mining-vision-amv

Zee, H. H., Stotsky, J. G. et Ley, E. (2002) '*Tax incentives for business investment: A primer for policy makers in developing countries*', World Development, 30(9), pp. 1497-1516.